闽南文化丛书

MINNAN LIXUE DE
YUANLIU
YU FAZHAN

总主编 陈支平 徐 泓

U0113879

闽南理学的源流与发展

主 编 傅小凡 卓克华

海峡出版发行集团
福建人民出版社

图书在版编目（CIP）数据

闽南理学的源流与发展 / 傅小凡，卓克华著. –– 2 版. ––福州：福建人民出版社，2023.9
（闽南文化丛书）
ISBN 978-7-211-08276-6

Ⅰ.①闽… Ⅱ.①傅… ②卓… Ⅲ.①理学—思想史—研究—福建 Ⅳ.①B244.05

中国版本图书馆 CIP 数据核字（2019）第 289793 号

（闽南文化丛书）

闽南理学的源流与发展
MINNAN LIXUE DE YUANLIU YU FAZHAN

作　　者：傅小凡　卓克华　主编
责任编辑：史霄鸿
责任校对：陈　璟
出版发行：福建人民出版社　　　　　　　电　　话：0591-87533169（发行部）
网　　址：http://www.fjpph.com　　　　电子邮箱：211@fjpph.com
地　　址：福州市东水路 76 号　　　　　邮政编码：350001
印　　刷：上海盛通时代印刷有限公司
地　　址：上海市金山区广业路 568 号　　电　　话：021-37910000
开　　本：700 毫米×1000 毫米　　1/16
印　　张：22.75
字　　数：294 千字
版　　次：2023 年 9 月第 2 版　　　　　2023 年 9 月第 1 次印刷
书　　号：ISBN 978-7-211-08276-6
定　　价：65.00 元

增订版说明

　　《闽南文化丛书》自出版以来，受到社会各界的普遍肯定；初版之书，也早就销售一空。许多读者通过不同的渠道，向我和其他作者，向出版社，征询购书途径，以及何时可以购得的问题，我们都愧无以应。

　　我认为，《闽南文化丛书》得到广大读者的接受和肯定，根本的原因，在于闽南历史文化自身无可替代的精神魅力。我们在丛书中多次指出：闽南文化是中华文化的一个重要组成部分，同时又是中华文化中的一个极具鲜明特色的地域文化。中华文化的核心价值促进了闽南文化的茁壮成长，而深具地域特色的闽南文化又使得中华文化显得更加丰富多彩。闽南文化是一种辐射型的区域文化，闽南文化既是地域性的，又带有一定的世界性。深具东南海洋地域特色的闽南文化，以其前瞻开放的世界性格局，在中华文化的对外传播乃至世界文明的发展史上，留下了不可磨灭的足迹。

　　当今世界，国际化的潮流滚滚向前。我们国家正顺应着这一世界潮流，大力推进"一带一路"建设的宏图。而作为中国海上丝绸之路核心区的福建特别是闽南区域，理应在国家推进"一带一路"建设的宏图中奋勇当先，追寻先祖们的足迹，不断开拓，不断创新。正因为如此，继承和弘扬闽南历史文化，同样也是我们今天工作事业中所不可忽视的一个重要组成部分。

从我们自身来说，虽然《闽南文化丛书》的问世受到社会各界的普遍肯定，深感欣慰，但是总是感到丛书还是存在不少有待修改提高的地方。出版社方面，也希望我们能够对丛书进行修订，以便重新印行出版。不过碍于种种的原因，或是各自的工作太忙，无法分身；或是年事已高，心有余而力不足，竟然一拖再拖，数年的时间，一晃而过。自 2016 年下半年时，我们终于下定决心，组织人员，原先各分册作者可以自己修订者，自行修订；原先作者无法修订者，另请其他人员修订增补。到了 2017 年 3 月，全部修订最终完成。

在这次修订中，由原先作者自行修订的分册有：《闽南宗族社会》、《闽南乡土民俗》、《闽南书院与教育》、《闽南民间信仰》、《闽南文学》。

其余分册，另请人员以增补章节的方式进行修订，各分册参加增补章节的人员及其增补章节分别是：

杨伟忠撰写《闽南方言》第四章《闽南方言的读书音与读书传统》；

庄琳璐撰写《闽南音乐与工艺美术》第七章《泉港北管》；

方圣华撰写《闽南戏剧》第二章《闽南戏曲主要剧种》；

林东杰撰写《闽南理学的源流与发展》第十二章《闽南理学家群体的多重面相》；

张清忠撰写《闽南建筑》第八章《金门的闽南传统建筑》。

此次修订，虽然增补了一些新的内容，但是我们内心还是感到离全面系统而又精致地表述闽南文化的方方面面，依然还有不少差距。这种缺憾，既是难以避免的，同时也为我们今后的研究工作留下了空间。我们希望与热爱闽南历史文化的社会各界同好们，共同努力，把继承和弘扬闽南历史文化的时代使命，担当起来，不断前进。

陈支平　徐　泓
2022 年 3 月 20 日
于厦门大学国学研究院

第一版总序

在社会各界的关心支持下，《闽南文化丛书》终于与读者见面了。我们之所以组织撰写这套丛书，主要基于以下的三点学术思考。

一，闽南文化是中华文化的一个重要组成部分，同时又是中华文化中的一个极具鲜明特色的地域文化。闽南文化的形成及发展，是漫长的历史演变与文化磨合以及东南沿海地带独特的地理环境等多种因素逐渐造就的。中华文化的核心价值培育了闽南文化，而深具地域特色的闽南文化又使得中华文化更加丰富多彩。当今，区域文化研究已经成为一个世界性的学术热点，从中华文化整体性的角度来考察区域文化，闽南文化的研究理应引起学术界的高度重视。

二，闽南文化是一种二元结构的文化结合体。这种二元文化结合体既向往、追寻中华核心主流文化，又在某种程度上顽固地保持边陲文化的变异形态；既依归中华民族大一统政治文化体制并积极为之做出贡献，又不时地超越传统与现实的规范与约束；既有步人之后的自卑心理，又有强烈的自我表现和自我欣赏的意识；既力图在边陲区域传承和固守中华文化早期的核心价值观念，却又在潜移默化之中造就了诸如乡族组织、帮派仁义式的社会结构。这种二元结构的文化结合体，可以把许多看似相互矛盾、相互排斥的人文因素，有机地磨合和交错在一起。也许正是这种二元文化结合体，在一定程度上滋生了闽南区域文化及其社会经济的持续生命力，从而使得闽南社会及其文化影响区域能够在坚守中华文化核心价值的同时，有所发扬，有所开拓。对闽南二元结构文化结合体的研究，应该有助于我们从宏观上审视中华文化演化史。

三，闽南文化是一种辐射型的区域文化。从地理概念上说，所谓闽南区域，指的是现在福建南部包括泉州、厦门、漳州所属的各个县市。然而从文化的角度说，闽南文化的概念远远超出了以上的区域。由于面临大海的自然特征与文化特征，闽南文化在长期的传承演变历程中，不断地向东南的海洋地带传播。不用说台湾以及浙江温州沿海、广东南部沿海、海南沿海，深深受到闽南文化的影响，形成了带有变异型的闽南方言社会与乡族社会，即使是在东南亚地区以及海外的许多地区，闽南文化的影响都是不可忽视的社会现实。因此，闽南文化既是地域性的，同时又是带有一定的世界性的。在当今世界一体化的趋势之下，研究闽南文化尤其深具意义。

闽南文化的内涵是极为丰富深刻的，其表现形式是多姿多彩的。为了把闽南文化的整体概貌比较完整地呈现给读者，我们把这套丛书分成十四个专题，独立成书。这十四本书，既是对闽南文化不同组成部分的深入剖析，同时又相互联系、有机地组成宏观的整体。我们希望通过这套丛书的出版，一方面有助于系统深入地推进闽南文化研究，另一方面则促进人们全面地了解和眷念闽南文化乃至中华文化，让我们的家园文化之情，心心相印。

最后，我们要再次对众多关心和支持本套丛书的写作和出版的社会各界人士，深致衷心的谢意！

陈支平　徐　泓

2007 年 10 月

目　录

序

　　自南宋以来，文化中心南移，在福建、江西和浙江交界处的武夷山地区，形成了朱子理学。朱熹在世的时候，其学说就开始由闽北向闽中以至闽南地区发展。他自己也曾在地处闽南的同安、漳州任职、兴学。他的学生中有许多闽南籍人。朱子理学在闽南不仅仅是一般意义上的传播，而是其亲传弟子和再传弟子将其学说进一步地发扬光大。闽南理学不是一个严格意义上的儒家学派，这里主要把出身于闽南并在思想界产生一定影响的思想家涵盖其中。闽南理学虽然不能像两宋时期的濂、洛、关、闽等学派那样，由有代表性的人物构成道学的一个学派，但是由于特殊的地理环境和思想成果，其在闽南地区的思想和文化影响还是相当久远的。

　　闽南地区虽然远离中原文化中心，但却地处中国东南沿海对外经济贸易发达地区，这对闽南籍的思想家自然会产生影响，从而形成闽南理学的特点。我们考察闽南地区的理学，目的就是分析理学在闽南这一特殊的地理和人文环境中发生了什么样的变化，以及发生这些变化的社会原因和理论自身的逻辑原因。

　　闽南理学的直接源头是朱子理学，朱熹的闽南籍学生通过著书和在闽南各地的讲学将自己的思想和见解融入对朱子理学的解释之中。闽南理学的形成与发展过程，也就是儒家思想自南宋末期至清朝初年在闽南地区的发展和变化的历史过程。

理学是中国古代哲学的一种特殊历史形态，虽然它的内容远远超出哲学，但是限于篇幅，我们只能以哲学为主要论述对象。讨论哲学问题有不同的角度，本书主要以哲学范畴为基本内容，以哲学范畴的变化与发展为逻辑线索，从而形成本书的逻辑框架。哲学范畴也有很多，我们将从哲学最根本的问题出发，这些人类共同面对的问题主要包括：世界的本质，或者客观本体论问题；人性、人道与社会规律，或者主体本体论问题；以及认识论，也就是主体与客体的关系问题。我们从这三个角度切入，对有一定影响力的闽南理学家的哲学思想进行梳理和诠释，由此，构成了本书的基本内容。每一位思想家的哲学思想，都按照本体论、主体论和认识论三个方面加以分节论述。通过他们对这些基本范畴的不同解释，更清楚地看到这些不同时代的闽南理学家，在朱子理学的基础上，做了哪些创造性的发挥。①

---

① 对朱熹的理学思想，可参见拙作《宋明道学新论》，社会科学文献出版社，2005，第88~151页。

第一章

陈　淳：闽学南传第一人

陈淳（1153～1217 年），字安卿，漳州龙溪（今漳州市芗城区）人，是朱熹任漳州知府时的亲传弟子，无论从籍贯还是师从，都可以当之无愧地被称为闽学南传第一人和闽南理学的开创者。从朱子学以至整个儒学发展的进程看，陈淳学说最重要的特点是对儒家学说的范畴第一次进行了系统的整理和解释，这是儒家哲学发展史上的一件具有开创性的工作。用他自己的话说："性命而下等字，当随本字各逐件看，要亲切，又却合做一处看，要得玲珑透彻，不相乱，方是见得明。"[①] 而且，陈淳特别强调解析范畴时要从具体的语境出发，如其所云："大凡字义，须是随本文看得透方可。"[②] 陈淳的思想并未恪守师说不变，而显然意识到朱子理学的客观精神性本体与物质现实相分离的问题，所以陈淳的本体论表现出对独立的精神性本体的否定。

第一节　否定独立精神性本体

在陈淳对理学范畴进行的解析中，涉及客观本体的范畴与朱

---

① 陈淳：《北溪字义》，中华书局，1983，第 1 页。
② 陈淳：《北溪字义》，第 41 页。

子理学基本一致。陈淳在其《北溪字义》中主要关注的是精神性本体，比如道、太极和理。陈淳在讨论这些精神性范畴的时候，有一个基本的出发点，就是否定抽象、独立的精神性本体的存在，强调它与物质性存在尤其是社会生活的一体性。不过他所关注的物质性存在，不是自然界的规律，而是社会伦理与人间事物。他将道理解为"当行之理"，将理理解为"当然之则"，将太极理解为"理之极致"。陈淳用"一元之气"表达对物质世界演化的动力的理解，用"至大底物"表达对物质范畴的把握。其"器"概念包括有形与无形的容器、人的能力及物质范畴的意思。他的"物字皆可以包言"则表明"物"是其哲学的物质范畴。陈淳对物与事的区别，更表现出他精细的辨析能力。朱子理学的确存在着概念虚化和本体与存在二分的倾向，陈淳显然意识到这种倾向的弊端。他努力将抽象的本体向现实生活中还原，强调人事之理便是道，道应该在人的身心与事业中去求。陈淳追求本体与存在统一的努力，集中地体现在他对"中和"的解释之中。

一、统说太极之本体

陈淳对道的解释，就是从否定独立存在的精神性本体这一点出发的，这与他辟佛老的价值取向密切相关，所以他首先针对道家与佛家对道的理解进行批判。他说："老庄说道，都与人物不相干，皆以道为超乎天地器形之外。"[1] 又说："佛氏论道，大概亦是此意。"并且指出："道只是人事之理耳。"[2] 的确，与人类社会生活和实践毫无关联的存在是没有任何意义的。立足现实，面对生活，这是儒家传统。因此陈淳说：

> 道，犹路也。当初命此字是从路上起意。人所通行方谓

---

① 陈淳：《北溪字义》，第 38 页。
② 陈淳：《北溪字义》，第 39 页。

之路，一人独行不得谓之路。道之大纲，只是日用间人伦事物所当行之理。众人所共由底方谓之道。大概须是就日用人事上说，方见得人所通行底意亲切。若推原来历，不是人事上划然有个道理如此，其根原皆是从天来。①

这种"当行之理"既然需要人人都遵守，就一定要追问它的依据，陈淳将道的根原归结于天。那么这个"天"又是什么呢？他说：

> 天即理也。古圣贤说天，多是就理上论。理无形状，以其自然而言，故谓之天。若就天之形体论，也只是个积气，恁地苍苍茫茫，其实有何形质。②

陈淳否定独立的精神实体，强调天的自然意义，这与强调至高无上的存在的儒家传统和朱子理学有所不同，倒是更接近心学的观点。如果把要求人们普遍接受的道德规范的依据归之为自然的话，那么规范所具有的权威性、人们心中对权威的敬畏感有可能消失。这一点陈淳是没有意识到的。

陈淳在论述道的时候，是用理进行阐释的，表明道与理基本上具有同位性，但是细分析起来，二者的区别也是鲜明的，这一点在具有缜密思辨能力的陈淳看来是非常明确的。他说：

> 道与理大概只是一件物，然析为二字，亦须有分别。道是就人所通行上立字。与理对说，则道字较宽，理字较实，理有确然不易底意。故万古通行者，道也；万古不易者，理也。理无形状，如何见得？只是事物上一个当然之则便是理。③

---

① 陈淳：《北溪字义》，第 38 页。
② 陈淳：《北溪字义》，第 38 页。
③ 陈淳：《北溪字义》，第 41～42 页。

道包含的是普遍性，放之四海而皆准，适应每一个人，任何人都必须遵守；理强调的是不可易性，贯通古今而有效，适应任何时代，同样要求所有人都必须遵循。一个强调通行，一个强调不变。这无形无象的通行不变的道或者理，究竟包含什么具体内容呢？按照陈淳的理解，就是"当然之则"。关于"当然之则"，他进一步解释说：

> "则"是准则、法则，有个确定不易底意。只是事物上正当合做处便是"当然"，即这恰好，无过些，亦无不及些，便是"则"。①

在此陈淳只提"当然之则"，仅强调理范畴所包含的伦理意义，却忽略了理范畴中规律的含义，显然有些片面。不过，在对太极范畴的解释中，陈淳对自然之理有所补充。他说：

> 太极只是浑沦极至之理，非可以气形言。古经书说太极，惟见于《易》。《系辞传》曰："易有太极。"易只是阴阳变化，其所为阴阳变化之理，则太极也。②

陈淳和程颐一样，也强调阴阳本身既不是道，也不是太极和理。阴阳是有功能和作用的气，而不是本体与依据之太极。太极是阴阳变化之理，是阴阳之所以为阴阳的"所以然之故"。

虽然反对将太极视为阴阳之气，但陈淳也不同意将太极理解为独立抽象的精神性本体。陈淳批判道家对精神性本体的虚构，认为老庄理解的太极，是天地人尚未出现之前就已经存在的悬空之物，并且将太极与道分而为二。在陈淳看来，道就是太极，太极就是理。而道是理的通行者，太极是理的极致。正是因为理达到了极致，所以才能够通古今。由此，道、理与太极达到了统

---

① 陈淳：《北溪字义》，第42页。
② 陈淳：《北溪字义》，第43页。

一，所谓"理之极至，更无二理也"①。

至于无极与太极之间的关系，陈淳与朱熹的观点完全一致，就是不同意在太极之前设置一个无极。这种观点也与陈淳否定独立的精神性本体有关。朱熹关于"无极而太极"还是"自无极而为太极"的争论，意在解决"无中生有"的困难。陈淳在朱熹的基础上，对无极与太极的异同和关系做了进一步的发挥。陈淳认为"无"是无形无状，"太"是极致，二者不可混同，也不能相互取代，因为无形的无极说明了理的形态，而太极则回答了万事万物的"所以然之故"，也就是陈淳所谓"万化无不以之为根柢枢纽"。② 正是由于把太极理解为万物的总根柢，所以这太极也就有了世界主宰的意义。他说：

> 天所以万古常运，地所以万古常存，人物所以万古生生不息，不是各各自恁地，都是此理在中为之主宰，便自然如此。③

由此，理成为"所当然之则"与"所以然之故"的统一。陈淳用理表示"所当然之则"，用太极表示"所以然之故"，这就使得理更具有伦理规范和人生准则的意味。理学范畴的意义表达得更加精细准确，指代的对象也更加专一明晰，这是哲学思维发展的表现。至于道、理和太极三个范畴之间的关系，陈淳说："所以一阴一阳之理者为道，此是统说个太极之本体。"④

二、天下是至大底物

陈淳理解的"气"首先是物质形态的存在，天就是这样的存

---

① 陈淳：《北溪字义》，第 44 页。
② 陈淳：《北溪字义》，第 44 页。
③ 陈淳：《北溪字义》，第 44 页。
④ 陈淳：《北溪字义》，第 8 页。

在。他说："上而苍苍者，天之体也，上天之体以气言。"这种气，可以理解为我们今天所谓的"空气"，它的确是构成无形之天的物质。但天不是单纯的气，而是流行不息之气生成万物的全过程。太极不是独立的抽象概念，而是这一元之气流行过程本身。这流行不息的气既是动态过程，也是生成与创造万物的材料。陈淳说："阴阳，气也，形而下者也。"① 在纠正朱熹形上与形下二分之弊的同时，又不能重复心学将形上与形下直接同一的错误，所以陈淳指出："儒中窃禅学者，又直指阴阳为道，便是指气为理了。"② 理与气之不同，正如形而上与形而下的区别。二者虽不同，但又是统一的过程，并且集中体现在阴阳的动态力量之中。阴阳之气正是将无形转化为有形的内在力量。他说："造化之迹，以阴阳流行著见于天地间者言之。良能，言二气之往来，是自然能如此。……其实二气只是一气耳。"③ 阴阳二气之间的此消彼长，相互作用，推动着天地自然的生成与变化。而变化的根据就存在于这过程之中。

世界统一于气，人的肉体生命是源自天地之间的气，正所谓："一元之气流出来，生人生物。"④ 然而，人与物虽同出于一气，却有着根本的不同。陈淳说：

> 人与物同得天地之气以生，天地之气只一般，因人物受去各不同。人得五行之秀，正而通，所以仁义礼智，粹然独与物异。物得气之偏，为形骸所拘，所以其理闭塞而不通。⑤

陈淳在阴阳二气之上抽象出的"一元之气"的范畴，它既是

---

① 陈淳：《北溪字义》，第 40 页。
② 陈淳：《北溪字义》，第 41 页。
③ 陈淳：《北溪字义》，第 56～57 页。
④ 陈淳：《北溪字义》，第 38 页。
⑤ 陈淳：《北溪字义》，第 7 页。

世界的统一性，也是宇宙演化的过程；它既是形成万物的动力和材料，又蕴含着自然变化的"所以然之故"。它在人的形成过程中，由于包含了"当然之则"，使得气有偏正之分，使得理具有理想的意义。

陈淳对"物"范畴有着深入的理解和非常有新意的解释。传统理学总是用"万物"来表达物质范畴，陈淳同样在许多语境中使用这个概念。然而，万物存在于天地之间，它没有包括天地，所以还不是物质的最高范畴。关于最普遍的物范畴，陈淳称为"至大底物"。虽然，陈淳是在讨论至大的天下与至微的己私之间的关系时说这句话的，但是"至大底物"一语，的确预示着普遍的物范畴的起步。所谓"至大"就是无限的意思，无限的物也就是包含所有具体物的最高范畴。虽然，这"至大底物"是在天之下，依然没有将天包括进去，但是比之于"万物"一词，它的抽象性更高，一体性更强，因此更具概括性。

陈淳还从宇宙起源的角度讨论物，由于此时的物没有具体形态，所以也就具有了普遍性。他说：

> 就气上论，则物之初生处为元，于时为春；物之发达处为亨，于时为夏；物之成遂处为利，于时为秋；物之敛藏处为贞，于时为冬。[①]

陈淳在这段话中使用的"物"，没有具体所指。但是，从其生成发展的过程看，应该是指生命之生，在农业文明的背景下，自然是指农作物，或者人类在自然界赖以生存之物。当然，与传统理学一样，陈淳的物往往是与人相对应而言的。

他将人与物进行比较，人是有生命而且有精神的，物是无生命和没有意识的。基于这种与物相对应的观念，各种不同的物聚集在一起，就有"人生天地之内，物类之中"的概念，这种"物

---

① 　陈淳：《北溪字义》，第3～4页。

类"概念，是通向"物质"范畴的桥梁。

有物的类概念，就一定有物的个别概念。比如陈淳在讨论性情关系时说："心之体是性，性不是个别物，只是心中所具之理耳。"① 当然，这里的"个别物"不是具体的有形之物。具体的有形之物陈淳称之为"实物"，他说："以实是就言上说，有话只据此实物说，无便曰无，有便曰有。"② 有形的可以被感官所把握，并且被言语所指称的具体物，就是实物，也就是个别之物。

最为难能可贵的是，陈淳对"物"与"事物"做了清晰的辨析。陈淳的学生问道："物字是人物是事物?"陈淳回答道：

> 人物与事物非判然绝异，事物只自人物而出，凡己与人物接，方有许多事物出来。若于己独立时，初无甚多事，此物字皆可以包言。③

这里所谓的"人物"是人和物。人和物是组成事物的基本元素，事物必须有主体之我的参与，在与他人和外物接触的时候，才能够构成事物。一个人独处的时候，很难称之为事物。最后的"物"字，则可以包含人、物与事，所以也就具有了普遍意义，而成为物的哲学范畴。

三、万般道理从此出

在陈淳看来，道不是抽象概念，而是运动不息的过程，是万物生成演化的过程。所谓"道流行乎天地之间，无所不在，无物不有，无一处欠缺"④。可见，道不是一个脱离物质形态而独立存在的实体。正所谓："道非是外事物有个空虚底，其实道不离乎

---

① 陈淳：《北溪字义》，第 47 页。
② 陈淳：《北溪字义》，第 27 页。
③ 陈淳：《北溪字义》，第 73 页。
④ 陈淳：《北溪字义》，第 40 页。

物，若离物则无所谓道。"① 由于陈淳对物与事物做了清晰的界定，并表示"物"可以包括人、物和事，所以，陈淳此处的"物"，是所有有形之物，以及物与物关系的总称。然而，与陈淳将道理解为"人事之理"一样，他理解的道与物的关系，也基本停留在伦理道德领域。这样一来，道与物的关系，就成了道德规范与道德行为的关系。

当然，陈淳也论及道与自然物之间的关系，这时他更多使用"道"与"器"这对范畴。他说：

> 自有形而上者言之，其隐然不可见底则谓之道。自有形而下者言之，其显然可见底则谓之器。其实道不离乎器，道只是器之理。②

陈淳强调道、器不可分的观点，与他否定独立存在的精神性本体的观点是一致的。陈淳认为，一旦将道与器判而为二，道就不存在于具体的事物之中，从而就再也无法统一，更无法通过具体有形的日常事物上达于道。他认为道是人事之理，那么通过具体事物而无法得到的当然不再是道了。陈淳强调：

> 人事有形状处都谓之器，人事中之理便是道。道无形状可见，所以明道曰："道亦器也，器亦道也。须著如此说，方截得上下分明。"③

陈淳引用程颢的"道亦器也，器亦道也"的话来支持自己的观点。但是，程颢与程颐的观点是不一样的。程颢认为："阴阳亦形而下者也，而曰道者，惟此语截得上下最分明，元来只此是

---

① 陈淳：《北溪字义》，第 39 页。
② 陈淳：《北溪字义》，第 39 页。
③ 陈淳：《北溪字义》，第 39 页。

道，要在人默而识之也。"① 但是程颐却认为："道非阴阳也，所以一阴一阳道也，如一阖一辟之谓变。"② 程颢的观点直接被陆九渊的心学继承，所以程颢的观点具有向心学方向发展的趋势。朱熹继承了程颐的观点，认为道不等于阴阳，道是阴阳之所以为阴阳的依据。在程朱理学的体系中，"道"与"理"的确是独立的精神性本体。在这一点上，陈淳离开了师说而接近心学，虽然他努力批判陆九渊的观点，但却与程颢达成了一致，这是他自己没有意识到的。

理学的基本观点是认为理在气先，在这一点上，陈淳继承了师说。他说："毕竟未有天地万物之先，必是先有此理。"但是，这实在与陈淳一贯的立场相悖，他无法想象在天地万物产生之前，在不可知的地方存在着理。所以他又说："然此理不是悬空在那里。才有天地万物之理，便有天地万物之气；才有天地万物之气，则此理便全在天地万物之中。"③ 这就与他的"道"、"物"和"道"、"器"不可分的观点完全一致了。但是，他显然意识到自己的观点与朱熹之间有了差别，所以进一步解释道：

> 然则才有理，便有气；才有气，理便全在这气里面。那相接处全无些子缝罅，如何分得孰为先、孰为后？所谓动静无端，阴阳无始。若分别得先后，便成偏在一边，非浑沦极至之物。④

才有理便有气，无论怎么解释二者之间完全没有空隙，完全不分先后，但是理气二分的矛盾还是无法解决。如果认为天地万物浑然一体，那么就得承认没有气的时候，也就没有理。那么这

---

① 程颢、程颐：《二程集》第 1 册，第 118 页，中华书局，1981。
② 程颢、程颐：《二程集》第 1 册，第 67 页。
③ 陈淳：《北溪字义》，第 45 页。
④ 陈淳：《北溪字义》，第 45 页。

气从何来？天地万物又从何来？任何事物的存在都必须有一个依据，可是这依据在事物出现之前它又存在于何处？对这些哲学难题无法解释，直接导致了陈淳一会儿否定独立的精神性本体，一会儿又不得不承认未有天地之先必先有理的思维矛盾。

解决这种矛盾的最好办法就是回到现实生活中，将对世界本原的追问还原到对人事道理的探索中来。因此，陈淳在社会生活领域，强调理与气的统一，强调道理都存在于人事之中，让人们通过日常生活寻找道理和准则。正所谓：

> 故欲求道者，须是就人事中，尽得许多千条万绪当然之理，然后可以全体是道，而实具于我。非可舍吾身人事，超乎二气之表，只管去穷索未有天地始初之妙为道体，则在此身有何干涉？①

用今天的话说，就是人生的意义存在于人的生命过程之中；人生的价值，就在于人的生命本身。做人的准则与人事的道理，只能在现实生活中寻找。没有独立的精神性本体，没有虚无缥缈的彼岸世界，更没有前生和来世，意义全在当下，道理就在现实之中。这就是儒家的人生观，也是陈淳否定独立的精神性本体的用意所在。

更能体现本体与存在浑然一体的范畴是"中"与"和"。陈淳说：

> 中者，天下之大本，只是浑沦在此，万般道理都从这里出，便为大本。和者，天下之达道，只是这里动出，万般应接，无少乖戾而无所不通，是为达道。②

用"中和"来表示事物的本体与存在的统一，就避免了道与

---

① 陈淳：《北溪字义》，第 40 页。
② 陈淳：《北溪字义》，第 47 页。

物、形而上与形而下分离的问题。因为中是事物存在的最佳状态，所以陈淳会说"浑沦在此"。所有的道理都包含在具体的事物和过程之中。

第二节　心性情一于理与命

人的本质是先天赋予的，还是后天获得的，这是理学反复争论的问题。陈淳从人的本性的角度，辨析了性、命、道、理等范畴，回答了人之所以为人的依据。以此为基础，他结合气范畴讨论了人的个性与恶的根源。同时，又从性主宰气的角度，批判了佛教和心学将人心认作人性的错误。陈淳把心中之理解释为心的主宰，将"未发"理解为动机，并从天性中寻找道德自觉的依据。他将理既解释为心的依据，又解释为心对道理的把握，这种矛盾表现出他在理学与心学之间的徘徊。在情范畴的讨论中，他更加坚定地否定抽象精神性本体的独立性，为道德寻找人的情感支持，为生命寻找精神家园。陈淳并没有简单地重复理学的观点，将情等同于欲，相反是在论证情的合理性和普遍性。陈淳认为，天有心性情，人亦有心性情，而天之情就是神。他将情与天地阴阳之神联系起来，使得情具有天然的合理性。情是人性的表现，其本身并无善恶之分，关键在于是否合乎当然之则。人之情所具有的指向性，会构成一种意志力量，是成就道德境界的精神动力。

一、人生来具有是理

我们今天所理解的人的本质，理学用性范畴表达，与之相关的还有理、命和道等不同范畴，这些范畴在讨论人的本质时，意义有相同的一面，也有细微的差别。陈淳以其精湛的概念辨析能力，对这一系列的范畴做了自己的解释。

第一，性与理。理学主张"性即理"，那么为什么还要使用"性"而不直接用"理"称"性"呢？陈淳对这个问题的回答是：

> 盖理是泛言天地间人物公共之理，性是在我之理。只这道理受于天而为我所有，故谓之性。性字从生从心，是人生来具是理于心，方名之曰性。其大目只是仁义礼智四者而已。①

陈淳还从字源的角度分析"性"范畴，将"性"字解释为与生俱来并且存在于人心的道理。不过，这些道理不是生命之理，只是伦理，这显然是天赋道德论，是儒学和理学的传统观点。

第二，性与命。陈淳说："性与命本非二物，在天谓之命，在人谓之性。故程子曰：'天所付为命，人所受为性。'"由此可见，"性"与"命"的区别就在于过程不同，前者是领受，后者是赋予。陈淳在强调"性"与"命"之间的区别的同时还强调"性"与"命"的不可分。他说："性命只是一个道理，不分看则不分晓。只管分看不合看，又离了，不相干涉。"②

第三，"性"与"道"。"性"与"道"的关系，陈淳在解释《易传》"一阴一阳之谓道，继之者善也，成之者性也"一语时说：

> 所谓善者，以实理言，即道之方行者也。道到成此者为性，是说人物受得此善底道理去，各成个性耳。③

陈淳将"善"解释为实在的道理，是"道"的运行与具体存在和发挥功用的过程。正是因为"道"的这种功能与作用，才可能使人由可能性依据转化为现实中的存在。人因"道"而成，一

① 陈淳：《北溪字义》，第6页。
② 陈淳：《北溪字义》，第6页。
③ 陈淳：《北溪字义》，第8页。

旦成人之后，便天生具备了"道"，这个"道"就是"性"。

讨论"性命"的道理，只解决了人的共性与向善的可能性问题。但是，现实生活中，人与人是不一样的，有善同时也存在着恶。人的这种不同的个性形成的依据是什么呢？朱子认为是禀气之不齐造成的。这就涉及了"性"与"气"的关系。对这个问题陈淳既秉承师说，亦有自己的发挥。他说：

> 人之所以有万殊不齐，只缘气禀不同。这气只是阴阳五行之气……七者夹杂，便有参差不齐。所以人随所值，便有许多般样。然这气运来运去，自有个真元之会……圣人便是禀得这真元之会来。①

阴阳加上五行，这七种不同的气秉承在人的身上，就会生出各种不同的个性来。然而，这些个性都是以一种缺陷表现出来的，所以人都是有缺点的。只有气禀达到恰到好处的所谓"真元之会"，才会产生出完美无缺的圣人来。可惜这样的机会太少了。因为：

> 天地间参差不齐之时多，真元会合之时少……人生多值此不齐之气。如有一等人非常刚烈，是值阳气多；有一等人极是软弱，是值阴气多；有人躁暴忿戾，是又值阳气之恶者；有人狡谲奸险，此又值阴气之恶者；有人性圆，一拨便转；也有一等极愚拗，虽一句善言亦说不入，与禽兽无异：都是气禀如此。②

虽然，陈淳说的个性指的是人不同的善恶禀性，并非我们今天所谓的个性。但是，陈淳也指出有些个性并不具有道德意义，所以用气禀解释人的不同，既回答了人的善性与恶性的来源，也

---

① 陈淳：《北溪字义》，第 7 页。
② 陈淳：《北溪字义》，第 7 页。

看到了人的个性是有天赋基础的。

正是分清了性与气的不同，所以陈淳在批判佛教和心学的过程中，就抓住了对方的症结。他说：

> 佛氏把作用认是性，便唤蠢动含灵皆有佛性，运水搬柴无非妙用。不过又认得个气，而不说著那理耳。①

在讨论气范畴的时候，陈淳称气为"作用"，那么"把作用认是性"，也就是将气禀认作人性，用今天的话说，就是把人的自然本性当成人的本质了。佛教正是从这一点出发，将人等同于动物，甚至所有事物，并且认为所有"蠢动含灵"都与人一样地具有成佛的可能性，而从根本上忽略了人之所以为人的本性。陈淳对心学的批评也是基于此观点。他说：

> 今世有一种杜撰等人，爱高谈性命，大抵全用浮屠作用是性之意，而文以圣人之言，都不成模样。……谓人之所以能饮能食，能语能嘿，能知觉运动，一个活底灵底便是性，更不商量道理有不可通。且如运动，合本然之则，固是性。如盗贼作窃，岂不运动，如何得是性？耳之欲声，目之欲色，固是灵活底。然目视恶色，耳听恶声，如何得是本然之性？只认得个精神魂魄，而不知有个当然之理。②

陈淳将道、理、性都理解为"当然之理"，而这种"当然之理"又是与人的存在浑然一体的，所以陈淳认为人的本性就是善。人的自然欲望和知觉运动是人的肉体存在的形式，它是气禀造成的，不能等同于人的道德本性。佛教与陆九渊的心学，却将人的生命存在本身当成生命之所以为生命、人之所以为人的道理了，对人的自然本性与人的社会本质不加区别。不过陈淳虽然区

---

① 陈淳：《北溪字义》，第 10 页。
② 陈淳：《北溪字义》，第 10 页。

别二者，却将社会本质也看成是先天的。

二、心者一身之主宰

心范畴被理学和心学搞得极具歧义。陈淳对心的解释，虽然没有偏离朱子理学的观点，但却做了更加深入的思考和辨析。他说：

> 心者，一身之主宰也。人之四肢运动，手持足履，与夫饥思食，渴思饮，夏思葛，冬思裘，皆是此心为之主宰。①

心是身的主宰，这是理学与心学都认同的观点。陈淳并没有从正面解释心的本质，而是从反面分析道：

> 如今心恙底人，只是此心为邪气所乘，内无主宰，所以日用间饮食动作皆失其常度，与平人异，理义都丧了，只空有个气，仅往来于脉息之间未绝耳。②

然而，这个"心恙"是精神的病态还是道德沦丧，陈淳没有说明。失去主宰的表现就是行为没有了常度，与平常人相异而丧失理义，只剩气存在于个体生命之中。可见，这个起主宰作用的不是心本身，而是心中之理。因此他说：

> 大抵人得天地之理为性，得天地之气为体，理与气合方成个心，有个虚灵知觉，便是身之所以为主宰处。然这虚灵知觉，有从理而发者，有从心而发者，又各不同也。③

这个心的"虚灵知觉"，就是人的意识，它控制或主宰肉体生命。然而，人的主体意识却有两种，一是从理出发，就是今天所谓的理性或理智；一是从心出发，相当于今天所谓感性或者情

---

① 陈淳：《北溪字义》，第 11 页。
② 陈淳：《北溪字义》，第 11 页。
③ 陈淳：《北溪字义》，第 11 页。

感。两种不同的出发点，自然会有不同的结果。

陈淳进一步对人的知觉从"理"上发出与从"形气"也就是肉体生命的欲望发出做了比较。他说：

> 知觉从理上发来，便是仁义礼智之心，便是道心。若知觉从形气上发来，便是人心，便易与理相违。人只有一个心，非有两个知觉，只是所以为知觉者不同。且如饥而思食，渴而思饮，此是人心。至于食所当食，饮所当饮，便是道心。①

"人心"就是正常的人的生理需求和欲望；"道心"则是根据"当然之则"决定自己的行为。饥食渴饮是自然之理，人与动物在此并无区别；当食则食，当饮则饮，这才是人的行为。所以，人一旦失去心之主宰，便会人欲横流，道德沦丧，甚至丧心病狂。

如果将心理解为意识，将心中之理理解为意识中的道理，或者意识的内容，那么心与理的确是不同的。既然将心与理二分，心与理的关系就成了理学讨论的重要话题。也正是在这个意义上，陈淳将心理解为一种容器，而理或者性，不过是这容器中所装之物。他说："心只似个器一般，里面贮底物便是性。"也许意识到这个比喻的粗浅，所以陈淳进一步用体用关系解释心与性。他说：

> 心有体有用。具众理者其体，应万事者其用。寂然不动者其体，感而遂通者其用。体即所谓性，以其静者言也；用即所谓情，以其动者言也。②

这样理解"理具于心"，这理就不是意识内容，而是心之所

---

① 陈淳：《北溪字义》，第 11 页。
② 陈淳：《北溪字义》，第 11～12 页。

以为心的道理。意识应对万事是心之用，心之所以为心的依据才是理。心的依据是不变的，否则心就不再作为心存在，它保持着心存在的稳定性，所以寂然不动；心有感应和意识，能思考和理解，能把握事物之间的联系，就是心的用。这样解释心与性或理的关系，就避免了将心与理或性判然为二的弊端，与陈淳否定独立的精神性本体的基本立场一致起来。

用体用关系解释心与理或性的关系就使得心与气，也就是精神与肉体的关系问题凸显出来。同时也涉及善恶的根源问题。陈淳说：

> 性只是理，全是善而无恶。心含理与气，理固全是善，气便含两头在，未便全是善底物，才动便易从不善上去。①

人身禀赋的性就是理，心之本体亦是理，它们都是纯然本善的。而恶的源头则在于气，当然气有为善和为恶的两种可能。如何抑恶扬善呢？这就需要理性和道德力量的控制。如果没有理或性的控制，恶的可能就会变为现实。然而，气就是生命的力量和过程，只要生命在，自然会有各种欲望产生，所以需要人的理性根据道德规范对生命活动加以控制，如其所云："人须是有操存涵养之功，然后本体常卓然在中为之主宰，而无亡失之患。"② 然而，心之所以为心之理与意识所掌握的道德规范之理，是完全不同的，陈淳将二者混为一谈，表明其哲学思辨水平的局限。

佛家将"虚灵知觉"直接等同于性，理学认为使"虚灵知觉"之所以为"虚灵知觉"的道理才是性。陈淳说："佛家论性，只似儒家论心。他只把这人心那个虚灵知觉底唤作性了。"③ 可见，区别儒家与佛家的心性论的关键就在于理的有无了。陈

---

① 陈淳：《北溪字义》，第 12 页。
② 陈淳：《北溪字义》，第 12 页。
③ 陈淳：《北溪字义》，第 13 页。

淳说：

> 性从理来，不离气。知觉从气来，不离理。合性与知觉，遂成这心，于是乎方有心之名。①

性是得自于理而合于气，是以生命为现实基础的。知觉是生命的现象，不能脱离物质条件，但必然有其依据；理气相合就是人的生命与人的精神的统一。生命与精神都有着内在的依据和道理。心是以人生命为基础的精神，人性不是纯粹的知觉之心，一定要追问心之所以为心者，否则就是佛教的观点。生命之所以为生命的道理，所有生命现象都一样；人作为生命现象之所以特殊，就在于人有精神或者心。所以，心之所以为心者，也就是人之所以为人的道理。因此，心之性，就是人性。

三、情之中节便是善

陈淳没有抽象地为"情"下定义，而是根据体用关系，在"性体情用"的理学观点基础上，提出自己对情范畴的见解。他说：

> 情与性相对。情者，性之动也。在心里面未发动底是性，事物触著便发动出来是情。寂然不动是性，感而遂通是情。这动底只是就性中发出来，不是别物，其大目则为喜、怒、哀、惧、爱、恶、欲七者。②

所谓"未发动底"是作为可能性存在的道理或者依据，当与外界事物接触之后，人自然会产生各种各样的情感过程。只要生命在，只要人活着，只要人与外界有接触，就不可能没有情感的发生。人的情都是人性的表现，不是别的什么东西，就是人的七

---

① 陈淳：《北溪字义》，第 13 页。
② 陈淳：《北溪字义》，第 14 页。

情六欲。人性是看不见的，只能通过人情表现出来。所以说"性之欲便是情"①。这里的"欲"有精神欲求和生理本能需要的两重意义。既然性是人之所以为人、心之所以为心的依据，那么这"性之欲"就不同于"气之欲"，就更偏重于人的精神追求。

人的精神追求就是"意"，就是性之欲，是心的发动和指向。陈淳说：

> 意者，心之所发也，有思量运用之义。大抵情者性之动，意者心之发。情是就心里面自然发动，改头换面出来底，正与性相对。意是心上发起一念，思量运用要恁地底。情动是全体上论，意是就起一念处论。②

陈淳在此对意与情做了区别。情是自然而然产生的，而意则包含了思量和运用的成分，包含了理性和意志的内容，并且具有明确的指向性。这里陈淳对性的发动与心的发动做了区别。性之动是情，它更自然；心之动是意，它已经具有理性意义。情有意的成分之后，就有可能将其导向不同的目标，这就会产生善与恶的区别。然而，意还是心的活动，并未付诸实践，还不具有道德意义。

情是心之自然发动，其本身并无好坏、善恶之分，关键在于把握情的分寸和当然之则。陈淳说："情者心之用，人之所不能无，不是个不好底物。但其所以为情者，各有个当然之则。"③ 在陈淳看来，《中庸》和《孟子》都是这样理解情的。他说：

> 《中庸》只言喜怒哀乐四个，孟子又指恻隐、羞恶、辞逊、是非四端而言，大抵都是情。④

---

① 陈淳：《北溪字义》，第15页。
② 陈淳：《北溪字义》，第17页。
③ 陈淳：《北溪字义》，第14页。
④ 陈淳：《北溪字义》，第14页。

喜怒哀乐与恻隐、羞恶是情，但是辞逊、是非却很难称之为情，所以陈淳说"大抵都是情"。保证人的情感发动符合道德规范的关键在于人具备了天赋的道德本性，由此而发便是恻隐、羞恶、辞逊和是非之情。

人们都知道，道德是理性和意志对人的欲望与行为的控制，但这种控制力量一定源自情感，否则就会流于虚伪。人是理性动物，更是情感动物。人的情感与生俱来，与生命同在。如果否定情感，那么就意味着否定了人的生命本身。没有情感支撑的道德更是不可能持久的。正如陈淳所说：

> 禅家不合便指情都做恶底物，却欲灭情以复性。不知情如何灭得？情既灭了，性便是个死底性，于我更何用？[①]

儒家提倡的是担当天下义务，承担社会责任，这些都是大义与大情，没有了发自内心深处的壮志豪情，这一切都成为空话。当然，人的情不能处于自然状态，不仅要使其发而中节，更要有一种精神力量导引它指向远大目标，让它成为人生奋斗的动力。这正是儒家特别强调立志的原因。正如陈淳所说：

> 志者，心之所之。之犹向也，谓心之正面全向那里去。如志于道，是心全向于道；志于学，是心全向于学。一直去求讨要，必得这个物事，便是志。若中间有作辍或退转底意，便不得谓之志。[②]

这就是通过理性的确认和意志的选择之后，将情指向一个伟大的志向、一个始终不渝的目标。志向一旦确立，目标一旦锁定，就靠发自内心深处的情推动人去实现这伟大的人生目标。情感的认同才是真正的认同，情感的支持才能够恒久、专一。

---

① 陈淳：《北溪字义》，第 15 页。
② 陈淳：《北溪字义》，第 15 页。

志向本身有高低不同和远大琐细之别。所以，要立志成为圣贤，以一个伟大人格为自己人生的目标，如此才能够在流俗之中挺立，不至于成为庸碌之辈。正所谓"立志须是高明正大。人多有好资质，纯粹静淡，甚近道，却甘心为卑陋之归，不肯志于道，只是不能立志"①。人的本性都是相近的，能不能成就伟大人格，就在于志向所指的目标了。

心、情、性、意和志之间存在着密切的关系，这种联系的根据就是理与命。陈淳说：

> 且如一件事物来接著，在内主宰者是心；动出来或喜或怒是情；里面有个物，能动出来底是性；运用商量，要喜那人要怒那人是意；心向那所喜所怒之人是志；喜怒之中节处又是性中道理流出来，即其当然之则处是理；其所以当然之根原处是命。②

从主宰到发动，从根底到思量，从所向到中节，从当然之则到当然之根原，陈淳就这样将心、性、意、志和理、命统一起来了。这与他将道理解为人事之理的观点是一致的。他否定独立的精神性本体，将一切本质性的范畴都统一于具体的个体生命之中。从而将形而上的智性追求，还原到形而下的具体生活之中，为人生提供意义，为心灵提供家园。

第三节　人事尽处是谓天理

陈淳在否定独立的精神性本体之后，并未使具体的生命过程失去意义。他力图使意义与生命过程同在，使有限的生命获得永恒的价值。陈淳一生淡泊功名，不求富贵，表明他面对宿命更加

---

① 陈淳：《北溪字义》，第 16 页。
② 陈淳：《北溪字义》，第 17 页。

洒落自如，一心追求人生至高的道德境界，使生命的意义完全掌握在自己的手中。腐败的南宋政治现实，使陈淳更加清楚地意识到宿命的意味。他不求功名，以道德追求独善其身，也是一种对天命的抗争。人与天命的抗争必须体现在具体的实践活动之中，所以，对于认识论的问题陈淳也有自己独到的见解。他认为，人的思维能够把握客观规律。人得到正确的认识之后，行为才可能成功，而在力行的过程中，又会使人对世界的认识更加正确。

一、根原皆是从天来

陈淳否定独立的精神性本体，并不等于切断人与天的联系。他说：

> 道之大纲，只是日用间人伦事物所当行之理。众人所共由底方谓之道。大概须是就日用人事上说，方见得人所通行底意亲切。若推原来历，不是人事上划然有个道理如此，其根原皆是从天来。①

日常生活中的"所当行之理"，是人类自身制定的应然准则，要使其具有约束性，必须寻找这个规范本身的依据，确认它的合理性。通常的方法是，将这种规范的依据归之于令人敬畏的天道。

然而，任何社会的道德规范都必须有可行性和现实基础，因此，这些源于天的"道"必须落实于社会生活之中，解决人们生活与精神的实际问题。正所谓：

> 圣贤所谓道学者，初非有至幽难穷之理，甚高难行之事也，亦不外乎人生日用之常耳。盖道原于天命之奥，而实行

---

① 陈淳：《北溪字义》，第 38 页。

乎日用之间。①

那么，令人敬畏的天道是如何转化为日常生活的道理的呢？陈淳的解释是：

> 在人事而言，则处而修身齐家，应事接物；出而莅官理国，牧民御众；微而起居言动，衣服饮食；大而礼乐刑政，财赋军师。凡千条万绪，莫不各有当然一定不易之则，皆天理自然流行著见，而非人之所强为者。②

这些千头万绪的事的背后都存在着当然之则，是天理的体现。可是，为什么天理就是事理呢？他论证道：

> 一元之气流出来，生人生物，便有个路脉，恁地便是人物所通行之道。此就造化推原其所从始如此。③

这就是陈淳的理气统一论。这种统一表现为"生人生物"的过程，是"一元之气"的流出；它之所以能够"生人生物"，其背后有依据，其过程有规律，这"便有个路脉"，这便是"理"。而理与气的统一为生人生物的过程，就是"道"，或者是天地万物与人类社会的总根源。

这个总根源，既不是有形之物，也不是独立抽象的精神性本体，而是"太极，亦是指三才未判浑沦底物"④。这种浑沦的状态，不是纯粹的精神，也不是单一的物质，而是创造一切的生命力。陈淳说：

> 人与天地万物，皆是两间公共一个气。子孙与祖宗，又

---

① 陈淳：《北溪字义》，第 75 页。
② 陈淳：《北溪字义》，第 75 页。
③ 陈淳：《北溪字义》，第 38 页。
④ 陈淳：《北溪字义》，第 43～44 页。

是就公共一气中有个脉络相关系，尤为亲切。①

"人与天地万物"一语，包括了所有的物质性存在，它们都根源于"一个气"，又是"两间公共"的。那么这"两间"就超越具体的物质性存在而成为"一气"的根由。这"两间"只能理解为阴阳之间，而这"气"就是阴阳之间的感应与作用。所谓"人物之生，不出乎阴阳之气"②，这个气就是作为总根源的太极。虽然这种气有清浊、薄厚和参差之不齐，但并不妨碍它作为总根源的存在。它不是一般意义的物质材料和普遍的道理，而是材料、道理统一于过程之中的生命力。正是在这个意义上，陈淳将他所理解的气，看做人的宗法血脉相传的依据和纽带。

人的生命源自天地间之气，社会人事之则源自道，社会规范是天理，人的道德便是天赋之"明德"。正如陈淳所云：

> 大概德者，得也，不能离一个得字。……如所谓"明德"者，是人生所得于天，本来光明之理具在吾心者，故谓之明德。……有所谓"达德"者，是古今天下人心之所同得，故以达言之。有所谓"懿德"者，是得天理之粹美，故以懿言之。又有所谓"德性"者，亦只是在我所得于天之正理，故谓之德性。又有所谓"天德"者，自天而言，则此理公共，在天得之，为天德；其道流行赋予，为物之所得，亦谓之天德。若就人论，则人得天之理以生，亦谓之天德；其所为纯得天理之真，而无人伪之杂，亦谓之天德。③

陈淳在此列举了"明德"、"达德"、"懿德"、"德性"和"天德"等不同的有关人的道德水平和境界的概念。他认为，人的这些道德都是来自于天。人与天是统一的，这种统一体现在人的生

---

① 陈淳：《北溪字义》，第 59 页。
② 陈淳：《北溪字义》，第 2 页。
③ 陈淳：《北溪字义》，第 43 页。

命和社会事理之中，否则没有意义。

追溯明德的根源，既是解决道德之善的起源，也是为自我的存在寻找缘由，从而为人生的意义提供承担，这就是中国人的终极关怀。所以，主张"天人合一"，将天道作为生命的依据、人生意义的承担和价值的最终承载，为人提供心灵的家园。陈淳说：

> 人得是至精之气而生，气尽则死，得是至真之理所赋，其存也顺吾事，则其没也安死而无愧。始终生死，如此而已。自未生之前是理气，为天地间公共之物，非我所得与。既凝而生之后，始为我所主，而有万化之妙。及气尽而死，则理亦随之一付之大化，又非我所能专有，而常存不灭于冥漠之间也。①

天道永恒不灭，是人生之始、生命之源。我生源自于它，我死回归于它。赋予我生命的是公共之物，并非我之所有，那么我生命的结束，无非是将本来并不属于我的东西归还于大化的过程。生死的循环，构成了天道的永恒，也使我的生命的始终与天地之总根源相连而得到永恒。人的生命是有限的，但生命的道理是永恒的；我的生命有生死，但大化流行之气常存。永恒的价值和意义不会因个体生命的结束而终结，死亡不等于虚无，不能毁灭生时所努力创造的价值，生命的意义不会因死亡而消失。

二、无人何以见天命

孟子说："莫之为而为者，天也；莫之致而至者，命也。"朱熹注释道："以理言之谓之天，自人言之谓之命，其实一而已。"②然而，陈淳的解释与朱熹有些不同。他说：

---

① 陈淳：《北溪字义》，第80页。
② 朱熹：《四书章句集注》卷五《孟子·万章章句上》。

> 天与命只一理，就其中却微有分别。为以做事言，做事
> 是人；对此而反之，非人所为便是天。至以吉凶祸福地头
> 言，有因而致是人力；对此而反之，非人力所致便是命。天
> 以全体言，命以其中妙用言。①

天本是自然的过程，因为有了人，才有"命"的问题。那么
这"命"究竟什么意义呢？陈淳说：

> 命，犹令也，如尊命、台命之类。天无言做，如何命？
> 只是大化流行，气到这物便生这物，气到那物又生那物，便
> 是分付命令他一般。②

这种不依人的意志为转移的自然生成万物的过程，便是天之
所命。就天本身而言，无所谓意义；只有从人的角度出发，天才
有了价值。

陈淳的学生问，都是天地造化而生成的人，为什么会有祸
福、夭寿，甚至贫贱、富贵之不同呢？陈淳以天下雨为例解释人
的命运不同：天之为雨，并没有薄厚之别，均匀地洒向大地，但
是，地上承载雨水的条件则决定了雨水落地后会呈现什么样的状
态。然而，这样的例子虽然说明了大江、大河与小溪、小涧之间
的不同，却没有说明大江、大河不同的原因。他又举种菜为例，
试图说明每个个体秉承天命的不同，完全是一种偶然。他说：

> 譬之治一片地而播之菜子，其为播种一也，而有满园中
> 森森成行伍出者，有掷之蹊旁而践蹂不出者；有未出为鸟雀
> 啄者，有方芽为鸡鹅啮者；有稍长而芟去者，有既秀而连根
> 拔者；有长留在园而旋取菜者，有日供常人而羹食者；有为
> 菹于礼豆而荐神明者，有为齑于金盘而献上宾者，有丐子烹

---

① 陈淳：《北溪字义》，第4～5页。
② 陈淳：《北溪字义》，第2页。

诸瓦盆而食者；有脆嫩而摘者，有壮茂而割者，有结实成子而研为斋汁用者，有藏为种子到明年复生生不穷者。其参差如彼之不齐，岂播种者所能容心哉？故天之所命则一而，人受去自是不齐。亦自然之理，何疑焉！①

同样的播种，同样的种子，同样的土壤条件。播种的是菜籽，所以都长成菜，这是必然；但是，能否顺利生长，生长成什么样子，长成之后擢为何用，什么时候用，完全出于偶然。

人的命运也是这样，承载于人之所以为人的天理，禀赋着天地间之灵气，同是父母血脉所生，有着同样的喜怒哀乐等七情六欲，同生在一个时代，但是人与人之间的天赋条件却有很大的不同，其富贵夭寿的命运，也相差甚远。对其中的缘故，陈淳解释说：

若就人品类论，则上天所赋皆一般，而人随其所值，又各有清浊、厚薄之不齐。如圣人得气至清，所以合下便能生知；赋质至粹，所以合下便能安行。如尧、舜，既得其至清至粹，为聪明神圣；又得气之清高而禀厚，所以贵为天子，富有四海。至于享国皆百余岁，是又得气之最长者。②

如果仅凭气之清粹与否解释道德与智慧方面的天赋不同，那么如何解释社会地位的贵贱差别呢？死生有命，这是自然规律，可以从生理学的角度解释，那么富贵在天又如何从自然天赋角度解释呢？难道谁生来就应该是社会的上层，谁天生就应该处在社会底层吗？这种观点的确是为富人和上层统治者进行合理性辩护的意识形态了。同时，也缺少了原始儒家"知其不可而为之"的豪迈与悲壮。

---

① 陈淳：《北溪字义》，第5～6页。
② 陈淳：《北溪字义》，第2页。

面对这必然的天理与偶然的禀赋所构成的人的命运，人的主观努力还有没有作用呢？陈淳说：

> 若能力学，也解变化气质，转昏为明。有一般人，禀气清明，于义理上尽看得出，而行之不笃，不能承载得道理，多杂诡谲去，是又赋质不粹。①

通过个人的后天努力可以改变自己的天赋条件，就是人力对天命的抗争。那么，在社会活动领域，人的主观努力能够改变天命的安排吗？对这个问题，陈淳回答说：

> 顺乎天而应乎人尔。然此等事，又是圣人行权底事。惟圣人及大贤以上地位，然后见得明，非常情所及。唐陆宣公谓"人事尽处，是谓天理。"盖到人事已尽地头，赤见骨不容一点人力，便是天之所为。此意旨极精微，陆宣公之学亦识到此。如桎梏死、岩墙死者非正命，是有致而然，乃人所自取而非天。若尽其道而死者为正命，盖到此时所值之吉凶祸福，皆莫之致而至，故可以天命言，而非人力之所取矣。②

个人的命运，并非完全出自天命。尤其是人的道德修养，其主动性和结果完全掌握在自己手中。陈淳在此提出了"正命"的概念。所谓"正命"就是"尽其道而死"。就是说，当尽了自己的主观努力，仍然无法改变天命所致的结果时，在人力不可抗拒之处，坦然地面对命运的安排，平静地接受经过努力而无法改变的结局，从容地走向死亡。只要尽力了，人生仍然是圆满的。在陈淳生活的南宋末年，政治腐败，国难当头，忽喇喇如大厦将倾，而理学又被打为"伪学"而遭禁锢。在这样的社会环境中，儒家的政治理想和社会实践，都难以行得通。陈淳不求仕进的选

---

① 陈淳：《北溪字义》，第 3 页。
② 陈淳：《北溪字义》，第 4 页。

择，既体现了他的政治态度，也表达了他的天命观和人生观。

三、知之明则行愈达

陈淳喜欢用"物"称谓感知与认识的对象，他用"观物"、"察物"、"见物"、"视物"等不同的概念表述心、物关系，表明陈淳认识到，人的感官是意识与存在之间可靠的桥梁和纽带，所谓："合数者而观，才应接事物时，便都呈露在面前。"①

由于坚持理与事、道与物的浑然统一，所以陈淳认为人是可以通过对具体事物的观察而得到对事物背后的道理或规律的认识的，比如他说："若就物观之，其彻始彻终，亦只是一实理如此。"② 这种认识，恰恰是人类智慧的表现，因此他说："察物，智也。"③

如果"观物"还是讨论人的感官与对象的关系的话，那么陈淳在讨论心与理的关系时，就涉及了思维与存在的关系。在他看来，人的思维能够掌握万事万物的道理，正所谓："此心之量极大，万理无所不包，万事无所不统。"④ 儒家从来不怀疑人的感官对客观事物的感知能力，更不怀疑人的思维对客观规律的把握能力。陈淳说：

> 心至灵至妙，可以为尧舜，参天地，格鬼神。虽万里之远，一念便到；虽千古人情事变之秘，一照便知；虽金石至坚，可贯；虽物类至微至幽，可通。⑤

正是由于有了这种观物的能力与察物的智慧，人们才有可能

---

① 陈淳：《北溪字义》，第 17 页。
② 陈淳：《北溪字义》，第 71 页。
③ 陈淳：《北溪字义》，第 24 页。
④ 陈淳：《北溪字义》，第 13 页。
⑤ 陈淳：《北溪字义》，第 13 页。

"见物之美恶黑白，为之辨别，必自各有定分，不相乱"。陈淳显然看到人们在事实判断中包含着价值评价，看到了在人观察事物的能力中，包含着评价事物的标准。然而，有了价值的评价，就会影响人们对事实的正确认识。因此一般的常人，都会将自己的利益与好恶掺杂在对事实的认识与评价之中。正如陈淳所说：

> 圣人本无私意，此心豁然大公，物来而顺应，何待于推？学者未免有私意锢于其中，视物未能无尔汝之间，须是用力推去，方能及到这物上。既推得去，则亦豁然大公矣。①

确信人的感官的可靠并且正确地使用它，相信人的理性思维能力，同时又能够排除一己私欲造成的主观偏见和价值取向，人们才有可能获得具有确定性的知识。这样的知识，才是真正的智慧。他说：

> 智是心中一个知觉处，知得是是非非恁地确定是智。孟子谓"知斯二者弗去"是也。知是知识，弗去便是确定不易之意。②

判断知识是否具有确定性，是不能仅凭经验的，必须依靠理性思维把握事物的道理。也就是说通过对事物的考察达到对事物的"所以然之故"的把握，这种知识才称得上是确定的。对这样的知，陈淳称之为"知得"。他说：

> 四者端绪，日用间常常发见，只是人看理不明，故茫然不知得。且如一事到面前，便自有个是，有个非，须是知得此便是智。若是也不知，非也不知，便是心中顽愚无知觉了。③

① 陈淳：《北溪字义》，第30页。
② 陈淳：《北溪字义》，第20页。
③ 陈淳：《北溪字义》，第21页。

这个"知得"既是认识事物之前的准备，也是认识的成果。如果没有理性思维，没有前经验的理论准备，就不可能把握事物的真相，不可能在现实生活中获得知识。这种知识源自于经验，又还治于经验。所以，面对具体事物，如果有标准在胸，就会把握是非，做出正确的评价。心中没有标准，自然"入宝山空手而归"。如果没有标准，便无法判断，这就是无知。确定的知识不是从书本上来的，而是从实践中来。

求道就是追求真理和理想，然而"道之浩浩，何处下手"？陈淳告诉人们"其大要亦不过曰致知与力行而已"。接着他又对"致知"和"力行"做了进一步的解释。他说：

> 致者，推之而至其极之谓。致其知者，所以明万理于心，而使之无所疑也。力者，勉焉而不敢怠之谓。力其行者，所以复万善于己，而使之无不备也。知不致，则真是真非无以辨，其行将何所适从？必有错认人欲作天理而不自觉者矣。行不力，则虽精义入神，亦徒为空言，而盛德至善竟何有于我哉？①

显然，陈淳认为知与行不可或缺，而且都非常重要。那么，知与行孰先孰后呢？这是古代知行之辩的老问题了。在陈淳看来，二者的先后是很难判断的。他说：

> 二者亦非截然判先后为二事，犹之行者目视足履，动辄相应，盖亦交进而互相发也。故知之明则行愈达，而行之力则所知又益精矣。②

这个见解很精到。知与行的确很难分清孰先孰后，就像人走路的时候，看方向与迈步之间很难分清哪个先哪个后一样，二者

---

① 陈淳：《北溪字义》，第 77 页。
② 陈淳：《北溪字义》，第 78 页。

的先后是相互交替的。同时，知与行也是相互促进和提高的。认识得越清楚，行动就越能达到目的；而行动越尽力，认识得也就越深入。对知与行之间关系有如此见地，的确难能可贵，与王夫之的"知行相资以为用"有异曲同工之妙。遗憾的是，陈淳所谓"知"是对道德规范的知，所谓"行"是道德践履。这种伦理主义的观点是儒家也是理学的根本性的局限，使得陈淳在哲学思维上达到的高度，仅仅服务于道德教化和个人德性修养，直接影响了其哲学成果的现实意义。

第二章

真德秀：私淑朱子兴理学

真德秀（1178～1235 年），字景元，后改景希、希元，世称西山先生，福建浦城人。于嘉定、绍定年间两知泉州。庆元党禁时期，朝廷宣布程朱理学为"伪学"，许多理学家遭到迫害，理学的书籍遭到禁绝，朱熹许多门徒怕受牵连，或离去或隐匿。但是，真德秀既不为时论所动，更不怕遭受牵连。他依然讲理学，行理学。虽然未能成为朱熹的亲传弟子，但是他以朱熹私淑弟子自居。韩侂胄死后，真德秀出任参知政事。正是在他的力主之下，南宋朝廷开始解除学禁，并且大力提倡程朱理学。真德秀的思想出自朱熹，虽然没有跳出朱子理学的范围，但亦有所发展。由于真德秀有参政实践，所以他更关注社会和政治问题。在他的哲学思想中，政治观点与政治哲学占据很大篇幅，而且一些本体论、心性论和认识论问题，他都会归结到政治实践中去，形成了自己独特的思想风格。

第一节 努力贯通形上形下

朱子理学吸收了道家对宇宙本体的哲学思考，建构了自己的客观本体论。这虽然丰富了儒家思想，但由于过多讨论本体论问题，容易使自身的理论流于空疏迂阔，从而脱离社会现实，失去了指导实践的意义。真德秀是一位有着二十几年实践经验的政治家，这使其理论表现出重实践的倾向。他努力建立形而上与形而下之间的通道，以解决空疏的理论与具体的现实之间的矛盾。虽然他的政治实践并未取得显著的成就，但这种努力是不可否认的。正是由于真德秀对生活实践的关注，所以他的"道"具有自然规律的意味，这种规律主要体现为天时与地利；他的"理"包含着必然与应然的统一，这必然是因果规律，这应然是中正标准；他的"太极"则追求着乾元与吾身的一体，集中体现了他贯通形上与形下关系的努力。真德秀贯通形上与形下之间关系的努力，在他对物质性存在范畴的讨论中，有更集中的表现。他的气范畴具有阴阳之间感应、人赖以生存的条件、生命现象和人的精神等多重含义；其器范畴包括人的才质和独立人格等含义；其物范畴则具有客观对象和人的创造与实践成果等意义。在真德秀的文本中，也有许多专门讨论形上与形下二者关系的地方。他既认识到道、器不可分的道理，同时又强调道、器不相混。在理与物的关系中，强调理与物未尝相离，以此论证社会规范直接包含理气，避免了理独立于气的概念虚化之弊。

一、道之全体焕然益明

作为南宋道学的重要人物，真德秀对道范畴的思考是相当深入而且意义广泛的。他首先强调道对于天下的功用。他说：

> 道之大原出于天，其用在天下，其传在圣贤。……得道者，今古之共由而明道阐教以觉斯人。①

这个"天"有上天之意，也有自然之意。它不是神秘的存在，于人间必然有功能和作用，使人们能够感受到它的存在，否

———————

① 真德秀：《真西山先生集》，中华书局，1985，第29页。

则，圣贤也无法把握，并将对天的理解传授于后世。作为一位政治实践家，要解决国计民生问题，所以真德秀追问的"道"的确含有自然规律的意义。他说：

> 用天之道，春勤于耕，夏勤于耘，秋勤收敛之类是也；因地之利，高田宜麦，低田宜禾之类是也。①

从客观规律的角度看，道就是理，就是理学称之的"所以然之故"。它是人必须遵守的，无论自然规律还是社会规律，都是如此。正如真德秀所说：

> 道即理也。天下之大，同此一理。人君所为，循理则治，悖理则乱。②

在真德秀看来，理是必然规律。它并非先于天地万物的独立的精神性本体。理的实在性，首先表现为客观事物之间的联系，这种联系在真德秀看来，就是因果律。他说："为是事者也，必有是效，亦天理之自然也。"③ 有原因必然会有结果，有努力和作为必然会取得功效，这就是天理。

理的实在性的第二种表现是不可更改的是非标准。他说：

> 是非之不可易者，天理也⋯⋯以是为非，以非为是，则逆乎天理矣。④

是非以事实为基础，是就是是，非就是非，就像黑白不能颠倒一样。所以，以事实为基础的是非是不可改变的，就像自然规律不能改变一样。颠倒黑白，混淆是非，就是违背天理。

理的实在性的第三种表现是"当然之则"。真德秀说："盖天

---

① 真德秀：《真西山先生集》，第 120～121 页。
② 真德秀：《大学衍义》卷一。
③ 真德秀：《西山读书记》卷九。
④ 真德秀：《真西山先生集》，第 119 页。

下之理，惟中为至正。""中正"标准是"所以然之故"与"所当然之则"的统一，是事物存在的依据，也是事物最佳状态的标准，是必然如此的规律，也是应该如此的准则。天有"中正"而生人，人把握"中正"就是掌握恰到好处的尺度。正所谓："执中也者，天理当然之则。"①

关于无极与太极的关系，真德秀的解释更合理。他说：

> 所谓"无极而太极"者，岂"太极"之上别有所谓"无极"哉？特不过谓无形无象而至理存焉耳。盖极者，至极之理也，穷天下之物可尊可贵，孰有加于此者，故曰"太极"也。世之人以北辰为天极，屋脊为屋极，此皆有形而可见者。周子恐人亦以太极为一物，故以"无极"二字加于其上，犹言本无一物只有此理也。自阴阳以下则丽乎形气矣，阴阳未动之前只是此理，岂有物之可名邪？②

真德秀把"无极"解释为"无形无象"，把"极"解释为"至极之理"，这理概括天下万物，因此至尊至贵，所以称"太极"。这种观点并不新鲜。较有见地的是，真德秀认为，周敦颐用"无极"形容"太极"，是怕习惯于感性经验的人们，将"太极"当做具体的有形之物，从而降低了"极"这一最高范畴的抽象性。并且强调，在"无极而太极"阶段，一物无有，只此一理。有形的气，是在阴阳产生以后的事。那么，在阴阳未动的绝对静止之时，这个"理"也就是"太极"。可见，真德秀将太极理解为天地万物的总根源。这段话虽然出自他人之问，但真德秀将其收入自己的文集之中，表明他是赞同此观点的。

如此理解太极，似乎与真德秀自己所批判的道家的虚无之理一样了。北宋理学的建立，无疑是对佛道两家思想的创造性吸收

---

① 真德秀：《真西山先生集》，第15页。
② 真德秀：《西山文集》卷三十一。

和发挥，却与儒家传统理论发生矛盾。理学家一方面关注现实生活与道德的自我完善，另一方面追求抽象的精神性本体，形成形上与形下之间的矛盾。真德秀显然意识到了这一点，所以他说：

> 昔也太极自为太极，今知吾身有太极矣。昔也乾元自为乾元，今知吾身即乾元矣。有一性则有五常，有五常则有百善。循源而流，不假人力，道之全体焕然益明者。①

从过去的"太极自为太极"，到现在认为"吾身有太极"；从过去的"乾元自为乾元"，到现在知道"吾身即乾元"，这个转变是如何完成的，这个过去与现在又是如何区别的，真德秀没有说明。从"一性"到"五常"，从"五常"到"百善"，这个由源头到川流的转换，用他的话说是"不假人力"，就意味着并非逻辑的推论和人为地促成，既不能否定永恒的抽象本体，又要关注现实生活。从形而上的追求还原到形而下的生活，却又不能丢弃永恒的价值，所以必须在自身寻找"太极"。自然是一个完整的过程，当每个人身上都有"太极"和"乾元"的时候，这个"太极"与"乾元"就不再是独立的精神性本体，而是万物之所以为万物、我之所以为我的依据，从而在理论上实现形上与形下的贯通和统一。

二、为邦者乃成物之极

真德秀的气范畴，大致包括四个方面的内容。首先，作为天地之间相互感应之力量的气，真德秀称之为"元气"。他说：

> 元气流行于天地之间，无一处之不到，无一时之或息也。②

---

① 真德秀：《真西山先生集》，第 20 页。
② 真德秀：《西山读书记》卷三十三。

这"气"流行于天地之间，所以并不是生成天地的本原之气，而是天地、阴阳间的感应。它是无处不在、永不止息的力量。真德秀讨论气范畴，主要在于强调它的自然本性，它的非意志、非人力的自性。

其次，作为物质或能量的气。这种物质形态的气，真德秀在五行范畴中给以更具体的解释。他说：

> 五行者，天地之所生以养乎人者也。其气运乎天地而不息，其财用于世而不匮，其理则赋于人而为五常。①

这五行是指五种物质形式还是五种物质性质，真德秀没有说明，却概括出五行作为人赖以生存的条件所具有的"气"、"用"和"则"等特征。那么这里的五行之气，就是五行所具有的能量，它存在于天地之间而运动不息；五行之用，是五行之于人的价值和功能；五行之理，是五行之气与用的规律，构成社会规范的基础。

第三，作为生命力的气，被称为天地之间的元气，也是人的生命的基础。所谓："族属虽有亲疏，论其源流，皆是骨肉。譬如大木，枝叶分披，本同一根，气脉未远。"② 从族属向外推，超越血缘亲情之后的所有社会成员们的生命，则用"气"表达。他说：

> 人之贫富虽有不同，推其由来均是天地之子。先贤有言，凡天下之疲癃残疾，惸独鳏寡，皆吾兄弟之颠连而无告者也。我之与彼，本同一气。③

人与人之间之所以平等，就在于我们"本同一气"，即都是

---

① 真德秀：《大学衍义》卷二。
② 真德秀：《西山文集》卷四十。
③ 真德秀：《真西山先生集》，第 112 页。

有生命的人，这在当时的社会条件下是难能可贵的。

第四，气是人的精神现象。真德秀在《明道先生书堂记》一文中说：

> 先生之生，钟乎元气之会；学之所至，纯乎天理。故其生色也，盎然若春阳之温；其吐辞也，泛然若醴酒之醇。①

虽然，程先生的精神面貌，主要源自对天理的把握，但是得自天地之间最精粹之气，也是重要的原因。

对于物质形态的"器"，真德秀说："求道者以形器为粗态，而图事者以理义为空言。此今古之学所以不同也。"② 这是两个极端，前者一味追求抽象的理论，陷入空谈而不切实际；后者沉溺于具体事物之中，不重视理论指导。这两种不正确的态度是真德秀对当时的学生的批评。纠正这两种偏向，达到理论联系实际，就是他努力贯通形上与形下的目的。由于他强调精神与物质的统一，所以其"器"包含精神品质之意。他说：

> 盖将充乃见闻，使旁搜博览，优游文史之清。庶潜省默观，磨珑器质之美。显作人之有道，殆与天而同功。③

这里的"器质"，有存在形式的意思，也有结构优化而达到功能最佳的意思，但是，精神品质的意思还是主要的。

真德秀讨论物的概念的地方很多，他没有单纯地为物进行定义和解释，而是在物我关系中讨论物。他说：

> 有志于仁者，当知穹壤之间与吾并生，莫非同体，体同则性同，性同则情同。公其心，平其施，有均齐而毋偏吝，有方正而毋颇邪。帅是以往，将亡一物不获者，此所谓絜矩

---

① 真德秀：《真西山先生集》，第 16 页。
② 真德秀：《真西山先生集》，第 17 页。
③ 真德秀：《真西山先生集》，第 85 页。

之道也。然大道既言絜矩，而继以义利者，岂异指哉。利则惟己是营，义则与人同利。世之君子，平居论说，孰不以平物我，公好恶为当然。①

此处天地之间并生者，主要指人。根源一致而并于天地之间的人，有共同的形体和本性，因此有共同的感情和心灵。追求道德境界的人，要公正地对待自己的同类，公平而不偏向，这就涉及社会正义问题。这时的物是对象，是与主体相对的人与事。将"平物我"和"公好恶"视为"当然之则"，是对"絜矩之道"创造性的发挥。

当然，物毕竟包含着物质性的意义，人并不是物，正如真德秀所说："天形我以人，而我物之；性我以善，而我晦之。是天之不才，子世之狼疾人也。"② 人不同于物，除了具有道德精神之外，更重要的是人能够在"成己"的基础上"成物"，也就是创造价值。他说：

> 世降益末，为士者壹以辞艺为宗。内无穷理尽性之功，外无开物成务之益。此子朱子所为深忧而屡叹也。今之学者，诚知学不外事，事必原于学。讲论省察于二者，交致其力，则其业为有用之业；及其至也，其材皆有用之材，其仁足以成己，其智足以成物。③

真德秀所处的南宋的确是"世降益末"的时代，其实，自科举之业成为读书人实现自我价值的唯一途径之后，大部分人读书就只是为了考取功名。内修养德性，外创造事功，成了不切实际的空话。真德秀将《中庸》中"成物知也"，发挥成"开物成务之益"，并进一步将"成己"、"成物"解释为人才的标准。要求

---

① 真德秀：《真西山先生集》，第 22 页。
② 真德秀：《西山文集》卷二十七。
③ 真德秀：《真西山先生集》，第 18 页。

士子们为有用之学，成就有用之才。"成物"是有智慧的表现，是创造现实功利价值的能力。这种能力的最高水平就是安邦治国，正所谓"为邦者成物之极"。

三、形上形下未尝相离

道与器虽然不可分离，但毕竟二者是有区别的，前者是无形的是思维的产物，后者是有形的可感知的对象。真德秀当然认识到了这一点。他说：

> 器者有形之物也；道者无形之理也。明道先生曰："道即器，器即道，两者未尝相离。"盖凡天下之物，有形有象者皆器也，其理便在其中。①

真德秀对道、器关系的理解和解释，直接继承了程颐和朱熹的观点。但是，他却引用程颢的"道即器，器即道，两者未尝相离"的话。显然，他没有看出程颢与程颐之间的区别。程颢说："'形而上为道，形而下为器'，须著如此说。器亦道，道亦器，但得道在，不系今与后，己与人。"② 可见，程颢是主张道与器浑一的。强调道与器浑不同，指出道是器之所以然之理的是程颐。程颐说："一阴一阳之谓道，道非阴阳也，所以一阴一阳道也。"③ 正是此话导引了形上与形下之间的分离，器与物判然为二。真德秀用程颢的话解释程颐的观点，明显有纠偏之意。他对形上与形下之关系的理解是正确的。他如此强调二者的统一，意在避免儒家思想走向空虚的死路。在这一点，他与陈淳的路向是基本一致的，即反对将形而上之道或理，抽象为独立的精神实体。

不过，在理学的话语里，道与器相关，理与气相对。气虽然

---

① 真德秀：《西山文集》卷三十。
② 程颢、程颐：《二程集》第 1 册，第 4 页。
③ 程颢、程颐：《二程集》第 1 册，第 67 页。

属于形而下，但它是无形的，感官常常难以把握。对理、气关系的讨论就更具有思辨性。真德秀说：

> 阴阳二气流行于天地之间，来往循环，终古不息，是孰使之然哉？理之与气，未尝相离。①

讨论理、气关系问题，往往与讨论人与万物的起源有关。从人与物共同起源的角度看，理是万物之所以为万物的依据，即"所以然之故"；气是万物由可能变为现实的物质条件。人与物不同处就在于，人获得了天地之间的"正气"，也就是至清至纯之气，和"全性"，也就是全部的可能性。

不过，真德秀也经常把理与物放在一起讨论。他说：

> 理未尝离乎物之中，知此则知有物有则之说矣。盖盈乎天地之间者莫非物，而人也物也，事亦物也。有此物则具此理，是所谓则也。②

他所谓的"事"，就个体而言，就是人的某种能力；就社会而言，则是某种特定的人际关系。而他所谓的"则"，便是具体事的标准。他强调理与物不可分离，其目的就是论证规范之于社会的不可或缺性。社会不能没有秩序，为社会道德规范的建立提供合理性辩护，他将生理标准和社会规范混同的做法，无非是为应然准则寻找必然规律的支持。

真德秀还用"理一分殊"的命题论述抽象之理与具体事物之间的关系。他说：

> 天下之理一，而分则殊。凡生于天壤之间者，莫非天地之子，而吾之同气者也，是之谓理一。③

---

① 真德秀：《大学衍义》卷五。
② 真德秀：《大学衍义》卷五。
③ 真德秀：《大学衍义》卷十二。

"理一分殊"是解决理、气不可分离最好的理论表述。但是，朱熹用"月映万川"的比喻却隐含了理独立地存在于气中的逻辑结论。真德秀以"体用不二"的观点，将"理一分殊"表述得更加有益于理、气的统一。他说：

> 天地之至诚无息而万物各得其所也。……至诚无息者，道之体也，万殊之所以一本也；万物各得其所者，道之用也，一本之所以万殊也。①

在真德秀看来，这"一"不仅是理，还包括气，而"分殊"则是有形无形的各类器物。所以当他用"一本"表示"一"的时候，理和气直接同一，都具有共性的意义。他说：

> 在天道言之，一本是元气之于万物，有昆虫、草木之不同，而只是一气之所生，万殊则是昆虫、草木之所得而生，一个自是一个模样。②

从总的根源上看，这"一本"就是元气，这"万殊"则是元气化成的万物。虽然有各自的特性，但都是"一气"的产物。这样一来，理与气就直接同一了。

共性与个性、一般与个别的关系，也体现在社会与人际关系中。真德秀说：

> 在人事言之，则一理之于万事万物，有君臣父子兄弟朋友，动息洒扫应对之不同，而只是此理之所贯，万殊则是君臣、父子、兄弟、朋友之所当于其道者，一个自是一个道理，其实只是一本。③

人世间有万事万物，人与人之间则关系各有不同，这就是

---

① 真德秀：《大学衍义》卷十一。
② 真德秀：《西山读书记》卷十五。
③ 真德秀：《西山读书记》卷十五。

"分殊"；但都有一个"所当然之则"统辖其中，它就是"一理"。我们的确无法脱离具体的人际关系谈"当然之则"，而无论什么样的社会规范，无论处在什么样的时代，它都是"当然之则"。

第二节　专用力于人道所宜

真德秀将人必须遵守的四项道德规范称之为"人道大端"，认为它是道德起点。以此为基础的"公道"和"公理"概念涉及社会正义问题。并且他认为，只有用天理与国法才可能保证社会公道。真德秀反对空谈性，对性范畴的解释更重视日常生活的内容，强调通过成性达到成物的要求，主张通过践性以达到践形的目的。这些都是他贯通形上与形下努力的具体表现。他认为，"性"就是体现在人身上的道理，天理与人欲均出于自然，但是又无法化解二者之间的矛盾。真德秀贯通形上与形下的努力必然会提升"心"的地位，其心范畴虽然主要受朱熹的影响，但还是能够感受到时代思潮与心学观点对他的影响。他以"天心"解释心的合理性，主张体会天心方能对民施仁政。为官者只有以仁心主宰自己的精神，才有可能从政爱民，以一种"正大之情"体恤民之常情。

一、人道大端与社会公道

人在宇宙间与天地并立的观点是儒家的共识，真德秀继承了这个传统。但是，结合他贯通形上形下的努力，其对"人之道"的解释，与前人有所不同。他说：

> 仁者，人之所以为人之理也。然仁，理也；人，物也。以仁之理合于人之身而言之，乃所谓道者也。①

---

① 真德秀：《西山读书记》卷七。

这就是说，做人的道理，必须与现实的生命过程相结合。具体体现在人生的四个方面，也表现为人生的四个阶段，被真德秀概括为四项"人道大端"：

第一大端，所有人都是父母所生，孝敬父母是人道之首。没有父母的养育之恩，就没有我们每一个人的个体生命。父母养育我们付出巨大的辛劳；母亲生我们时九死一生；我们吮吸母乳，是在吸吮母亲的膏血。对于这些，做儿女的都必须回报。第二大端，兄弟之间相亲相爱，同胞兄弟亲如手足，必须在现实生活中互相扶助。第三大端，是家族亲戚之间的关爱。第四大端，是乡邻之间的情义，要患难相扶。这四项内容，是当时社会条件下，一个普通人道德生活的出发点，因此称之"人道大端"。①

从父母生养之恩，到血缘亲情，再到乡邻之谊，这是一个由点到线，再到面的过程。而血缘天伦的情感是其出发点，也是生命的起点，是道德的起点。这就使道德教育有了入手处，道德规范有了可行性。

家庭与家族内部有血缘亲情的关系，这种以人性自然情感为依据的道德规范，相对而言，人们比较容易做到。但是，邻里之间，因为有利害关系，经常会发生冲突，是比较难处理的人际关系。对此，真德秀告诫道：

> 家家孝友，人人雍和。息事省争，安分循理。得已且已，莫妄兴词。一到讼庭，终身仇敌。更相报复，无有休期。坏产破家，多由于此。语言喧竞，或不能无。邻里之间，急宜劝止。莫令交手，致有斗伤。彼中汝拳，汝受官棒。本因小忿，近结深仇。何似始初，便从忍耐。触来莫竞，心下清凉。②

----

① 真德秀：《真西山先生集》，第 115 页。
② 真德秀：《真西山先生集》，第 115 页。

人不仅仅生活在乡邻之间，还必须有更加广泛的社会交往，所以道德规范约束的范围也就随之扩大。从"人道之大端"出发，进入到社会公德的领域。他说：

> 市井经营，虽图利息，亦维睹事，莫太亏瞒。秤斗称量，各务公当。大入小出，天理不容。湿米水肉，尤为人害。放债收息，量取为宜。分数太多，贫者受苦。举债营运，如约早还。莫待到官，然后偿纳。饮酒无节，少不生灾。赌博不戒，多至为盗。游手浮浪，久必困穷。勤谨服业，终是得力。①

南宋时期，城市商品经济有很大的发展，从事商品经营，追逐利润，这在真德秀这位大儒的眼里，也已经是完全可以接受的社会现实，只是必须遵守起码的社会公德。真德秀在此表达了他的商业伦理思想，这是传统儒家和朱子理学所不具备的观念。这位一代大儒，之所以能够将市井工商小贩的生活纳入自己的视野，并且对他们提出道德要求，正是他关注社会现实、关注国计民生的表现。拯救世风，不是靠几篇道德文章就能解决问题的，必须扎扎实实地从点滴做起，从普通民众的社会公德的建立做起。

难能可贵的是，真德秀提出了一个"公道"的概念，他说："诉公道之伸，敢矜私己之遇。"② 他没有具体解释"公道"的含义，只是将其与"私己之遇"相对应，显然是一种超越个体之私的道德要求。那么，如何保障"公道"的实行呢？真德秀首先诉之于人的道德水平。他说："君子之心，纯乎为义。故其得位也，将以行其道。"③ 要保证社会公道的实现，首要条件是社会职能部

---

① 真德秀：《真西山先生集》，第 115 页。
② 真德秀：《西山文集》卷三十九。
③ 真德秀：《西山文集》卷四。

门的当权者具有高尚的道德水平。但是，人的本性是自私的，寄希望于所谓君子的道德自觉是不可靠的。为此，真德秀设计了两条外在的约束，以限制官员的私心和私情，保障"公理"与"公道"的实现。他说：

> 公事在官，是非有理，轻重有法，不可以己私而拂公理，亦不可执公法以徇人情。诸葛公有言，吾心如秤，不能为人作轻重。此有位之士所当示以为法也。然人之情每以私胜公者，盖殉货贿则不能公，任喜怒则不能公，党亲昵，畏豪雄，顾祸福，计利害则皆不能公。殊不思，是非之不可易者，天理也；轻重之不可逾者，国法也。以是为非以非为是，则逆乎天理矣。以轻为重，以重为轻，则远乎国法矣。居官临民而逆天理远国法，于心安乎？发雷霆鬼神之诛，金科玉条之禁，其可忽乎？故愿同僚以公心持公道，而不汩于私情，不挠于私情。庶几枉直适宜，而无冤抑不平之叹。①

真德秀与自己的同僚们共勉，要"以公心持公道"，目的在于，"枉直适宜而无冤抑不平之叹"，就是要公正地对待每一个人，消除冤屈和不平。可以说，真德秀的"公道"，包含了对社会正义的朦胧追求。天理是个人内心敬畏的对象，国法是个体生命畏惧的对象，以这两重约束，限制人贪赃枉法，徇私舞弊是有可能的。虽然没有也不可能得出以制度保障社会正义的结论，但是凭借外在束缚而不仅仅靠道德品质来保障"公道"，无疑是政治哲学的一大进步。

二、天理人欲之间的两难

性范畴本身是讨论共性问题的，表达天地万物之间的共性。按照"天人合一"思想的理解，人是自然的产物，人与天有共同

---

① 　真德秀：《真西山先生集》，第119页。

性，人与大自然遵循着同样的规律。所以真德秀的性范畴的第一层意思是天地之性。他说：

> 春夏不能常春夏，而有秋冬焉；旦昼不能常旦昼，而有暮夜焉；阖辟之循环，往来之更代，此天地之性也。荣必易之以悴，盛必继之以衰，有终则有始，有杀则有生者，此万物之情也。……人在天地之间，是亦一物耳。①

人性与自然性有一致的一面，更有相异的一面。真德秀说："人知性之出于天，而未知其为善也。"所以，人的道德属性是性范畴的第二层意义。

性与命总是不可分离的，虽然这道理在我，但却并不由我，因为它是上天赋予的。这涉及"命"这个重要范畴。关于性与命的关系，真德秀说：

> 所谓天命者也，物之所得是之谓性，性之所具是之谓理。其名虽殊，其实则一而已。……理也性也命也，初非二物而有是言耳……然随其所在而言，则亦不能无小分别。盖理以事别，性以人殊，命则天道之全，而性之所以为性，理之所以为理者也。②

真德秀在此对命、性和理三个范畴之间的联系和区别做了辨析。通过这种辨析，使理、性和命等抽象的本体论范畴体现在自然过程、社会事物与人的个性之中。

规范源自天理，人性秉承天性。上天有好生之德，所以天人合一必然得出人性本善的结论。既然人性本善，那么这恶又从何来呢？真德秀的解释是："人性皆善，而其类有善恶之殊者，气

---

① 真德秀：《大学衍义》卷十三。
② 真德秀：《西山读书记》卷二。

习之染也。"① 人的肉体有欲望，这就是气。有欲望的人聚集在一起生活，必然会相互影响，这便是习。习是后天的，其根本是先天的，因为每个人的气是先天的。真德秀说：

> 天之所以与人者莫非纯粹至善之理，此所谓天地之性也。人之受之则所值之气不同，或清而纯，或浊而杂，故其性亦随而异，此所谓气质之性也。天地之性则无不善，气质之性则有善不善焉。②

将人性的天赋条件分为"天地之性"与"气质之性"，这种观点来自于张载，并且被朱熹所继承和发挥。私淑朱子的真德秀完全继承了朱熹的思想，并且在此基础上也有些自己的发挥。这种发挥，主要体现在理欲之辩的讨论中。关于理欲关系真德秀说：

> 人受天地之中以生，而仁义礼智之性具于其心。仁虽专主于爱而实为心体之全德，礼则专主于敬而实天理之节文也。然人有是身则耳目口体之间不能无私欲之累，以违于礼而害夫仁。……盖欲其克去有己之私欲而复于天理之本然，则夫本心之全德将不离乎此而无不尽也。③

这段话与前一段话的观点产生了矛盾。真德秀在此将人欲与天理完全对立了，私欲只能违礼害仁，而不再提"中节"。这种绝对化的禁欲主义观点，是朱子理学的老话。私欲与天理既然同为天赋，那便都是合理的。何以克去一个，复其另一个。又如何克得了呢？这只能使规范失去了根本和现实性，其结果不是失范，便是虚伪。

---

① 真德秀：《四书集编·论语集编》卷八。
② 真德秀：《大学衍义》卷五。
③ 真德秀：《西山读书记》卷六。

这种矛盾是因为真德秀用理学观点解释传统儒学思想造成的。当他面对现实的时候，便会纠正这种可憎的理学的腔调，认为天理与人欲都是合理的，二者发生冲突的时候，便有一种选择。这种选择非此即彼，不可调和。他说："理之与欲不能两立。……欲做好人则不可望快活，要快活则做不得好人。"① 人的本性是趋乐避苦的，如果选择道德生活会很不快乐，那么理学主张的道德规范便失去了现实的人性基础。勉为其难的结果只能造成虚伪和假道学。既然做好人不快乐，那么恢复人的天理本性也就非常艰难甚至是不可能的。

三、体会天心与体察民情

真德秀也说"心即是理"，但他对此的解释与心学观点还是不同的。他说：

> 仁者，心与理一。……仁者，理即是心，心即是理，有一事来便有一理以应之。……只是要克己复礼，若能克去私意，纯是天理，自无所忧，如何不是仁？②

"心即理"是有条件的，只有克尽了私欲之后的心，才能与理等同。

真德秀"心即理"的第二个条件是，此"心"是"本心之全体"，此"理"是"心之生理"。他说：

> 仁者心之生理，人而不仁，则丧其所以为心。犹果谷焉，生意不存，枵然死物尔。此孟氏言仁之至要也。盖亦反诸身而求之，方其人欲未萌，天理完具，方寸之间，盎然如春，此即汝本心之全体也。③

---

① 真德秀：《西山文集》卷三十一。
② 真德秀：《西山读书记》卷九。
③ 真德秀：《真西山先生集》，第51页。

"心即理"的第三个条件，是人能够体会到"天地之心"。
他说：

> 天地造化无他作为，惟以生物为事。观夫春夏秋冬，往
> 古来今，生意同流何尝一息间断？天地之心，于此可见。万
> 物之生，既从天地生意中出，故物物皆具此理，何况人为至
> 灵宜乎，皆有不忍人之心也。然人有是心而私欲间断，故不
> 能达之于用。①

既然人欲使天地之心被阻断，不能通过人的行为体现出来，
那么，如何才能够使与理分离的人心再度恢复仁心，从而对民施
仁政呢？真德秀说：

> 盖困穷之民，人虽忽之，天地之心则未尝不悯之也。我
> 能惠恤困穷，则是合天地之心。合天地之心，则必获天地
> 之佑。②

真德秀显然是在为施仁政的道德情感寻找客观的依据。天地
之心不仅为仁义道德的行为提供理论支持，而且还会给符合天地
之心的人提供保佑，使他们更愿意为困穷的民众做好事。

心与理能否统一，其障碍在肉体之身，而心作为人的精神世
界，便与精神载体之间存在着矛盾。然而，在真德秀看来，"一
心可以宰万物"，当然可以主宰人自身。他说：

> 夫心者，一身之主。犹之有司。为是职，治与教者也。
> 耳目焉，手足焉，皆听命于心，犹其禀治与教者也。以一心
> 而御众形，至约也。③

心与身的关系，其实也就是形上与形下的关系，是道与器的

---

① 真德秀：《大学衍义》卷五。
② 真德秀：《真西山先生集》，第 112 页。
③ 真德秀：《真西山先生集》，第 39 页。

关系，是理与气的关系。努力贯通形上与形下关系的真德秀，同样努力统一心与身的关系。所以，真德秀在主张"心者，性之主，不可以无操存持养之功"①的同时，努力将这种主宰作用落实在现实生活中，并向社会事功的方向引导，以使心身的修养，开拓为社会的功利价值。他说：

> 呜呼！维乾之元，实始万物化育流行，终始惟一。存而在人，则谓之仁心；发之于政，则谓之仁术。上而有国有家，所以惟天命于延洪；下而有民有社，所以遂群生于宁密。②

上秉承天命报效国家，下使天地之仁得以扩充和弘扬，体恤万民和社会，顺应生命自然，最终造福百姓。

心是人的精神世界，其动力源头是人的情感。所以，论心是无法不论情的。虽然情与欲密切相关，但是情并不等于欲。真德秀说：

> 人禀五行之秀以生，故其为心也，未发则具仁、义、礼、智、信之性以为体；已发则有恻隐、羞恶、恭敬、是非、诚实之情以为之用。③

心与情的关系，就是体与用的关系，所谓"心体情用"。心之体是心之所以为心的依据。体只提供了可能性，但是要将这种道德的可能转变为现实，必须依靠情的力量。情是精神的动力源，是道德行为的支撑者。没有情的支撑的道德行为，必定是虚伪的。

---

① 真德秀：《真西山先生集》，第43页。
② 真德秀：《真西山先生集》，第132页。
③ 真德秀：《西山读书记》卷六。

由于人都是秉承天道而生，所以具有共同的本性，因此也就具有相同的情感。正所谓："有志于仁者，当知穹壤之间与吾并生莫非同体。体同则性同，性同则情同。"人与人之间的平等是确立同情心的基础，是道德情感的源头。有志于追求道德境界的人，同情心是起码的条件。然而，志于道的君子，其情又与一般人有所不同。真德秀说：

> 昔者君子之立于世也，其德则刚健之德，其情则正大之情。故以之闲吾道，而异端褫气；以之正朝纲，而奸邪丧魄。……夫必则健之德不为欲夺，正大之情不以私汩。卓然自立，万物莫能撄。然后有以胜此尔。①

这"正大之情"的反面是"人情之私"，也是情范畴的一项重要内容。因为它是普通人正常的情感，所以这种人情之私是合理的。具有正大之情的君子在治理国家和管理民众的过程中，必须尊重这样的人情，这人情就是民情，是普通人正常的生存需要。真德秀说：

> 察民情之目亦有二：曰生灵向背之由；曰田里戚休之实。②

面对这样正常而且合理的民情，一个正直的为政者，必须努力体察它，保证让它得到基本的满足。由此可见，真德秀讨论心、情范畴，与他讨论其他哲学范畴一样，都有着鲜明的现实目的。正所谓："知道之大用常流行乎天下，而其全体具于吾心，则知所以用力之地矣。"这一点在他的认识论中体现得更为突出。

---

① 真德秀：《真西山先生集》，第 56 页。
② 真德秀：《真西山先生集》，第 47 页。

第三节 学施于事后为有用

真德秀在心与物关系问题上，提出了和当代哲学的"物化"意思相近的概念，并主张用爱人利物的方式，超越物欲的驱使。在学习方法上，他认为读书和做事都可以获得知识。在命运问题上，真德秀是一个宿命论者，他知道自己无法改变命运，只能做到宠辱不惊、不怨不尤。这与他身处南宋王朝的末期，感觉个人努力既无法匡扶社稷，又不能改变命运的现实境遇有关。真德秀虽然主张知行统一，但对知范畴做了专门的讨论。他认为，知的目的就是认识天理与人性，具体的方法就是通过做人与做事的实践，随事随物，穷尽其理。真德秀将"体用"关系引入认识论的讨论，将真理与实用看做体用关系，提出"理即用，用即理"的观点，表明他看到真理的认知意义与功利价值的统一。并且以知为体，以行为用，将"格物致知"与治国平天下的政治实践结合起来，使其贯通形上形下的努力体现到认识论领域，构成其哲学思想的完整性和系统性。

一、超越物欲可致命遂志

真德秀讨论心与物关系的着重点不在于二者之间的认知关系，而在价值关系，目的在于如何保持内心不受外物诱惑。他说："吾见物交，物而引之，流而荡者，众矣。"普通人总是因外在事物的诱惑而改变自己的立场，自己的行为不由自己做主而受对象的诱惑而动。在利益的诱惑之下，失去操守和信念。这样的人也就因此失去了内心的自由和行为的主动性，是不可能有独立人格的。由此他提出类似现代哲学"物化"的概念，说：

> 物至而人化物也者，灭天理而穷人欲者也。①

人追求物质利益一旦走向极端，人就变成了物。当人完全被自己的物欲所支配的时候，当对象成为人的支配者的时候，人也就被物化了。真德秀在南宋时期就有类似"物化"的观念，的确难能可贵。

物的本身无善恶，而且是人生存的条件，关键是不要因求物而化为物，要保持人在物面前的主体性。正是基于这种价值取向，关心国计民生的真德秀，企图救世救民的一任宰辅，更关注如何为民谋利，所以他对外物并不排斥，而且提出"爱物"、"利物"的概念。真德秀说："一命之士，苟存心于爱物，于人必有所济。"② 能够救济人的物，当然是人类赖以生存的自然环境和劳动创造的物质财富。爱惜它们，也就是爱惜民众。这也成为他评价地方官吏的一个重要标准。他说：

> 官之与民，谊同一家；休戚利害，合相体恤。为有司者，不常以非法扰民；为百姓者，亦不当以非理扰官。太守平时，以爱人利物为心。③

物本身并不坏，关键在于对待物的态度。一心为民，一心为公，就会将物质财富用在正确的地方；一心为己，一味追求自己欲望的满足，物就会成为自己心灵的主宰。所以真德秀说，"毋牵私好，毋徇物情"，才能够"持此定力，养此圣功"，达到"襟怀洞然与物无间"的境界。④

从认识论角度讨论心物关系的一个主要问题是，人的逻辑思维能否把握客观规律。对这个问题中国古代思想家很少提出怀

---

① 真德秀：《真西山先生集》，第 15 页。
② 真德秀：《真西山先生集》，第 118～119 页。
③ 真德秀：《真西山先生集》，第 111 页。
④ 真德秀：《真西山先生集》，第 70 页。

疑，真德秀的观点也基本如此。他说：

> 所谓浑然全体之理，无声臭之可言，无形象之可见，何
> 以知其灿然有条若此。盖是理可验，乃就他发处验得。凡物
> 必有本根而后有枝叶，见其枝叶而知其必有本根。性之理虽
> 无形，而端绪之发则可验，故由其恻隐所以必知其有仁，由
> 其羞恶所以必知其有义，由其恭敬所以必知其有礼，由其是
> 非所以必知其有智。使其本无是理于内，则何以有是端于
> 外，所以有是端于外，必知有是理在内而不可诬也。①

然而，这还是以经验为基础的方法。理是无形的，它完全超
越经验；理与物并非是根与叶的关系。真德秀当然知道这一点，
所以他又以动机与效果的关系，论证逻辑思维能够把握客观真
理。然而，动机具有不可知性，动机与效果之间的联系，如同现
象与本质的关系，其本身就需要论证，而且相当困难。因此，真
德秀的例子论证不了逻辑思维能够把握客观真理这一认识论难
题，不过他确信人类逻辑思维有这样的能力，这就足够了。

人的逻辑思维能够把握客观真理，人自然可以"穷理尽性而
至于命"，这是理学家共同的信念。正是基于这样的信念，真德
秀才说：

> 士以一身之微，而欲穷天地万物之理；生千载之下，欲
> 考古昔圣贤之心。岂易为力哉？然而以诚求之，则无不
> 可得。②

要把握客观事物的规律和真理，仅凭信念和热情当然不够，
还必须有具体的方法。在真德秀看来，这样的方法不外乎两种，
一是读书，二是做事。他说：

---

① 真德秀：《西山读书记》卷五。
② 真德秀：《真西山先生集》，第36页。

读书便是学，须缓缓精思其中，义理方得，且如做此事亦是学，须思量此事道理是如何？只恁下头做，不思这事道理，则昧而无得。若只空思索，又不倚所做事上体察，则心终是不安稳，须是事与思互相发明。①

在此，真德秀涉及了一个深刻的认识论问题，即实践检验认识。不过，真德秀所读之书，都是圣贤之书；所做之事，都是社会行为。很少涉及处理人与自然关系的认知过程。这是其儒家传统造成的局限，也是他的身份和知识结构决定的。

尽性是为了知命。对于命运，真德秀既主张"宿命论"，强调天命的主宰，又表现出"知其不可而为之"的儒家情怀。在真德秀处境艰难的时候，一位姓池的先生预言说真德秀的命运必有转机。当真德秀被任命为参政知事时，这位池先生前来祝贺，并要真德秀为他写序。真德秀也掌握占星术，他观测的结果并没有发现什么吉象。真德秀认为，人的祸福、生死、富贵、贫贱，都是在生命形成的一瞬注定的，人根本没有能力改变。可是，世上有些人却总是希望能够通过人的努力改变命运。真德秀告诫人们，爵禄不是靠竞争能够得来的，患难也是不可避免的。只有"安时委顺，致命遂志，一无所用吾力焉，夫然后谓之知命"②。南宋政局的不可挽回，一种必然结局的命运感萦绕于真德秀之怀，此时出任参政知事，他既有力挽狂澜之想，又有"知其不可而为之"的悲壮。

二、随事随物能穷尽其理

在真德秀看来，"知"的目的就是知理，所谓"穷理似致其知"。就是要通过知理获得智慧，所谓"致知以为智"。然而，通

---

① 真德秀：《西山读书记》卷四。
② 真德秀：《真西山先生集》，第48页。

过知获得智慧并不是知的终极目的。因为智慧会有许多功能，必须有道德品质保证，才不至于使智为害社会。因此，真德秀说：

> 世远教失，士知荣身而不知修身，知求利而不知求道。良心蠹蚀，皆原于此。①

处于一个王朝的末期，作为一代理学大师的真德秀有一种末世感，深切地体会着世风日下和道德沦丧的现世。他认为原因在于读书人只知道如何追求功名，使自己荣耀于世，而不知道如何提高自己的道德修养；只知道追求物质利益，而根本不追求真理和理想。如此只能使士人的良心泯灭。真德秀的目光是犀利的，一个只追求功利的社会，就是一个没有理想和信仰的社会。一个没有理想和信仰的社会，自然是世风颓靡，人欲横流。

一个社会的知识分子如果也完全沉浸在功利追求的泥淖之中的话，这个社会是毫无希望的。所以，无论是求道还是穷理，都是为了道德目的，就是学习做人的道理。这也是求道与穷理的具体内容，是真德秀以理学救世的重要方法。他说：

> 人而不学则无以知其所以为人之理，无以能其所以为人之事，固不足以谓之为人矣。②

通过学习，知道人之所以为人的道理，并将这种知识转化为做人的能力。将这种能力转而创造事功，为民谋利。如此，才能成为真正的人。做人不仅仅是道德修养，还要创造社会价值。真德秀在努力恢复学以致用的儒家传统。

宋儒继承了孟子"知性而知天"的主张，为认知确立了一个具体而远大的目标。我们不禁会问，"知性与知天"与做人有关系吗？回答是肯定的。理与性是统一的，穷理与尽性是一致的，

---

① 真德秀：《真西山先生集》，第 27 页。
② 真德秀：《西山读书记》卷二十。

都属于知。真德秀说："人之性天地之性也，孔子以为贵，孟子以为善，其性命之源可谓得之矣。"人性与天地之性是一样的，天性就是人性的根源。因此，真德秀说：

> 学莫先于知性，知性而后知天。天之畀于人者厚，而望于人者深。盖人之有生，虽与物同，而备二气于身，根五常于心，则复与物异。故必如尧舜之善而后可谓尽性，仁义礼智之端有一亏阙，则以人眠物，其间相去者几希。夫人受此性于天，犹其受任于朝也。一理弗循，谓之远天，一事弗治，谓之旷官。旷官可愧也，远天独无愧乎？天形我以人，而我物之；性我以善，而我晞之；是天之不才子，世之狼疾人也。①

此处的"天"略带有上天主宰的意味。它不但赋予人生命，并且对人寄予厚望。人虽然与万物一样同出于天地，但是人有生命，更有精神，因此与万物不同。"尽性"无非是与物彻底划清界限，达到像尧舜一样的标准。如果丧失了道德追求，人便沦为物。真德秀以受命于朝而不能不尽职责为例，论证人受命于天之后的责任。生命不仅是权利更是一种责任和义务。这种责任就是成就道德品质，达到与天性完全一致的境界。否则，天以人形赋予我，我却把自己只当做物对待；天赋予我善性，我却做恶。那就是天之不肖子，是人之形骸而豺狼之性。

努力贯通形上与形下，关注民生与社会现实，这样的思维方式和价值取向，决定了真德秀对实践的看法，其知的方法与现实密切相关。因为，道寓于器中，理蕴含于事事物物之中，正所谓："随事随物，究穷其理，则心地自然光明。"因为，真知源自于现实，认知最重要的途径在于考察事事物物。他说：

---

① 真德秀：《真西山先生集》，第 38 页。

圣人虽是生知，何尝不学。如入太庙每事问，吾十有五而志于学，便是学也。一物之中皆具一理，就那物中见得个理，便是上达。如大而化之之谓圣。①

孔子并没有说自己是生而知之，所以他自幼勤学好问。虽然十五岁而始知学的内容未必都是周礼，但真德秀的"一物"中的"一理"，基本上都与伦理道德有关。因此他才会得出，上达于天的道理，是道德性命之理。知天的目标是成为圣人。

个人修养过程中的认知，可以在自己的日常生活中的事事物物中体会和考察。如果是帝王，这事事物物就发生了根本性的转化。所谓"明道术，辨人才，审治体，察民情者，格物致知之要也"②。就是要懂得治理国家的方法，具有识别人才的眼光，能够发现体制中的问题，可以深入体察民情，这些就是一个社会的最高统治者必须具备的"格物致知"。关于"格物致知"的政治哲学的意义，留待下文详细讨论。

三、体用不二而知行一致

从学习过程与实践过程的性质这一角度讨论二者的关系，真德秀有一个非常独特的说法，叫"理即用，用即理"，这是他道器统一、理事一致观点的合理展开。而且，他的这种观点又有着明确的针对性。他说：

士之于学，穷理致用而已。理必达于用，用必原于理，又非二事也。朝思夜索，惟此是求，间以语诸人，鲜不怃然者。③

士人学习的目的，就是掌握事物的道理，并且运用于实践。

---

① 真德秀：《西山读书记》卷二十。
② 真德秀：《真西山先生集》，第 9 页。
③ 真德秀：《西山文集》卷三十六。

道理必然有实际功用，有实际功用才证明有道理，所以真理与价值是完全统一的。这是真德秀日思夜想得出的结论，可是说给谁听，都无法理解。为此他进一步解释道：

> 盖后世之学，言理或遗用，其病为空虚；言用或遗理，其弊为粗浅。不知理即用，用即理。非混融贯通，不足以语学之成。①

此"后世之学"虽没有确指，但可以理解为理学发展进程中的某些偏向，就是空谈理、心和性等哲学范畴，脱离了实际。同时，也批评那些不重视理论的倾向。这也是中国思想发展史中两种对立的倾向，要么就是空谈理论，要么就是经验主义，恰恰缺少理论与实践的密切结合。

真德秀的理与用的关系的确涉及真理与价值的关系。理本身的确具有用的属性，因为根本不存在脱离具体事物功用的道理，没有价值的真理对于人类社会是无用的；而用本身亦如此，任何事物的用都是其道理的呈现与展开。如果注重现实的功利价值，仅强调"用即理"，有可能导致"有用即真理"的实用主义真理观，但是真德秀的理学立场不会使他得出实用主义的结论。真理是有用的，但有用的不一定是真理。

真德秀以"理即用"的观点为基础，进一步讨论了学与事的关系。他说：

> 今之学者，诚知学不外事，事必原于学。讲论省察于二者，交致其力，则其业为有用之业；及其至也，其材皆有用之材。其仁足以成己，其智足以成物。②

真德秀并没有将学与事明确地局限于道德领域。其"有用之

---

① 真德秀：《真西山先生集》，第63页。
② 真德秀：《真西山先生集》，第18页。

业"，既可以指道德价值的有用，也可以指功利价值的有用。落实到人身上，学与事的统一达到极致，就能够培养出有用的人才。这种有用性表现为两个方面，一是道德水平的"仁足以成己"，一是事功层面的"智足以成物"。这两个方面不能分离，否则就会走向伦理主义或者功利主义的两个极端。

理与用的统一，学与事的一致，就使学不是一般意义的学习书本知识，而是包括行事过程的闻见与经验。他说：

> 人所以求多闻者，是惟立事而已。学必施于事，然后为有用之学，不然则所闻虽多，果何为哉？①

注重有用，并非实用主义，因为真德秀主张"理即用，用即理"，他并不否认终极真理的存在，并且认为人是可以通过具体事物达到对客观真理的认识的。同时又坚持认为，人的真理性认识是具有功利价值的。

真德秀极其重视实践，所以他是知行统一论者，在讨论读书与做事的关系时就已经有所表现。当他讨论知与行的关系时更是如此。他说：

> 知道之大用，常流行乎天下，而其全体具于吾心，则知所以用力之地矣。盖韩子言其用而体未尝不存，周子言其体而用亦不外是也。察体用之一源，合知行于一致，学者其思所以用其力哉。②

体用不二，思力不二，知行不二。用体用不二的方法论证知行统一，虽然在理论上比较难懂，但在逻辑上还是很有力量的。真德秀还以体用关系解释《大学》中的八个条目。以格物、致知、诚意、正心、修身为体，以齐家、治国、平天下为用。并且

---

① 真德秀：《大学衍义》卷三。
② 真德秀：《真西山先生集》，第 20 页。

对宋理宗说："人主之学，必以此为据，依然后体用之全，可以默识矣。"① 这样一来，《大学》的道德范畴便转化为政治哲学范畴。比如，格物致知，就是"明道术、辩人才、审治体察民情"；诚意正心，就是"崇敬畏、戒逸欲"；修身，就是"谨言动、正威仪"；齐家，就是"重妃匹、严内治、定国本、教戚属"。如果这四个条目都做好，这本身就是治国平天下之事。作为一个普通人，日常生活中的洒扫应对，就是"性命道德"的表现或用；而作为一个帝王，平日里的致知格物，就是他治国平天下之本。道德哲学与政治哲学，本来就没有严格的界限。前者多从个体的角度出发，后者多从社会的角度入手。帝王身居最高统治者的地位，他掌握社会的最大公权。他的德性直接表达了社会意义的善。所以，帝王的道德就是政治。当然，政治哲学的出路应该是指导社会制度的完善，一味劝诫帝王修养身心，是很难使其政治哲学中的理想化社会实现的。但是，真德秀所处的时代，已经无法从根本上改变政治体制。真德秀政治实践的失败，不是他个人的事，而是我们这个民族的历史悲剧。

---

① 真德秀：《真西山先生集》，第7~8页。

第三章

陈真晟：安贫乐道讲心学

有明一代，统治者大力弘扬儒学。明代前期，朝廷为进一步加强思想统治，以程朱理学为统治思想，朱子学一家独尊。明朝袭用了唐宋以来的科举制度，国家考试以朱子学为主要内容，把科举考试的文章体裁严格规定为八股，并以此为文章好坏的评定标准。因此，在嘉靖初年心学开始崛起以前，明代思想界是程朱理学一统天下。明代前期，福建和全国一样，朱子学极为盛行，闽地学子忠实地阐发朱子学说。陈真晟（1411～1473 年），字晦德，号剩夫，福建漳浦人，他正是在这样的时代背景之下走入思想界的。在读书人热衷于走科举之路的社会环境中，陈真晟却不以科举为事，不图做官求仕，一味安贫乐道，最终成为明中期著名的朱子学传人，也是著名的闽南理学家。

第一节　道之所在天从之

陈真晟对精神性本体讨论得比较少，却不乏独到见解。他从整体的角度把握道范畴，认为道是一个广大与精深统一的"道体"。他的"理"特点在于精微，人们通过精微之理可以把握道体。他没有提及太极，取而代之以"本"，包含本体、出发点、方法和标准等多重含义，构成陈真晟哲学思想的一大特点。陈真晟的物质性范畴，主要是物、气和末。在物范畴的讨论中，他反对"有独立于物表者"的存在，也就是反对独立的精神性本体。他认为气是生命与精神力量。最能够体现陈真晟哲学创见的是其与本相对应的末范畴，坚持本与末的圆融一致。最终归结为正本而"尽革其末流之弊"的政治主张。陈真晟对本体与存在关系方面有创见的观点，集中表现在他对社会历史发展的客观性与规律性的认识上。在社会历史领域，陈真晟的"道"是社会理想，体现为儒家所崇尚的三代，并且提出三代昌盛的原因在于教育，其主旨在于为理想社会的实现寻找途径。他的天范畴是社会历史进程中的客观性，他主张人力能够夺天命，具体表现为以教育救世。以此为基础，陈真晟提出了"以道从天"、"其道在我"的主张，亦即在尊重社会历史发展进程的客观性的前提下，不放弃对理想社会的追求。

一、广大而精深之本

陈真晟从静止的结构，从宏观与微观相统一的角度，论述他心目中的道，在他看来，道是精深与广大的统一体。他说：

> 道不惟精深，实且广大，盖合众精深而为一广大者也。故既不能析之极其精，则必不能合之尽其大。所谓物有未格，则知有未至者此也。①

这种具有精深与广大双重品质的道，陈真晟称之为"道体"。他说：

> 道体极乎大也，非存心则无以极其大；道体极其微也，非致知则无以尽其微。静而不能极夫道之大，动而不能择乎

①　陈真晟：《陈剩夫集》，第32页，商务印书馆，1935。

道之微，则虽日学易亦买椟还珠而已矣。何有于至精至变至神哉。①

从静止的结构角度看，道体有"极其大"和"极其微"两种品质。从动与静的角度，"道体之大"为静，"道体之微"为动。所以把握道之大，需要静观与思考；把握道之微，则需要生活与实践。

道体的这种双重性，还可以从德性与知识的不同角度加以理解；也可以从体认和感知的不同角度加以区别。陈真晟说：

> 尊德性也，必真能致广大，极高明而极乎道体之大，足以为穷理之本；道问学也，必真能尽精微，道中庸而尽乎道体之细，足以为尽心之功。②

无限广大的道体，只能通过天赋的德性之心去体味；至精至深的道体，却需要通过感官和经验，不断积累知识去获得。从主体认识与道德实践的角度可以体味和把握道体，这种观点超越了理学传统，具有心学的意味，表明在理学内部，有发展为心学的逻辑可能。

陈真晟的理范畴的意义接近道体精深的那一面，它是事物的本质和抽象。这个根本性的东西，本来存在于事物之中，就像蚕丝存在于蚕茧中一样。当然，抽丝剥茧比较容易，而从具体事物中升华出道理，则比较困难，需要人们用心去深入到事物的深层去体会。如果没有事先对思维能力的培养，使其具有一定的逻辑分析和超验的思辨能力，就不可能把握事物的内在道理。如果不能把握事物最精深的道理，那么抽象思维就没有完成任务。如同一个事物有十分的道理，只把握了八九分，却有一二分没有掌握，而这所剩的一二分，恰恰就是这个事物最精妙的地方。如果

---

① 陈真晟：《陈剩夫集》，第 48 页。
② 陈真晟：《陈剩夫集》，第 35～36 页。

一个事物最精妙之处不能把握，把握不过是其糟粕，这种理解和把握也是没有意义的。就像印刷时的制版，版不清楚，印出的字必然是张张模糊。思维出了问题，如何能够认识事物，"苟如此而欲望深于道殆难矣"①。

将"本"置于自己思想体系的重要范畴，是陈真晟理论的重要特征。本也就是本体之本，是一切事物的根本所在。陈真晟的文本中多次出现"本"，其意义略有不同。以名词出现的，是事物之根本，具有本体论意义；以动词表述的，则具有方法论的意义。关于本体之本，陈真晟说：

> 一生二，而二生四，四分为八。一者本也，八者末乎。阖辟无穷，动静不辍。辟而动，风月无边；阖而静，天机未轧。然则天地之机，既在我手，万物之微，其能夺乎。②

这种"一分为二"的方法是邵雍解释《周易》卦图的方法，只是，陈真晟将"一"解释为"本"，将生成的"八"理解为"末"。本对末有主宰和统率作用，掌握了本，末也在其中了。

在人的抽象思维过程中，人的抽象思维能力与对象的共性和本质的存在是本。他说：

> 然以程朱之学揆之，要必先求其所以能绅绎之者以为之本，然后可也。若无其本，则虽欲勉强以绅绎之，亦不可得也。③

这里的"本"，当然不是生二生四、分而为八的那个"一"，而是事物的共性之本，类似演绎推理过程中的大前提，也就是"公理"。具体事物体现这样的公理，其抽象思维才可能进行。这就是所谓"所以能绅绎之者"的意思。

---

① 陈真晟：《陈剩夫集》，第32页。
② 陈真晟：《陈剩夫集》，第46页。
③ 陈真晟：《陈剩夫集》，第32页。

作为前提条件的本，还具有出发点的意义。陈真晟说：

> 尊德性也，必真能致广大极高明而极乎道体之大，足以
> 为穷理之本。①

只有"尊德性"，才能够把握广大、高明的无限道体。因此，"尊德性"是穷理之本。

当这个作为前提条件的"本"用做动词时，便具有了方法论的意义。陈真晟说："朝夕相与，讲明正学，其道必本于人伦，明乎物理；其教自小学，洒扫应对以往，修其孝弟忠信周旋礼乐。"② 这种方法，还引申到政治领域，尤其针对帝王的政治实践。他说：

> 三代之教必本于人君躬行心得之余。然则圣躬者，实所
> 以立教之本也。盖明师之所以立，正学之所以明，皇储之所
> 以辅，要皆本于君德之明，岂可不先隆哉？隆本之要，《大
> 学或问》及前图说明矣。③

三代是儒家的传说，那是一个理想的道德社会，当时的君王都是道德的楷模，所以统治者的行为可以作为社会道德教育的根本。对社会成员进行道德教育，必须确立选择教师的标准，运用正确的学习方法，懂得如何辅导皇权的继承者，这些都以君王的德性为出发点。为君王者的德性不能完全靠天赋，必须进行道德修养，这就是所谓"隆本"。

二、尽革其末流之弊

陈真晟对物质范畴的理解，可以通过他对邵雍的"独立物表

---

① 陈真晟：《陈剩夫集》，第 36 页。
② 陈真晟：《陈剩夫集》，第 4 页。
③ 陈真晟：《陈剩夫集》，第 10 页。

者"的批评加深理解。他在读完《皇极内篇》后评价道：

> 观其自序，乃以穷神知化与独立物表者而并言亦可见
> 矣。则其著而为书，岂能尽粹哉。①

这个"独立物表者"的概念，有两层意义。其一，"独立物表者"也就是脱离具体事物而存在的"形而上之道"；其二，这个"独立者"的对立面是"物表"，那么这个"物表"的"物"就应该理解为陈真晟心目中的物质世界了。

与陈淳、真德秀等人反对独立的精神性本体的观点一致，陈真晟反对"独立物表者"的存在。他说：

> 若物之表果有一个可独立者，则是庄列之空虚者。康节
> 所谓老子得易之体者，正亦谓此。是皆于大体上见有未莹，
> 故喜道此语也。使于体用一源、显微无间之言旨见得透彻，
> 必不肯道此语也。②

陈真晟反对物之表有一个可独立者的这种说法。他将这种说法归于庄周与列子的"空虚"概念，也与老子的"道"概念基本一致。在陈真晟看来，邵雍将老子的虚空之道理解为《周易》之体了，并且批评邵雍没有真正理解《周易》的思想真谛。如果真正理解"体用一源、显微无间"一语的意义，就不会提出"独立物表"的观点。在陈真晟看来，道理与具体事物之间的关系，就像"蚕丝之聚于茧，至精深微密者"一样，是不可分离的。

陈真晟的气范畴的意义也是多重的。首先，气是一种实体，既具有生命力的意味，也有精神主宰的意义。他说：

> 真元合五纬聚间，气所钟千百载，而仅一出仲尼孟轲之

---

① 陈真晟：《陈剩夫集》，第 35 页。
② 陈真晟：《陈剩夫集》，第 36 页。

后，必如程明道、伊川、朱晦翁者，可以为真儒矣。①

孔子、孟子、二程和朱熹的出世，乃天地间至精至粹之气凝聚千百年的结果。这当然是道家们杜撰的套话，但从其中可以看出，陈真晟的气范畴，具有精神、物质与生命的多重意义。

其次，气表现在个体身上，但具有人的精神与生命力的两重意义。陈真晟说：

> 新学者，神强气壮，愈思则愈有得。老人神气耗弱，纵思而得之，亦非自然之乐也。②

这里的"神"是精神，而"气"则是生命力。生命力之气，陈真晟还用"血气"这一概念表述。他说："凡有血气者，莫不尊亲，岂不宜哉。"③ 所谓"血气者"就是每个生命个体，这里的气当然是生命力量了。

第三，气是人对世界的感知与思辨能力。他说：

> 苟非先养此心，使有刚锐精明纯一之气，则安能入其微，步其精，以诣其极，随其表里精粗之处无不到，而脱然尽得其妙于吾胸中乎？④

这是他在讨论如何认识"道体"之精微时说的话。所以，这里的"刚锐精明纯一之气"不是物质材料，它要通过"养此心"才能获得，并且能入其微，诣其极，正是人们超越感性经验的思辨能力。这种能力并不完全脱离经验，表里精粗无不到，现象本质都能够把握。正是有了这种能力，人们才可能把握道体精深的意义。陈真晟的气范畴的大部分意义都是传统观点，只有"刚锐

---

① 陈真晟：《陈剩夫集》，第 44 页。
② 陈真晟：《陈剩夫集》，第 41 页。
③ 陈真晟：《陈剩夫集》，第 50 页。
④ 陈真晟：《陈剩夫集》，第 32 页。

精明纯一"这种人的思辨与精神之气，才是其创见之处。

与本相对应的是末，它不仅是物质性范畴，而且具有价值评价的意味。陈真晟将其用做形容词的时候，就是对某物的否定性评价。

首先，末在陈真晟心目中，就是与本相对的具体事物，可以作为物质性范畴理解。他说：

> 一生二而二生四，四分为八。一者本也，八者末乎。①

前文在讨论本的时候引用过这句话。这里的"八"就是乾、坤、坎、离、兑、艮、巽、震八大类物质形态。它们都是具体的，无论有形、无形，都是能够被人类的感官所把握的。这是末范畴最根本的意义。

其次，末指琐屑之事，也就是更具体的"末"。他说：

> 阁老君之师相也，为师相者，既自以赏花为乐，何怪乎所辅相者不求名花珍禽异兽以为乐，是师相教之也。何以严惮以成君德哉。既咏为诗，又绘为图，又梓行以夸耀天下，谓之玉堂赏花盛事。吁末矣，周公所不暇为者也。②

这是陈真晟在《题玉堂赏花集后》一文中的话，他对当时宋理宗身边的一些阁老们的所作所为十分看不惯。这些人成日与君王一起赏玩花草和珍禽异兽，并且以花草鸟兽为表现对象，又是赋诗，又是绘画，并且印制成书在全国发行。然而，与国计民生等大事相比，这些都是末，而且是末中之末，是一个有德性的君王不屑的行为，也是君王身边阁老们不应该做的。

第三，指弊端。正是基于对末范畴的这种理解，陈真晟将一些社会弊端都以末称之。他说：

---

① 陈真晟：《陈剩夫集》，第 46 页。
② 陈真晟：《陈剩夫集》，第 47 页。

盖尝思之，必欲乘时改制以复先王之旧，而善今日之
俗。……然后可以大正其本，而尽革其末流之弊（弊即考文
之习）。①

所谓正本，是政治体制的改革，企图恢复先王之旧，从而改
变当时的社会风气和政治状况。这样就能使本得到正，从而彻底
改变"末流之弊"。不过，陈真晟将当时的社会弊端仅限于科举
考试中的流弊，显然没有抓住社会问题的症结。

三、兴教育以天从道

历代儒家努力地寻找实现三代盛世的方法，虽然其理论是空
想，却表达了对社会历史发展规律的认识。在这个问题上，陈真
晟的观点与儒家和理学家基本一样。陈真晟说：

庶几唐虞三代之盛必有其道，务求切至之论，将择而行
此，可见圣志，将大有为可。②

传说中的古代理想社会，在陈真晟看来是毋庸置疑的历史事
实，而且这样的盛世之所以出现，一定有它的道理。那么，找寻
到这个道理，也就可以将其化为达到理想社会的方法。陈真晟认
为他找到了三代之所以兴盛的原因。他说：

大抵三代所以盛者，学校兴、师道立而心学正教明于天
下也。后世虽有学校之设，然专以科举俗学为教，殊不知俗
学益盛，则心学益废，此自然之理。而先儒亦每以为论者，
是无怪乎。士习不正，民风不淳，而三代之治，大不复见于
斯世也。③

---

① 陈真晟：《陈剩夫集》，第12页。
② 陈真晟：《陈剩夫集》，第2页。
③ 陈真晟：《陈剩夫集》，第2页。

这样的结论当然是没有说服力的，也不是历史规律的真正发现。但是，陈真晟却以为他发现了圣王之道何以不再的原因，因此他不断地重复这样的观点。他说：

> 使此时当路者，肯奉顺而赞行之，大洗隋唐千载之陋习，则帝王之道大行于世可必矣。能使斯道因一言而大行，则仆虽诛死，万万无恨。心岂能顾小小是非，而遂甘默然不言以死乎。①

他不会计较一时的非议，更不能不说一话、不进一言就死。当陈真晟认定自己已经发现了历史规律之后，立志要为实现这样的社会理想而死，其精神的确可嘉。

陈真晟对实现理想社会的设计虽然是空想，但是他毕竟看到历史的发展具有一种客观性、一种不以人的意志为转移的力量。陈真晟说：

> 气运之说有之，然君相不言命，矧学校之教而可言命耶？又宋元之盛运，天实启之，而宋元拒弃不受者也。盖天若无意于斯世，必不生程朱，既生程朱，意必有在也。然而程朱不敢以时之不用而自阻，以泯万世之大教也。②

对天意的拒绝表现为一代儒家圣人在政治上受阻，也表现为儒家思想传承的中断。那么，重用儒家，兴办教育，就成为把握天意的表现。陈真晟称明代是"三王再君"，称当朝阁老为尹伊、周公再度出相。他们借鉴宋元两朝拒绝上天之意的教训，不接受"气运盛衰"的观点，而是以实际行动，遵奉上天的意志。下旨办学，校对儒家经典，这些都与程朱的做法一致。宋元失去上天的眷佑，正是因为两朝没有在这方面有所为。而明初当政者的这

---

① 陈真晟：《陈剩夫集》，第26页。
② 陈真晟：《陈剩夫集》，第21页。

种作为，正是从上天那里为自己朝代的兴盛夺取命运的垂顾。此举一定会使明朝再现周代盛况，而且可以使明朝的存在时间比周朝还长久。宋元两朝拒绝程朱思想而灭亡，所以明朝必须推重程朱之学，正所谓"宋元所以皆不为天之所佑，而我朝为智之尽，仁之至欤"①。只有一生从事教育事业的人才会有此"教育兴国论"。

统治者夺天命的方法是兴办教育，推崇程朱理学。作为一个不事举业、安贫乐道的民间儒者，又如何面对历史的客观性呢？陈真晟的结论就是兴办"心学"，也就是从事以人心为主要对象的道德教化。其门人周瑛解释道：

> 德业相劝，过失相规；知行兼修，本末具举；道既合于古，法不戾于今。诚治天下，正风俗，得贤才之良法也。虽然，此心学也，非知道者固不能集此规。非同于知道者亦不行此规。……仰惟明良在上，世道方亨，苟见此规则一日而遍天下也必矣。士生斯世，沐斯盛，何其幸欤？谁为我往而告之也。②

通过周瑛的解释，我们对陈真晟的"心学"有了清楚的认识。其内容无非是在民间进行道德事业的劝励，指出彼此的过失，从而达到理论与实践的统一，成圣贤与考功名并行不悖。以古代理想社会的道德为标准，以当时社会的法律为规范。这就是治理天下，端正风俗，获得贤良人才的方法。这样的"心学"，不了解儒家理想或者与儒家理想不一致的人，都是做不到的。他渴望身处社会上层的统治者都是贤良之人，并且乐观地认为，他正处于一个前景看好的时代，一定会看到他所倡导的理想原则遍行于天下。然而，生在这个让他感到荣幸的时代，却没有人将他

---

① 陈真晟：《陈剩夫集》，第 22 页。
② 陈真晟：《陈剩夫集》，第 18~19 页。

的主张和志向告诉当朝统治者，不免使他感到有些悲凉。

正是出于对自己主张的"心学"的提倡，陈真晟竭力反对科举制度，认为这种制度与他追求的理想社会是背道而驰的。但是，在当时的社会条件下，又不可能废除科举制度。面对这样的矛盾，陈真晟提出了自己的解决方法。他说：

> 大抵穷通得失皆天，而道在我。惟君子信之。故以天从道，则既得乎道，而亦未必不得夫天。众人惑之，故以道逐天，则既失乎道，而亦未必尽得乎天。①

陈真晟提出"以天从道"的命题。所谓"天"就是社会历史进程不依人的意志为转移的客观性，所谓"道"则是人的选择与对理想社会的追求。从社会的角度看，"以天从道"就是要让历史的进程按照人的设想趋于理想化，将理想化为现实。而这种理想的实现，又不违反社会历史规律。这种"道在我"的主体性历史观，与心学有着异曲同工之妙。从个人的角度看，"以天从道"就是以掌握自己命运的方式，追求理想。

第二节 心学正教明天下

陈真晟的性范畴与朱子理学不同，他不提"在天为道，在人为性"的老话，却直接说"天心"是"性之原"。他要寻找天心与人性的统一，解决举业与成圣之间的矛盾，这与他的"心学"主张是一致的。然而，源自于"天心"的本善人性，会受到后天弊俗的影响形成人的俗性。为了改变这种俗性，需要用"心学"进行道德修养，以获得内在美与外在美统一的德性。陈真晟的心范畴在其整个理论体系中至关重要，他用"纯一之气"解释心的体与用，并且认为，心能尽得其妙即把握真理，也能够追求功

---

① 陈真晟：《陈剩夫集》，第32～33页。

名。他用"心要"解释儒家的理想追求，以得到"圣心"、"传心"为把握程朱理学思想之精髓的标准。他将自己主张的"心学"与"异端"的"心学"做了对比，强调德性修养要用心做，目的是提高自己的精神境界。

一、天性之原与德性之美

朱熹说"天地以生物为心"。陈真晟的观点略有不同，其"天心"是上天意志的表达。他说：

> 愚窃以先儒子程子，忧当世崇科举而妨学校之正教，于是立为《学制》一篇，请行于朝，其法专欲隆正学而革俗弊。甚为子朱子之所取者也。然自宋元以来，皆未举行，岂天专有待于今日耶？……天心有待于今日，可谓待得所待者矣。皇上敕之，宰衡承之，其所以正其教者至矣。①

陈真晟以为"心学"教育与科举之间虽然有矛盾，但是上应天心，下得官方支持，所以他的"心学"是正教。这就是儒家的通病了，总希望上朝廷，成正统，以压制异己之说。虽然他们自己也曾经如此被压制。

科举制是封建王朝选拔人才的主要方式，陈真晟的"心学"要想得到朝廷的支持，就不能一味地与科举对立。同时，科举也是士人求发达的唯一途径。如果"心学"与科举之业完全对立，也会在现实中失去社会基础。所以，必须寻找到解决二者之间矛盾的方法。为了解决这一矛盾，陈真晟主张在科举考试成功并且有了功名之后，坚持儒家经典的学习，继续成圣贤的努力。他说：

> 盖后世居位者多由科举出仕，则夫未第之前，正当古人

---

① 陈真晟：《陈剩夫集》，第 23 页。

> 为学之时，不免累于举业而于圣学工夫多未暇及。及既第之后，其或有志于是者，是则所谓过时而后学者也。故朱氏为之立此兼补之法焉，而又并详著圣要四说，则所以开圣学之户庭，直趋堂奥，以与天心合德者也。①

圣学的目的就是与"天心合德"，这是一个极高的道德境界。习举业求功名的世俗之人，能否达到这种境界呢？陈真晟对这种可能性做了论证。他说：

> 天心，动静之本然，是性之原也。……君子法天之当然，是性之复也。圣人亦天心之自然者也。君子岂可以不学哉？②

这里的"天心"就是"天道"，这是陈真晟主张的"心学"的重要特征。当陈真晟说"君子法天之当然是性之复"的时候，就说明现实社会中的人性早已经远离了"天心之当然"，与"天心之自然"更是天地之差，难以企及，其原因是后天的习俗改变了人的天性，所谓"流俗之弊习与性成"③。天性虽然有善的可能，但是在后天习俗的影响之下，会改变本性。不过，这种受后天环境影响而改变了的天性，通过道德修养可以恢复。他说：

> 主敬以致知诚意，皆有传授精要工夫。所以观感而薰化者，自然能收其放心，养其德性，开发聪明，进德修业。④

后天的俗性不仅能够改变，而且陈真晟还为改变这种俗性设计了方法——"主敬"。通过主敬达到致知诚意。通过接受精要与修养工夫，自己的品性受到潜移默化，逐渐将放纵的欲望收

---

① 陈真晟：《陈剩夫集》，第 6 页。
② 陈真晟：《陈剩夫集》，第 6 页。
③ 陈真晟：《陈剩夫集》，第 46 页。
④ 陈真晟：《陈剩夫集》，第 10 页。

敛，培养道德品性，进而开发自己的聪明智慧，不但提高道德水平，而且能够创造事功价值。

在陈真晟看来，敬不仅是道德修养方法，更是正确的人生态度。他认为，成圣的过程，自始至终贯穿着一个"敬"字。修小学的时候，如果没有敬的态度，就不可能涵养最本原的品性，在日常生活和一般的人际交往过程中，没有一个谨慎的态度，也不可能掌握最基本的技能；在修大学的时候，如果没有敬的态度，也就开发不出聪明才智，无法提高德性修养，更不能获得为民造福的能力。立志追求人生意义与价值的人，"将自有其足以为致知力行之地，而可以及乎天下国家矣"①。

主敬是程朱理学一脉相承的人生态度。这是很有见地的观点，因为在道德修养过程中，人必须有敬畏感。否则，一个肆无忌惮的人，是不可能有美好德性的。不仅道德修养如此，从事任何一项严肃的事业，都必须有这种敬的态度。其实，敬的核心并不在于对象，而在于你有一颗敬畏之心，它是一种人生态度。要敬畏大自然，敬畏生命，敬畏道德法则和社会规范，才可能有一种严肃认真的生活态度，才可能创造自己的人生价值，才可能使自己成为一名品德高尚的人。

"敬"与"静"是相互关联的，人的德性修养就是动与静的统一过程。德性也不仅仅是道德品性，而是人性的全面发展，是内在品性与外在能力的一致。如其所云：

> 静焉而涵养致知，动焉而慎独诚意，使交养互发之机自不得已，则美在其中。畅于四肢，发于事业，美之至也。然则，因外美而益充内美，发而为至美。②

在静的过程中，获得知识；在动的交往中，以诚待人。二者

---

① 陈真晟：《陈剩夫集》，第 3 页。
② 陈真晟：《陈剩夫集》，第 47 页。

交互作用，丰富自己的精神世界，并且获得心灵之美。这种美会通过自己的身体表现出来，并且使自己所从事的事业更加美好。也可以通过外部行为的规范，达到举止的美，从而使自己的精神世界更加充实。内外交融，和谐一致，内在美与外在美统一，便是人性的全面发展。

二、圣学真传与传心之要

陈真晟认为，心既不是抽象的概念，也不是纯粹的感性知觉，而是具有鲜活生命力的精神过程，既有感知能力，又有思维能力。没有心的作用，我们无法把握道体的存在；不把握道体，我们也无从体会心的作用。而且心的这种作用又是可以培养的。他说：

> 苟非先养此心，使有刚锐精明纯一之气，则安能入其微，步其精，以诣其极，随其表里精粗之处无不到，而脱然尽得其妙于吾胸中乎？[①]

这里的"养"是培养和积累的意思，通过这样的后天努力，会使自己的心灵具有一种能力，就是使气达到"刚锐精明纯一"的程度。可以深入到事物最细微的内部，达到对事物精深内蕴的把握，也就是透过现象把握本质。当事物无论精粗还是表里，都被我的感官与思维所把握之后，那么外在的世界就构成我丰富的精神世界。

陈真晟认为，学本身并没有"道学"与"俗学"的不同，关键在于内心的追求。心是一个，区别在于追求的对象。立志追求义，就是道心；决心追求利，便是俗心。如果是道心，参加科举一样是道学；如果心存利欲，即使学道学，那么也是俗学。区别只在追求的不同。如何使心追求道义，便成了陈真晟"心学"要

①　陈真晟：《陈剩夫集》，第 32 页。

解决的关键问题。

为了解决这个问题，陈真晟特别强调"心要"的标准。他认为，太学的教师必须是天下英才的师表，他们的品行关系着社会风气的好坏和教育事业盛衰。没有得到圣学真传的人，是一天也不能居于这个位子的。太学除了招聘教师之外，还需要培养将来的助教，这些人选的标准虽然没有教师那么严格，但必须是"笃志好学，略知圣学心要"①的人。

这心要在学习圣学过程中的地位和作用非常重要，用陈真晟的话说："先讲求夫心要，心要既明，则于圣学工夫已思过半矣。"那么，这个占圣学工夫过半的心要究竟什么意思呢？我们可以从陈真晟给吴太守信了解他对心要的理解。吴太守在信中说：他每次读《论语》时，读到孔子击磬于卫，有荷蒉之人路过孔子住地门口，听了孔子奏乐之后，说孔子"有心哉"，他感到不明白，孔子之心要真的能寓于音乐声中而被人听出来吗？陈真晟答道，通过孔子击磬能够了解孔子心要，是一般人无法做到的。磬不过是一种乐器，击之是为了满足一种乐趣。如果说它有什么深刻的内容，恐怕未必。陈真晟否认音乐可以表达心要，表明他所理解的心要，并非一般意义的内心情感，而是"圣人行道济时之心"，也就是孔子的理想追求。②

正是有了这种理想追求，才被称为"略知圣学心要"，才可能笃志好学，才可能追求道义，也才能够抵御物欲的驱动与利益的诱惑。他说：

> 盖其心体定静坚固而能自立，则光明洞达，作得主宰。所谓一心有主，万事有纲。圣学之所以成始成终之要得矣。然后可依节目，补小学大学工夫。而其尤急务，则专在于致

---

① 陈真晟：《陈剩夫集》，第 6 页。
② 陈真晟：《陈剩夫集》，第 39 页。

知诚意而已。而皆不外乎一敬以为之也。再假以一二年诱掖激励，渐摩成就之功，则皆有自得之实矣。①

朱熹在《程氏遗书》中讲到这样一件事：一天程颐的学生尹焞，捧着《程氏遗书》向先生讨教。程颐说：我还活着呢，何必读此书？如果不得我心所记，读出来的不过是你自己的理解。从此，尹焞不敢再读此书。朱熹评价道：二位程先生，一直为倡明道学而努力，他们的学生和弟子，都是天下的英才。这些亲传弟子对二程先生言行的记录，应该是准确而且可信的。然而，程先生却如此嘱咐他的学生，岂不是他的学生们都"未知传心之要"？针对朱熹的观点，陈真晟认为：《朱子语类》都是朱熹的亲传弟子听朱子讲授时的笔记。朱子的学生当然并不比二程先生的学生强，所以，他认为在读《朱子语类》的时候，不能把它当做朱子思想的真实、准确和全面的表达。而是要通过学习儒家经典和平日的修养工夫中体会，才能把握朱熹所谓的"传心之要"。②

三、心学之意与心教之法

有人曾经质问陈真晟，说他的著作大多讨论心学，但是近来人们都认为心学是异端。陈真晟的回答，表明了他的理解。他告诫人们，要像张载所说的那样，读书以求作者的真意，而不能只看表面言词。如果只看表面文字的使用，那么就无法区别儒家圣贤思想与异端思想的不同。因为，异端使用的词与儒家圣贤使用的词往往是一样的。比如，孔子说"道德"，老子也说"道德"，虽然文字相同，但是意思完全不一样；儒家说"心"，佛教也说"心"，这"心"的意义也是根本不同的。孔子"从心所欲"之"心"与孟子"求其放心"之"心"就不一样。前者是意愿，后

---

① 陈真晟：《陈剩夫集》，第 9 页。
② 陈真晟：《陈剩夫集》，第 29～30 页。

者是欲望。虽然陈真晟没有做出如此辨析，但是他清楚地知道，儒家所谓的"心"与佛家所谓的"心"也是完全不同的。那么不同之处在哪里呢？这将是区别朱子之心学与异端之心学的关键。不同之处就在于学。就是说，佛教只谈"心"，只关注自己的内心，而不知道什么是"学"，当然就没有"心学"，而儒家用心去穷理，用心去力行，整个过程就是精神的充实与境界的提升，这就是"心学"，而且将"心学"的成果推行于治国、平天下的实践中。同样是说"心"，儒家的解释是"敬"，而佛家的解释是"觉"。用今天的话解释，佛家只说明了心的实然状态，而儒家则追求心的应然境界。有心必然有觉，但有心未必有敬，这就从根本上区别了佛家之"心"与儒家之"心"。陈真晟的"心学"就是"主敬之学"，是日常生活过程中道德修养过程，而佛教谈心无非是论证其寂灭虚无观点的，的确不可同日而语。

说明了自己主张的"心学"的内容之后，陈真晟进一步论证"心学"的重要意义。他说：

> 三代所以盛者，学校兴，师道立，而心学正教明于天下也。后世虽有学校之设，然专以科举俗学为教，殊不知俗学益盛，则心学益废，此自然之理，而先儒亦每以为论者是。[①]

儒家传说中的古代理想社会之所以能够兴盛，其原因不仅在于兴办学校，尊立师道，更重要的是采用"心学"和"正教"为教学内容。后世的学校不比三代少，但是内容却不一样，主要从事科举俗学的传授。在陈真晟看来，俗学与"心学"是完全对立的。俗学盛，"心学"就会衰落。

朱熹去世之后朝廷虽然使用程朱的著作，但是却依然以隋唐以来的科举制度取士，所以读书人普遍热衷于俗学而认为"心学"无用。人们不知"圣心之要"，也不知"传心之要"，因此，

---

①　陈真晟：《陈剩夫集》，第 2 页。

朱子之"心学"失传了。不过,明代更加注重朱子之学,这也是事实。陈真晟自己也说:"士生斯世,沐斯盛,何其幸欤!"这虽然是套话,但不妨碍他有针对性地主张自己的"心学"。他说:

> 德业相劝,过失相规;知行兼修,本末与举;道既全于古,法不戾于今。诚治天下,正风俗,得贤才之良法也。①

道德修养与科举事业之间并非绝对对立,应该正确地把握二者的关系,让它们之间形成一种相辅相成的关系。人们在学习的过程中,发现对方的过失,彼此及时指出。这"心学"是知与行、认识与实践共同进步的过程。以古代三世的理想社会为自己追求的道德标准,同时也不违反当下社会的法律制度。以诚实的道德治理天下,以诚实之心纠正风俗。"心学"是培养人才最好的方法。

"心学"不仅是普通士子们修养德性的方法,也是历代帝王提升自己道德水平的途径。陈真晟说:

> 心学既明,不惟有以正士习于天下,尤足以示道统之真传。俾皇家圣子圣孙常得见闻帝王心学有实下手做工夫,非但口耳讲说,如汉唐宋元东宫之教而已。则方今急务之大,又岂有急于预教东宫者哉?②

"心学"得到推广,不仅纠正士子们的学风,也顺应了天意,使得道统真传得以延续。而且皇家的后代们,也应该经常听到和见到帝王在"心学"方面切实所下的工夫,绝非汉、唐、宋、元诸朝对太子的教育那样,只是口讲耳听而已,是要身体力行、付诸实践的。当今社会有各种急切要解决的事情,但是都没有比用"心学"对皇室子孙进行道德教育更重要。

---

① 陈真晟:《陈剩夫集》,第 19 页。
② 陈真晟:《陈剩夫集》,第 2 页。

在论证了"心学"的特征及其重要意义的基础上，对"心学"的教学方法陈真晟也做了说明。他说：

> 拳拳以主敬、穷理、修己为首训，以口耳浮靡之羽为痛革。正与程氏心教之法相表里。①

"心学"就是从"心"做起，"拳拳"之心，表达了一种虔诚，以此心态才有可能主敬，才能穷理，才能修养自己的身心，也才能够革除对浮华功利的追求、对感官刺激的渴望。将道德修养与人才的培养的出发点置于最基本的精神状态之上，也就是从正心、诚意入手，这也是儒家德性修养的传统方式。总之，"记诵训诂，攻举业而已"，只有"身心正学之教"，才是"心学"的根本。

第三节　诚敬以致知力行

陈真晟认为，人有能力把握客观事物的道理，在各种认知方法中，最重要也最实在的是行事。在这认知过程中还必须具有"主敬"的精神状态，才能够体会到幽微之道的存在，并且整体地把握世界。认知世界道理的目的是立本，就是获得人生的终极意义和价值，这样的知才可能对行有指导作用。在知行关系问题上，陈真晟主张知行统一，这与他的儒家经世致用的价值观是分不开的。虽然，他所谓的行基本上都是道德实践，但是他提出"学行"的概念作为标准，以全面评价教师与学生道德和学养水平，并且提出道德行为是选择的结果。"心学"的目的，就是要使理想社会变为现实，这仅靠教育是不行的，必须说服君王，自上而下地实行圣王之道，才有可能使政治理想变成现实社会中的合理制度。这是陈真晟知行统一观中最重要的内容。

---

① 陈真晟：《陈剩夫集》，第 23 页。

一、致知穷理以立其本

陈真晟反对有独立的精神性实体的存在，主张道理与具体事物浑然一体，他说："道必本于人伦，明乎物理。"理与物是一体的，道与人伦也是一致的。那么，要认知这个"理"就必须通过具体的现实生活。他说：

> 今之学者……皆言穷理，亦只是泛泛焉，务多读书，而无即事穷理之精，则是未尝穷程子之理也。①

理不是靠书本知识获得的，必须即事，也就是接触和深入社会现实，才能够达到对道理之精华的把握。

然而，在即事认知的过程中，必须保持居敬的态度，否则，就无法避免受到外物的诱惑和干扰，从而影响对理的穷究。陈真晟说：

> 今之学者皆言居敬，多只是泛泛焉，若存若亡而无主。一无适之确则，是未尝居程子之敬也。②

可见，真正的主敬就会使内心有主宰的力量，有确定无疑的标准，有理想原则，有追求的目标。如此才能追求真理于事物之中，而不被尘世所汨没。因此，陈真晟说：

> 盖始则主敬，而一动一静，互为其根，即致知诚意之事，是始学之要也。③

对世界的认识有一个过程，开始于主敬，然后是致知与诚意两个阶段，也是两种状态，相互交替，有如一动一静之间的转换。这个过程，由"敬"贯穿始终，这就是学习入门的关键。

---

① 黄宗羲：《明儒学案》卷四十六。
② 陈真晟：《陈剩夫集》，第 35 页。
③ 陈真晟：《陈剩夫集》，第 6 页。

陈真晟在主敬的基础上，提出了"存心"的方法，这是其"心学"方法论的进一步深化。他说：

> 以始学言之，存心致知之道亦在乎是。此朱子之说也。盖主敬即存心，择义即致知。道体极乎其大也，非存心则无以极其大；道体极乎其微也，非致知则无以尽其微。①

陈真晟用主敬和存心进行相互诠释，细辨析起来，二者还是略有区别的。主敬是心态，而存心则是思辨的过程，是整体把握对象的过程，也是把握本体的过程。而致知则是微观获得知识的过程，二者是相辅相成的。

与陈真晟对本范畴的强调一致，他将致知、穷理、求道等认知过程的目的概括为"立本"。他说：

> 诚能居敬以立其本，穷理以进其知，使本立而知益明，知精而本益固。②

这里的"本"，是世界的本原，人的本性，也是人生的意义与永恒的价值。而"立本"则既有确立的意思，也有知识根本性意义的意思。无论是意义的确立还是获知，都必须通过内心的诚意，以敬畏的态度进行学习和求道，才能够做到。探究事物达到穷理的程度，才可能使自己的知识得到丰富和提高。知识的丰富与根本意义的掌握是相辅相成的，根本意义会使知识更加明晰，精粹的知识会使根本意义更加确定。

达到了这样的认知水平，也就能够把握人生的价值与意义。因此，陈真晟说：

> 宗言天地人物，皆自无而生有，人能自有以返无，则造

---

① 陈真晟：《陈剩夫集》，第48页。
② 陈真晟：《陈剩夫集》，第30页。

化在我矣。①

有无本来就是相生的。天地万物与人来自于无形之气，所以是自无而生；而人却能够自有而返无。"自有返无"这句话有两个解释：一是生命的结束，肉体之身化为乌有；二是通过抽象的思维方法，从具体的事物达到对普遍规律和意义的把握，从有形达到无形。结合"造化在我"一语理解，陈真晟的"自有以返无"的意思显然属于后者，即能够达到这种"自有以返无"的哲学境界，就是把握了世界的本质和人生的意义，这正是致知穷理的目的。

二、深求切问可择而行

在很多语境中，陈真晟把教育与学习过程本身也称之为"行"，即"为学工夫"，他称之为"学行"，并且以此为评价学校教师和学生的标准。他说：

> 择其学明德尊者，为太学之师，此即学行皆中者；次以分教天下之举，此即学行次中者。②

这个标准，同时用来评价学生的学习效果。然而，当时社会对学生成绩的评价只有一个标准，就是通过科举考试，这与陈真晟主张的"心学"或者"正教"，是相互矛盾的。科举考试在陈真晟看来不是考察学行的方式，因为它只考学生的写作文章，这样一来，即使有"正教"，学校也不实行。因为，学校教育都是在科举的指挥棒下运作的。科举考什么，学校就教什么。如果，所学与所考相分离，那么所学就会受到根本性影响。因此，陈真晟向朝廷建议，科举考试在考写作文章的同时，还要对考生的学

---

① 陈真晟：《陈剩夫集》，第40页。
② 陈真晟：《陈剩夫集》，第13页。

行水平加以考核；必须以学行为考试的主要内容，而文章考试，只要能够了解考生的知识面，和所受的教育知识及所学的内容就行了。这样一来，考试内容与教学内容一致，即使学校不重视学行，学生自己也会重视自己的学行。① 这里的"学行"指的是"学"与"行"，是学问知识与道德品行的统一。当然也是知与行的统一。用今天的话说就是，人格与学说的统一。为此，陈真晟制定了学行高下的标准。他说："立簿一扇，分学行高下有无为六等。"如何分为六个等级，他没有具体说明，但是，在学习过程就如此重视"学行"，表明他非常强调知与行的统一。

陈真晟在讨论德与业、本与末、道与法的关系时，涉及知与行的关系。② "德"就是德性修养，"业"则指外在事功，也可以说是科举考试之业。德性修养固然重要，但是不能通过科举考试，在当时的社会条件下，就失去了治国平天下的机遇，所以，参加科举考试便具有了将自己所学的知识付诸实践的意义。知以立本，行以举末，知行兼修，自然本末并举。从认知世界的角度，知以立本的目的就是要取得现实的功效，所以本末不可分，知行也就统一了。这里的"道"在古代，说明它是理想社会的标准，而现实社会中，人们首先必须做一个守法的臣民。人们通过致知达到对古代理想社会标准的把握，但是在社会实践过程中，又不能违反现实的法律。所以，道与法的统一，也就是理想与现实的统一。

当说到道与法之间的关系时，这个"行"就已经接触到如何将学到的知识运用于社会实践中去这一认识论的终极目的问题了。陈真晟认为，"敬"是圣学必须贯彻始终的态度，无论小学、大学都必须如此。小学是基础，是洒扫应对和六艺以及就职从业

---

① 陈真晟：《陈剩夫集》，第 23 页。
② 陈真晟：《陈剩夫集》，第 18 页。

最基本的要求；大学是道德修养，是人生观建立的关键。这两者就是程朱理学所主张的培养人才的根本方法。大学以立本，小学是大学的补充。这也是学问与能力的统一，这样的人才能够有"致知力行"之处，才能够为天下国家效力。①

在致知力行的过程中，还存在一个行为的选择问题。这其中有价值的评价，也有现实的时机。涉及价值评价，自然通过致知过程加以解决，至于时机的选择，则需要选择者的智慧。做出选择之前，必须明确什么行为是"必行"的，然后再去"力行"。

朱熹在其《大学序》中，继承程颐的思想，论及"程氏学制"也就是程朱设计的教学纲要。陈真晟认为，这是吸取了古代理想社会的方法，是其后万世都适用而且必行的方法。之所以必行，就是因为行之一定会使风俗淳，是培养人才的最好方法，是达到古代理想社会的正确途径。但是，宋元以来的学校虽然尊崇程朱的著作，却没有实行程朱设计的教学大纲和方法，原因就是科举制度。② 正是因为陈真晟认为程朱学制在当时的社会条件下必行，他才终其一生，安贫乐道，以提倡朱子"心学"为己任。在他的一生中，也的确是知行一致的。从事"心学"事业，就是他"致知力行之地"，知其必行，自当力行。

在必行与力行之间，主体的选择性并不大，因为二者在价值层面上是完全一致的。具有可选择性的是在两种可能或价值目标间，这主要表现在心学与举业、道德与功利之间。陈真晟并不主张废除科举，只是将他的"心学"视为本，科举之业视为末。在陈真晟看来，科举不能废，因为它是古代社会选择人才的重要方式，对于许多读书人而言，是一个非常重要的谋生和求发展的方式。但是，必须在科举之后补上道德修养的内容。只要改变俗学

① 陈真晟：《陈剩夫集》，第 3 页。
② 陈真晟：《陈剩夫集》，第 4 页。

与正学之间的轻重比例，通过多年的坚持就一定能够实现三代理想社会。我们暂且不论这种理想的现实性有多大，仅关注陈真晟所谓的"深求切问，可择而行者"一语中包含的力行过程中的主体选择。道德行为是一种选择，所以在道德修养与实践过程中，充分体现着道德主体的自由。当然，有些道德行为是"可采而行"的，也有些道德行为是必须行的。正所谓："见善必行，闻过必改，以上行实可选者。"①

三、人君躬行以立正教

陈真晟一生所任最高的官职，不过是漳平县教谕，基本上是一介布衣，所以他也自号为"陈布衣"。然而，"位卑未敢忘忧国"的陈真晟，以一个普通臣民的身份，不断向当局进言，以求其追求的理想社会能够实现。对此他的解释是：以一布衣之身，居然敢于谈论天下大事，就是因为他认为自己学习有收获，修养有成就，已经掌握了真理。更重要的是，他认为当时的政治局面为他提供了大有作为的机会，理想有了实现的可能，他的言论可以辅佐当政者，他的思想有助于道德教化。基于此，他才以一介布衣的身份，将自己的思想和愿望全部讲出来，希望能够对现实有所裨益。②

陈真晟认为程朱之道是实现三代理想的"可行之道"，也就是被陈真晟称之为"心学"的教学内容与方法。他反复解释，劝说朝廷行程朱之道，完全出于公心而绝无私意，自己并无"道"可传授，无非是张载"为天地立心，为生民立命，为往圣继绝学，为万世开太平"的儒者情怀。其忧世之心，悯道之意，是儒家的传统和使命。③ 不过，陈真晟有的时候会表现出近乎天真的

---

① 陈真晟：《陈剩夫集》，第1页。
② 陈真晟：《陈剩夫集》，第37页。
③ 陈真晟：《陈剩夫集》，第25～26页。

乐观。他说：

> 帝王之道大行于世可必矣。能使斯道因一言而大行，则
> 仆虽诛死，万万无恨心。岂能顾小小是非而遂甘默然不言以
> 死乎？吁！斯言也，可与渊明醉时语，不可与俗人醒时道。
> 自笑而已也。①

儒家社会理想的实现，自孔子开始，就将希望寄托于帝王身上。陈真晟也看到了一点，他说："三代之教，必本于人君躬行心得之余。然则圣躬者，实所以立教之本也。"②古代理想社会的教化，都是最高统治者道德实践的扩展。因此，最高统治者的行为举止，是社会道德建设的根本。能够躬行道德的最高统治者，是古代理想社会的君王，向他们学习的具体方法就是恢复古代社会淳朴的道德风尚。这种复古当然不是在制度上完全与古代社会一样，而只是改革一些所谓"俗弊"。陈真晟说：

> 君天下而欲复古风者，不可不痛革俗弊。而欲革千余载
> 先儒所欲革而未能之俗弊，不专在于学校，而兼在于贡举也
> 明矣。不可不严立正教，而欲立千万世先儒所欲立而未能之
> 正教。不专在于学校，而兼在于贡举也审矣。③

为什么革除弊端和建立正教的关键都在于学校与人才选拔制度上呢？因为，人才的培养和选拔标准，是一定社会历史时期价值取向的指导。古代社会通过学校与贡举制度，按照自己的标准将民间合适为官的人选拔出来进入既得利益集团，占有着社会的稀缺资源。无论是财富、权力和社会地位都是如此。因此，科举

---

① 陈真晟：《陈剩夫集》，第 26 页。
② 陈真晟：《陈剩夫集》，第 10 页。
③ 陈真晟：《陈剩夫集》，第 23 页。

是普通士人打通仕途的必由之路。统治者的价值标准，决定着整个社会的价值取向，所以人才选拔制度与标准，决定着一个时期的社会风尚。

陈真晟不仅提出用改革人才方式来改变社会风尚的设想，而且设计了具体实施的方法。他说：

> 古者学校选举之法，始于乡党而达于国都，教之以德、行、道、艺，而兴其贤者能者。盖其所以教之者无异道。所以官之者无异术，所以取之者无异路。是以士有定志而无外慕，夙夜孜孜，惟惧德业之不修，而不忧爵禄之未至。……夫三代之教，艺为最下，然皆犹有实用而不可缺。其为法制之密，又足以为治心养气之助，而进于道德之归，此古之为法，所以能成人才而厚风俗，济世务而兴太平也。至隋唐专以文词取士，而尚德之举不复见矣。积至于今，流弊已极，其势不可以不变。[①]

明代社会中期，种种社会矛盾都逐渐趋于尖锐。陈真晟以改革教育与取才标准的方式解决社会风尚问题的设想，并没有抓住问题的实质。他只是以儒家传统伦理主义的思维方式，以为恢复古代社会的教育制度和教学内容，改革以科举为主要形式的人才选拔制度，就可以让儒家的理想社会成为现实，这显然是不可能的空想。这样的社会改革计划虽然有一定的现实意义，但却因其没有实现的可能而失去价值。这让我们想起近代中国"教育救国"的主张，在整个社会制度都陷入腐败和黑暗的时代，教育的改革是难以完成的，即使完成也不可能因此使整个民族走向兴旺发达。生活在明代中期的陈真晟是不可能提出切合实际的社会改革方案的。我们不是在苛求古人，我们只是想说明，局限在儒家

---

① 陈真晟：《陈剩夫集》，第 11～12 页。

道德理想的领域无法使这个民族走向新生。不久以后的张居正改革的确顺应了历史的发展，但是明朝是中国古代社会发展的后期，政治制度的腐败已经无可救药。张居正改革的失败，恰恰向世人证明了这一点。生活在这样的时代，是人无法摆脱的历史悲剧，陈真晟这样具有悲天悯人的儒者情怀的思想家，其社会影响力注定要受到时代的限制。

第四章

周　瑛：理学名臣真性情

　　明正德嘉靖年间，陈献章与王阳明的心学开始崛起，并广泛传播。周瑛（1430～1518 年），字梁石，号翠渠，福建漳浦人，虽然与陈献章为多年的挚友，但周瑛坚持朱子理学的基本立场，批评陈献章的心学为禅学。周瑛是陈真晟的亲传弟子，得朱子学之真传。他自幼习举子业，却不满意俗学，自六经、四书、天文、律历、书法、绘画以及方外之书无所不究，且辨析精微，洞见本原。周瑛的宇宙观以当时的自然科学为基础，并且对传统中医有一定的研究。他有着敏锐的艺术感受力，不仅文笔优美，音律工整，而且对绘画、书法与诗歌创作理论也有独到的见解。周瑛一生为官多年，根据朱熹的政治思想施政，较能秉公办事，多有政绩，为时人所敬仰。

第一节　天道自然与体用

　　周瑛的知识非常渊博，由于对自然科学的兴趣，使其宇宙观、对物质世界及自然现象的解释具有一定的科学性。周瑛用"天道"表达对客观的精神性本体的认识，并且认为无形无限的天道是有迹可循的。周瑛的"理"，有必然、应然和自然三重含义，同时主张在自然和当然中求所以然。周瑛对"几"、"势"和"形"的讨论，显示出其哲学思想的重要特点，而且其几范畴所讨论的人的行为与效果之间的因果联系，的确包含了对历史规律的猜测。周瑛的宇宙观中包含了当时的自然科学的成果，使他对天地的起源、日月星辰等天体现象，以及雷与潮汐等自然现象都做出了自己的解释，并且具有一定的科学性。这一点是周瑛之前的理学家们所不具备的。他在讨论宇宙起源的时候，虽然也使用了"太极"，但在其整个文本中仅有一次，说明他对宇宙起源的精神性本体是悬而不论的。这也与传统理学迥然不同。对周瑛而言，独立的精神性本体是不存在的。在周瑛的话语中，没有形上与形下的概念，作为本体的"太和"与物质性存在的万物之间是养与被养的关系。同时，在抽象思维与感性经验的关系问题上，反对拘泥于直观的经验。无论是从体用关系的角度，还是从"一本"与"万殊"的角度，周瑛都认为，"理"、"事"和"物"是完全一致的。在周瑛看来，气并非一个纯粹客观的物质力量，而是外在于自我却又包含人的主观努力的社会力量。

一、立天下之大本

"道"的意义是多重而复杂的，面对客观世界之道，周瑛喜欢使用"天道"这个概念。"天道"一词是理学常用的名词，不过周瑛对天道有着自己特殊的见解。周瑛将"易"与天道直接等同，将其理解为通过《易》所揭示的道理或者规律。他把蓍、卦和爻看做天道的有形表现，并且将蓍、卦与爻分别和天道不同的特征联系起来。这很难说是对自然规律的理解，其对《周易》义理的解释也与传统的解释没有明显的区别。[①]

不过在其他场合，周瑛对天道的解释则表现出一定的创造

① 周瑛：《翠渠摘稿》卷三《洗心亭记》。

性。周瑛认为，所谓"太"是无限，"和"是养育的功能，所以"太和"能够养育万物，就如同明月能够照亮万物一样。根系腐烂，生命死亡，失去太和之养，如同口朝下的水缸，月光照不到一样。太和只养能够养育的万物，月光只照能够照亮的地方。太和养育万物的能力是没有偏心的，所以称之为"公于为和"，有不被养之物则由于它自身的缘故；月亮也是没有私心的，所以称之为"公于为明"，有不被照到的地方，也是由于其自身的缘故。这"公"就是"无容心"。所谓"容心"是广延性的空间概念，它是有形而且有限的。反之，"无容心"便是无限与无形的意思，也就是"虚"。天道无形而无限，所以天道的性状就是虚而"无容心"。①

周瑛对天理的理解与朱熹的观点有一致之处，也有自己的创见，主要是增加了"自然"的意思，从而淡化其伦理主义色彩。他认为，无论是人的性情还是身体，无论是养生还是道德规范，无论是儒家经典还是天地万物，都需要人去追问其自然与当然的道理。自然是规律，当然是标准，仅此二者还不够，需要进一步了解规律与标准背后的所以然，即规律何以为规律、标准何以为标准的依据。对于现实而言，理是所以然之故；对于未来而言，理是无限可能性。这三者的统一，就是天道。②

周瑛在对理的进一步解释中，加入了自己对可能性的理解。他以谷种和鸡蛋为例，解释作为可能性和所以然之故而存在的"一本"或"理"。谷种虽不是根苗，但具备了生长为根苗的可能性；鸡蛋不是鸡，但已经具有孵化为鸡的可能性。③ 这种可能性，也就是"所以然之故"。

不过，就客观精神的本体而言，周瑛还有另外的表达方式。

---

① 周瑛：《翠渠摘稿》卷三《续骚亭记》。
② 周瑛：《翠渠摘稿》卷四《题嘉鱼李氏义学》。
③ 周瑛：《翠渠摘稿》卷四《题嘉鱼李氏义学》。

他说：

> 圣人静有以立天下之大本，动有以行天下之达道。由体及用，一以贯之。自余为学，皆由博以及约，博者万殊也，约者一本也。求诸万殊而后一本可得，既得一本则所谓万殊者亦可推。此以贯之矣。①

圣人静时是进行思辨，把握宇宙的本质，所立"天下之大本"，就是以哲学的范畴概括最高的精神性本体；立此"大本"是为了实践，所以圣人的行动就是为了"行天下之达道"，将自己的哲学智慧运用于实践，将自己追求的社会理想化作现实。静的思维所把握的天道，与动的实践所达到的目的，成为由体到用的过程。体用本不二，理论与实践是统一的。博与约相统一的学习过程，既可以理解为形式逻辑上的由归纳到演绎，再由演绎到归纳的过程；也可以理解为辩证逻辑由具体到抽象，再由抽象到具体的过程。这种循环往复是"一以贯之"的过程。

"几"这个词虽然不是周瑛第一次使用，它作为哲学范畴也不是周瑛的创造，但是他对几范畴的重视，以及他独到的解释，则表现出其哲学思想的一大特点。他说：

> 黄石翁识得一"几"字，子房用之以佐汉祖，卒定天下。盖"几"发乎此应乎彼者，吉凶存亡系之矣。②

几范畴并非纯粹的客观规律，而具有人的行为与客观规律之间的关系意味。他说：

> 盖天人为理一而已矣。人能顺理，则合乎天矣；人能顺天，则天与之矣。故以人责天而天无不应者，其几在此也。③

---

① 周瑛：《翠渠摘稿》卷四《题嘉鱼李氏义学》。
② 周瑛：《翠渠摘稿》卷四《观冒有恒太守所藏黄石公像》。
③ 周瑛：《翠渠摘稿》卷四《题姜氏双槐堂》。

当周瑛将"几"与"势"和"形"结合起来讨论的时候，已经猜测到历史发展规律的问题了。"天下之事"，显然不是纯粹的自然界，而是人类的社会活动。它包含了三种规律性的内容，即几、势和形。几即是人的动机，也是行为结果，所以它有善恶的两种可能。这里的善恶，既有道德意义也包含价值意义。势也就是趋势，描述的是几的强烈程度与目标的明确程度。而形则是结果和现象。几决定着人类行为与历史发展的走向和目标，它决定着社会的动乱与安定。所以说几是形、势的先导，是治乱的根本。①

中国传统哲学一般将几解释为机会、概率和偶然性。而在周瑛这里，将几解释为人的动机、行为与客观效果之间的因果联系，这是很有创见性的观点。关于这个问题，我们在天人关系问题中再进一步讨论。

二、据理以推其说

周瑛以当时的自然科学的成果为基础解释宇宙的起源，观点与前人完全不同。他说：

> 天地何始？曰：自太极生阴阳始。阳动而阴静，阳清而阴浊。其动而清者日旋于外，积一万八百年而天成焉。天成日月星辰备矣。其静而浊者日聚于内，积一万八百年而地成焉。地成山岳河海备矣。②

周瑛进一步展开想象，表达他对已经形成的天下万物的理解。中国为天下之中央，中间因其隆起而为陆地，四周因其低洼而为大海。而这山与海则是地上的物，这是有形之物的基本概念。周瑛否定了《中庸》的大地浮在水上的说法，接受了庄子

①　周瑛：《翠渠摘稿》卷一《赤城论谏谏录序》。
②　周瑛：《翠渠摘稿》卷五《天地说》。

"大气举之"的观点，并且对朱熹"水流东极"的解释提出异议。①

周瑛认为，天是至大而无限的空间，地不过是这空间中的"一块土"，并且猜测到地也是圆的，至少是在至大无限的天体之内被大气举着的"一块土"。当时的天文学家，可以根据几何学原理计算出天体的大小，那么，在"一块土"与"八万里"之间，存在着巨大的空间。因此，日月才能"各行其空处"地升降，而并非出入于水中。而日月的"盈虚薄蚀"，也是因为在空处发生的光线的折射，而不是地与水相隔的缘故。之所以会产生日月升降的印象，是因为人的视力的局限造成的，是我们凭借自己有限的视力所形成的直观感觉。

他根据当时天文学观测天象的结果，对天体排序为"天象大者为日月，其次为星辰"。太阳的光明无处不照，而月亮则不能自己发光，是对太阳光的反射。这一认识与自然现象完全相同。不过他以为月亮的上弦与下弦的变化与太阳的距离有关，却并不知道这是月亮环绕地球转动的结果。他对月中黑影的解释甚为精彩，并且以自己的天文学知识，揭穿了古代关于月亮神话的虚妄。

星分金、木、水、火、土五星，为"少阳"；没有星的空虚之处为"辰"，被称为"少阴"。整个天体被划分成三个大区，为"三垣"；二十八个小区域，为"二十八宿"。日、月与五大星加起来为"七政"，它们都在天体中运行。日月五星向右旋转，天体向左运行。古人当然不知道，造成这种印象的关键是地球在自转。

周瑛认为"天河"不是水，而是"水精"，《列子》将银河解释为"天汉"，并且流入地底是荒谬的，将天上的银河看做"天

---

① 周瑛：《翠渠摘稿》卷五《天地说》。

裂"，更是虚妄。周瑛嘲笑古人追求以量化的方式把握天地，甚至要做到"毫发不爽"，但是在论及天地的形象时，却大多出于主观的猜想。周瑛大胆地提出假说，他称之为"据理而推其说"，认为"天无星处为辰"，所谓"天裂"，不过是太空的真实面貌而已。他的这种大胆猜想，在当时的科学水平之下，的确是很有见地的。他期望"是非自有能辩者"，说明他的观点在当时是不被接受。①

明成化癸巳年（1473 年），有人被雷击而死。某人问周瑛：雷有形状吗？周瑛回答：没有。又问：无形的雷怎么会产生震动呢？周瑛答：是阳决。接着他对"阳决"做了解释。所谓"决"就是冲突的爆发。决之所以产生，是因为阳动与阴静，阳开放与阴聚合，这两种对立的力量发生冲突而不可调和。一旦阳的力量冲破了阴的限制，就会产生一种冲决的力量。此时，阳刚之力达到了极限，所遇之物，一概都被粉碎。又问：雷能够区别树木、土石、动物和人吗？周瑛答：雷与所击之物相遇，纯属偶然。又问：雷既然无形，但是雷击之后人怎么会拾到雷斧？周瑛答：陨星从天而降化为石，雷击于地而化为斧，是因为击中了石头，雷依然是无形的。看来，问话者并没有分清陨石落地与雷击之间的区别。周瑛用阴阳两种力量的冲突解释雷霆的爆发，是极有见地的。②

生长在大海之滨的周瑛，并没有被日常生活中所观察到直观印象所迷惑。他认为，潮汐发生的原因是气的作用。他理解的气，是将地包裹于其中的无形力量，并且一直处于升降不息的运动之中，表现为伸、缩与盈、虚。气一旦伸，则万窍皆盈，所以潮涨；气一旦缩，则万窍皆虚，所以潮落。昼涨为潮，夜涨为

---

① 周瑛：《翠渠摘稿》卷五《天地说》。
② 周瑛：《翠渠摘稿》卷八《震雷说》。

汐;一日一夜,两度伸缩。每月朔望,两次大潮,两度盈虚。周瑛观察到了潮汐的规律,并且将这种规律解释为气的变化。周瑛也看到了月亮的朔望与潮汐大小之间的关系,但却没有也不可能看到,潮汐的涨落,实际上是受到月亮的摄动。如果将气理解为运动的力量,或者物物之间的感应力量,那么用气解释潮汐也是有道理的。不过,此段对话的意义主要在于,他最后将人的呼吸与潮汐的涨落进行的类比。人的呼吸是生命的节律,就像大海的潮汐,是不能人为地有所增减的。这是客观规律,如果违反这种规律,就会给人带来灾祸。对人的呼吸妄加增减,大概是暗指那种以调息为手段,意图长生久视的道教修炼法吧。①

三、体用一以贯之

当周瑛说"由体及用,一以贯之"的时候,表明在他心目中,体与用是浑然一体的,所以才能够"求诸万殊而后一本可得,既得一本则所谓万殊者亦可推"。就是说,通过具体事物的个性的掌握,可以达到对此类事物的共性的理解;而掌握了此类事物的共性,就会对该类事物中的其他个别事物进行类推,达到举一反三的认知效果。因此他才会说:

> 自性情之微以及形骸之粗,自食息之末以及纲常之大,自六经之奥以及天地万物之广,皆不可不求其理。②

无论是人的性情还是生命现象,无论是日常生活还是国家大事,无论是书之经典还是自然万物,都有理存在,因此理与事物本来就是一体的,充分体现着"由体及用,一以贯之"的道理。前文提到的太和与万物之间的关系,也可以说明这个问题。所谓"太和养万物而物无不养",并非说有一个独立于万物的太和的存

---

① 周瑛:《翠渠摘稿》卷五《潮汐说》。
② 周瑛:《翠渠摘稿》卷四《题嘉鱼李氏义学》。

在，而是这太和本身就是万物的一种力量，也就是生命的力量。某物生命过程一旦终结，其中的太和也就不存在了。正所谓："枯根之腐，萌蘖弗生焉。"生命现象与使生命之所以为生命的本质力量是一体的，没有一种独立于生命现象的生命实体的存在，这也正是"太和能为养，而不能养于所不养"的意思。"所不养"，就是非生命物，它自然没有了生命的本质力量。

体用不二，现象与本质的统一，还表现在有形之物与无形概念之间的统一。在论述这个问题时，周瑛既针对佛教的观点，同时也针对缺乏抽象思维而只注重感性经验的观点，进行了批判。他说：

> 天下事有实体可据者，是谓之"真"；无实体可据者，是谓之"幻"。世有以幻为真者，亦有以真为幻者。以真为幻，此妙识也；妙识入于无，故不有其有。以幻为真，此俗识也；俗识胶于有，故不知夫所谓无者。然此二者为说皆非也，是盖有所缠绕强自排遣耳。君子则不然。君子之于天下也，不离物以自高，不婴物以自病，以天下之理应天下之事，其中廓如也。①

这里的"实体"指的是感官可以把握的，有广延性空间形式的物质存在，天下的事物以这种方式存在就是真实的；如果没有实在的物质存在方式，那么就是虚幻的。世上有两种持不同观点的人：有些人以真为幻，将世界看做无，否认世界的真实性，这是佛教的观点；有些人则以幻为真，拘泥于具体事物，缺乏抽象和思辨的能力，不知道有无形的道理与共性的存在，这是世俗或常人的观点。这两种观点都是不对的，都是因为有主观成见的束缚而无法摆脱。而掌握了正确认识的人却不是这样，他们生存于天地之间，不以脱离具体事物而自诩清高；也不局限于日常生活

---

① 周瑛：《翠渠摘稿》卷三《壶中丘壑记》。

而无法自拔。他们能够运用取之于天下事物的道理，还治于天下事物，这才是正确地把握世界。

如果从本体论而不是宇宙起源论的角度讨论有与无的关系，就不会纠缠于有与无孰先孰后的问题，而是着眼于有形的殊相与无形的共性，也就是个别性与普遍性之间的关系。因此，从起源论角度看有与无是二分的，从本体论的角度看有与无是浑然一体的。周瑛正是从本体论的角度看待有与无的关系，并且批判佛教的。他说：

> 僧曰："吾所谓静与儒同，静无而动有也。"予曰："是恶得同，儒于静言无，虽无而实有也。惟其实有，是以见诸用也。天高地下，万物散殊，不可改易。子谓无则真无耳。"①

某僧人认为，他们所谓的静与儒家的观点是一样的，静是无，动是有。周瑛反驳道：儒家在静中说无，虽然是无，实际上是有。其所以为有，因为通过事物的功能和作用体现出来。而且儒家是承认天地与万物的真实存在，而且这真实的世界不会消失。

周瑛并不把气理解为纯粹客观的物质过程，而是一种包含人的主观努力、主客观相统一的力量，他称这种力量为"气运"。他说：

> 以数百年之事功而成于一旦，十数人之集事同出于一心。谁之力也？御史之力也。人谓事关于气运，果然哉！太守将纪功所自而征记于瑛，瑛既直书之矣。窃谓学校由气运而兴，则人材当应气运而出。②

---

① 周瑛：《翠渠摘稿》卷四《题嘉鱼李氏义学》。
② 周瑛：《翠渠摘稿》卷三《莆城辟郡学记》。

这是周瑛在《莆城辟郡学记》中的一段话。这"以数百年之事功而成于一旦"的事，指的就是在莆城建立郡学。这"十数人"指的则是当地出资的缙绅、邑人和鼎力相助的御史饶公櫒，他们联手将这所郡学办成了。周瑛受太守陈公效的委托，为郡学写记。他在该文中将此事的成功，归之于气运。办学校需要气运，有了学校才可能出人才，所以人才也应气运而出。这种气运既不是自然界的力量，也不是个人的主观意志，它是社会力量，是人的努力，但对于个人而言，它依然是客观的。

第二节　人道天性与自我

从人类整体的角度出发，人道范畴主要围绕人的价值和地位展开讨论。从社会制度的角度出发，人道则表现为历史发展规律与社会正义。周瑛对人道范畴的思考，的确包含了这两方面的内容。对于人的价值问题，他继承传统儒家的观点，对社会正义的朦胧追求，他以"万世之公"的命题加以表达。他提出以恢复纪纲的方式纠正社会弊端，表现出从制度建设入手的"救弊之道"。周瑛任德州知州的时候，设药局，请医生，训练学生，治病救人，并且"创制立法，以明治体所以正纲纪也；选材任能，分理庶务所以备佐使也"。[①] 他自己也精通医术，熟悉人的生命现象与生理结构，使他有悲天悯人的生命关怀和对人性更深的体会。虽然他恪守理学对"性"的某些解释，但是其论"心"与"情"则表现出他对个性自我的推崇。尤其是他的艺术创作实践，更使他在个性表达方面体验着对自由的渴望和追求。在说到"刚大不拔之气"的时候，涉及人的主体意识与独立人格。在周瑛的文本里，的确有许多地方涉及传统哲学尤其是理学所很少提及的自我

---

① 　周瑛：《翠渠摘稿》卷一《赠陈同知考绩序》。

观问题。周瑛的自然科学知识、医学常识、艺术创作经历，使他能够更加直观地面对现实世界和社会生活，面对鲜活的个体生命和真实的内心感受。他坦然面对生死，在处理好人际关系的同时又不失去独立的自我，在与外物的关系中表现出"制物而不制于物"的自由境界。

一、万世之公与救弊之道

周瑛在《柳子宥蝮蛇辩》中记载，柳子的家僮捉了一条蝮蛇，正准备杀掉时，柳子却令他将蛇放掉。理由是："蝮蛇为毒，甚非得已。缘形役性，不可自止。且未即人而人即彼，执而杀之则益暴矣。"① 周瑛对这种观点大加批判，认为对毒蛇的怜悯，就是对人的残忍。"万物人为贵"的观点，自然是"人类中心主义"思想。人与毒蛇之间，并不存在平等关系。人的生命是至高无上的，世界上的其他动物、植物的存在都是为人类服务的。所以，古代先王才会制订杀人偿命的律法，而对草木、禽兽与蝼蚁的伤害，则不会治罪，就是这个道理。柳子的观点显然有佛教色彩，即众生平等的价值观。但这种观点与中国传统"万物之中人为贵"的价值观是相冲突的。

如果都以天性使然，以不得已为由，结果必然是道德沦丧，人类的行为将与禽兽无异。正是出于这种忧虑，周瑛才会强调道德教化的重要，并主张以"三代之学"明人伦。三代是什么样子，人们并不知道，只是设想出一种理想标准以批判现实。现实的状况就是，不重道德而只重表面文章和华丽的辞藻。不追求真理和理想，不关心人的道德修养，只知道眼前的功名利禄。虽然每个时代都有一些道德高尚的模范人物，然而每当时代发生重大变故的时候，也就是面临生死的考验、面对利益的选择之时，往

---

① 周瑛：《翠渠摘稿》卷四《柳子宥蝮蛇辩》。

往会出现臣子抛弃君主、子女抛弃父母等纲常人伦丧失、"人道大坏"的情况。此时，即使英雄豪杰极力营救，局面也不可收拾，只能与这个社会同归于尽。并非今人不如古人，只是因为平常没有进行道德教育。①

周瑛的"道"就是"万世之公"，而"一时之宜"的只能称之为"政"。那么，一时之政能否成为万世之道呢？条件就是是否"有益于民"。如果有益于民，虽然是一时之政，也会被后世所信奉和采用，从而成为万世之公。② 从社会之善的角度看，有益于民的确是社会正义的出发点，虽然仅仅有益于民并非社会正义的全部内容，但是以此为社会之道的具体内容和标准，是可以被后世所接受的，即使今天依然如此。因为，是否有益于民，这是社会公正的起点。

这是中国古代民本思想的传统，周瑛不但继承了这个优秀的传统，而且加以发扬。他说："政无善恶，安民者为善政；法无当否，便民者为良法。"③ 以安民便民为标准，评价一时的政策和法令的善恶。任何一个时代的管理与统治，为自身合理性进行辩护的时候，有一个最基本理由，就是有益于民。

如何为政才能有益于民呢？他以山水环境和生物成长条件为例。到过福建的人都知道，这里山势险峻，河道狭窄，水流湍急，行船尚且不便，何况鱼类生存。当水势变缓之后，各类水中生物便有了良好的生存环境，周边的民众也因此有了赖以生存的条件。周瑛以此比喻社会管理，意味深长。他希望统治者给民众以宽松的生存环境，不要过多干预，不能过分渔取，尽可能减轻民众的负担。④

---

① 周瑛：《翠渠摘稿》卷二《赠张廷厚分教济宁序》。
② 周瑛：《翠渠摘稿》卷一《修镇远府志序》。
③ 周瑛：《翠渠摘稿》卷五《寄太守鹤洲兄书》。
④ 周瑛：《翠渠摘稿》卷一《赠周金事入闽提学序》。

明朝中期社会矛盾十分尖锐，政治日趋昏暗腐败，有良知的知识分子们，都在思考如何改变这种状态。当政的可以推行变法，在野的可以拯救世风，这些努力，被周瑛称之为"救弊之道"。周瑛认为，当时天下的弊端已经很深了，而且不是一朝一夕形成的。所有关心天下大事的人，都应该思考造成这种局面的原因，并且设计救弊之道，以改变积弊深重的社会局面。周瑛对积弊深重的原因的解释是"失纪纲"，那么救弊之道也就是将失去的纪纲恢复就行了。①

周瑛所说的"纪纲"，用今天的话说，就是制度。它绝非一般意义的社会规范，而是包括行政、军事、财政、宗教等领域在内的全部国家制度。一个国家是不能没有制度的，一个社会是不能没有秩序的。社会风气、政治环境、吏制状况，这些都需要严格的制度保障，才能正常运转，才能不至于让政府成为社会问题。

周瑛与其师陈真晟相比，眼光更深远。他没有局限于学校的建立、道德的教化，而是将目光投向制度的重建。他认为：社会弊端的存在，都是因为社会制度混乱造成的。一个国家的制度，就像人的血脉一样重要。人病了，如果脉不病，不用药也可以痊愈；如果人与脉都病了，那么即使华佗、扁鹊在世，也无能为力。明朝当时的社会积弊已经非常深重了，所以要想救弊自然非一朝一夕就能办到的。社会的改良与制度的建设，将是一场非常艰难的过程。周瑛的社会地位决定他无法将自己的愿望付诸实施，而且他只是要恢复纪纲，并没有对纪纲本身提出改革要求。虽然后来有张居正的改革，并且取得了明显的成效，但是明朝的积弊太深，最终无法挽救其覆灭的命运，这是任何个人都无能为力的。

---

① 周瑛：《翠渠摘稿》卷二《壶山赠言序》。

二、包藏天地的高洁之心

对于人的生命现象，周瑛继承了《周易》的观点，当然这也是传统儒家所普遍接受的观点，即以气的聚散解释人的生命的产生与死亡。他说："人之生也泊乎其气耳。气聚而生，气散而死。"① 不过，周瑛对人的生命现象的认识远比这抽象的表述丰富得多。就如同周瑛对宇宙天地的直观描述一样，他对人的生命也从解剖学的角度予以详细的描述。

周瑛对人体的呼吸系统、血液循环系统、消化系统、泌尿系统、生殖系统都做了比较合乎现代医学常识的描述。② 这样的解剖学知识与传统中医描述人体生命的角度有很大不同。传统医学用阴阳和五行说来解释人的生理与病理现象，用经络和脉络描述人体种种脏器功能。往往从整体的角度描述现象，表达对人的生命现象和生理与病理机制的理解。当然，他依然使用着传统医学的术语，比如"气"和"精"等。虽然，他只是对人体内部的脏器做了直观的描述，并没有对其生理机制做出解释。但是，这对于一个从政为官的儒者而言是难能可贵的。重要的是，他的生理学知识，会影响他对人性的看法。

从他对生命结构的描述，结合他对生命起源的解释可以看出，他是将气作为生命的功能理解的。人的自然本性，也就是生命的冲突与欲望，他也是用气表达的。他说："欲生于心，遂于气；忿生于心，遂于气。方其生也，其机甚微；及其遂也，其势甚猛。"③ 这说的是人的自然本性，也就是我们今天所谓的人性。这当然不是周瑛所理解的人性了。关于人性，周瑛依然按照传统理学的观点理解。他说：

---

① 周瑛：《翠渠摘稿·续编》卷八《鬼说》。

② 周瑛：《翠渠摘稿》卷五《内象说》。

③ 周瑛：《翠渠摘稿》卷五《自警说》。

人性之中万善俱足，其近者曰孝曰友曰悌，此三善者皆自人性中来。而所以推行之者，则孝又友与弟之本也。①

体会着人的欲望，面对人与人之间由于欲望而发生的冲突，如何理解"人性之中万善俱足"呢？如其所云："血气犹火也，不戢有自焚之祸。"② 这如火一样的血气源自于天性，需要理性和意志加以克制，是因为怕惹祸上身。这说明，周瑛既在心底深切体验着生命的冲动，又以医生的角度深切观察着生命的本质。自然状态的生命过程与社会规范之间存在着不可否认的张力。

有着医学知识背景的周瑛，从不讨论"心本体"这样的话题，在他的话语中，"心"首先指肉体器官，他是从器官与功能的角度讨论的。他说：

云胡人心微，倏忽渺千里。人心不在远，只在腔子里。夜半灵台虚，默默看元始。③

其次，"人一心包藏天地"④，人的精神世界无限而无所不包。人心不仅可以将客观世界转化为自己的精神世界，而且还能够支配人的行为，做到"酬酢庶类"。

说到人的精神世界，其最丰富的内容当然是情感，情作为心的能力，是周瑛讨论最多的话题。周瑛的情范畴，含义比较复杂。

首先，情是人的本能，与欲的意思基本一致。他说：

情犹水也，义犹防也。水非防则泛，情非义则溢。以义约情，犹以防止水，固斯可矣。⑤

---

① 周瑛：《翠渠摘稿》卷二《棣萼怀春序》。
② 周瑛：《翠渠摘稿》卷五《自警说》。
③ 周瑛：《翠渠摘稿》卷六《后感兴六首》。
④ 周瑛：《翠渠摘稿》卷一《修镇远府志序》。
⑤ 周瑛：《翠渠摘稿》卷五《自警说》。

其次，情是精神层面的人之常情。他说：

> 盖常情见誉则喜，喜则自足，自足则止，损孰甚焉；常
> 情见毁则戚，戚则自勉，自勉则进，益孰甚焉。①

人们都喜欢夸奖，可是听了夸奖高兴之后便自我满足而不再
进步，因此这夸奖便是最大的损害；人们都不喜欢贬损，可是听
到贬损之后却能够自勉，从而使自己进步，因此这贬损便是最大
的收获。周瑛不但看到了情的精神意义，而且发现了情本身也具
有辩证性。

第三，情是正常的主观感受。他说：

> 凡去国怀乡之思，爱君忧民之意，遇事感物之情，往往
> 于杯酒间发之。②

这种情感是人类更高级的精神过程。它将是艺术创作的源头
和动力。虽然，因为性不同，面对相同的事物，经历大致相似的
历程，却有不同的感受。或"清而不削，婉而有味"；或"豪而
不怒，壮而能谵"，"亦各道其情耳"。③ 人人有情，这是普遍性，
但作为个体独自的精神体验，过程与感受却是完全不同的。

最后，情是人的精神境界与独立的人格。不过这些内容周瑛
不是用情而是用气的概念表达的。周瑛说：

> 子陵恨不得上方斩马剑，斩诸邪佞，而以其高洁之心，
> 孤特之操，刚大不拔之气，横当其冲，欲以销其变，使天下
> 后世复知。④

这"恨"当然是情之一种，是意愿无法实现的遗憾，是情感

---

① 周瑛：《翠渠摘稿》卷五《自警说》。
② 周瑛：《翠渠摘稿》卷一《江上唱和诗序》。
③ 周瑛：《翠渠摘稿》卷一《江上唱和诗序》。
④ 周瑛：《翠渠摘稿》卷四《读钓台集》。

受到巨大的压抑而感到的痛苦。这里的"高洁之心"是独立的人格，"孤特之操"是道德境界，而"刚大不拔之气"则是一种难以遏逆的情感力量，当它足够强烈的时候，便能够冲决障碍改变现实，于当世和身后留下深刻的影响。这样的情感不是一般人所能具有的，它表现出鲜明的主体意识和独立人格。这种英雄形象是周瑛在《读钓台集》中对西汉人物严子陵的评价，也是周瑛所推崇和向往的理想人格。

三、自我独立与不制于物

自我观最根本的问题是：我是谁，我从哪里来？对此，周瑛的回答是："气聚吾生兮，气散吾死；聚散常事兮，吾何悲喜。"① 以气之散聚来解释我生命的由来，这气是物质性的生命力量，同时也是精神力量。

自然赋予主体生命的气，更多表现为精神力量。诚如周瑛所说：

> 吾当养吾气，而使之平庶不害于温。廓吾心而使之虚庶不害于明。②

这时所要养之气，是我的精神世界，它包含情感和思维两种能力。通过日常的修养，使我的精神世界中的情感平和而温雅，使我的思维清晰而有见地。这样的主体精神是道德自觉的基础，也是自由选择的前提。周瑛决心选择一生走道德之路，正所谓"趣吾心于道义则于道义归焉"。

自我意识过强的人，人格更加独立，但是随之而来的就是与他人的关系会紧张，矛盾会加深。就是说，一个有独立自我的人，他的人际关系就不容易处好。周瑛自我警示道：人过于聪

---

① 周瑛：《翠渠摘稿·续编》卷八《自撰蒙中子圹志》。
② 周瑛：《翠渠摘稿》卷三《温明堂记》。

明，就会对别人的缺点看得太清楚，所以会遭怨；过于慷慨，就不会顾及别人的感受；过于宽宏大量，就会自以为贤德而追求名声。这样的人遭到怨恨，就会树敌过多而危及自身；任凭自己的意愿满足，就会使人不惜害理而加罪于自己；追求名声，就会引起人们的忌妒。这些缺点影响我做人，妨碍我为官，也不益于我处世。①

　　在任何一个社会里，独立的自我必须很好解决的问题就是与他人的相处。人格独立并不等于孤家寡人。所以，独立的自我意识反而会提醒自己注意处人之道。具体方法是，应该承认别人有着同样的自我，要求别人尊重自己，必须学会尊重别人。② 这样的自我意识才是全面的，而不是个性自我的恶性膨胀。

　　当然，即使我以处己之道处人，我与他人的关系依然得不到改善，正所谓"以处己之心处人，而人复吾诋焉"③，那就只好任他去了，不能为了处好人际关系而完全失去自我。因为这种以处己之心依然处不好的人，"孟子所谓妄人也"，就不与之计较，随他去吧。独立的自我是不能完全依靠别人评价活着的。人都有自己命运，事总会有顺利与逆厄。如果有人荐举我，并非他的力量，而是我的命运亨通，借他人之手而已；如果有人挤对我，不是他心存不善，而是我的命运多舛。所以，人有恩于我，我必报；若有怨于我，我不恨。这才是有德行的人。我的行为所带来的结果，无论是得还是失，都必须由我自己承受，别人的评价是别人的事。我有收益，别人却否定，这于我并没有损害；我遭损失，别人却高兴，这于我并没有好处。所以说，有益与无益是针对我自己而言的，别人的是非评价是他们的事。这才是真正的学

---

　　① 周瑛：《翠渠摘稿》卷五《赠林孟和主事赴南京祠部序》。

　　② 周瑛：《翠渠摘稿》卷五《复林孟和进士书》。

　　③ 周瑛：《翠渠摘稿》卷五《复林孟和进士书》。

为自己。①

自我观的最终问题是自由。当周瑛讨论人与我的关系时，其实就已经涉及这个问题，尤其是"得失在己，是非在人"的说法更是追求个性自由的鲜明表现。不过争取人格的自由，周瑛还有自己独特的表达。他说：

> 龙可豢，麟可执，凤凰可以网罗取，予尝求其故矣。盖麟凤与龙皆灵物也，然有形焉。有形则有欲，有欲则人得而制之矣。若夫有形而无欲，恶得而制之哉？②

龙、麟与凤凰都是有神灵的动物，但是却可以被捕获和豢养，原因就是它们有生命和欲望。有了欲望也就有了弱点，因此就能够被人捕捉和制服。如果有生命却没有欲望，那么就没有办法制服它们了。人如果能够做到有生命而没有欲望，不也就得到自由了吗？当年孔子周游列国，被困于陈蔡之地，七天得不到食物。孔子的学生们个个饿得脸都黑了，但是，依然与孔子一起弦歌如故。周瑛不禁问道：孔子如何与常人不同呢？结论是：有生命而没有欲望。因此，孔子能够超越富贵、贫贱、死生和寿夭。陈蔡的大夫当然对孔子无可奈何了。

周瑛有位朋友，叫张煜，由于时运不佳，没能够考取功名，更没能够谋得一官半职，所以只好隐居乡野。但是，他却能够超然平静地看待自己的命运，面对世间荣华富贵，他无动于衷。张煜曾经对人说："我并非有意鄙薄为官，命运不给我机会，我又能怎么样？生活困苦，也不是我所乐意的，但是命运如此，我又如何能够免除？"与张煜同时代的几位朋友，都官居显赫，声名远扬，唯有张煜自己整日像农夫一样，与村民一起生活劳作。一直过着贫贱的生活。对此周瑛不禁感慨道：像张煜这样的人，不

---

①　周瑛：《翠渠摘稿》卷五《自警说》。

②　周瑛：《翠渠摘稿》卷二《超然宴处诗序》。

正是有生命而没有欲望，求学于孔子而真正有所收获的人吗？如果他被外物打动，那么一定会像被豢养的龙、被捆绑的麟和被捕捉的凤凰一样，如何能够超然物外，达到心灵的自由？周瑛虽然身处官场，但是通过他的感叹，可以感受到他对"能制物而不制于物"①的自由境界的向往。

第三节　主观客观的统一

在天人关系问题上，周瑛看到了人的主观力量对命运的作用；在知行关系问题上，周瑛主张在现实中通过实践掌握知识。艺术创作与审美活动是情感的表现，是人格的张扬，也是人的全面自由发展的象征。在这个领域，周瑛的思想不但体现了主观与客观的统一，知与行的一致，而且表现出理学家的主体性与真性情。在天人关系问题上，周瑛早年相信天人感应的观点，并且认为不相信这一观点是人最大的迷惑。晚年的周瑛却对天人感应观提出了怀疑，并且看到了天人合一就是人遵循客观规律。在客观命运面前，他主张"感应之机在我"，即人的主观努力可以改变客观现实，完成自己的使命并由此获得功利价值。对认识论的问题，周瑛也有自己独到的见解。他认为，人通过读书可以把道理化作自己的精神世界的内容，而"居敬穷理"的传统理学的认知方式，被他解释为掌握如何有益于民的居官之道。周瑛"不历试诸难，终不足与理天下事"的观点，包含了实践出真知的意思。周瑛不仅是一位有政声并有丰富的科学知识的理学家，而且是一位成果颇丰且见解独到的艺术家。艺术创作与欣赏，既是主客观统一、知行一致的具体表现，又是主体性最集中的表达，同时也是周瑛这位理学家独具真性情的表现。周瑛的美学思想涉及诗

---

① 周瑛：《翠渠摘稿》卷二《超然宴处诗序》。

歌、绘画和书法三大领域，这也是他从事艺术实践的三大形式。周瑛美学思想的核心是对艺术本质的理解。他认为，艺术是用来表达创作者的"性情理"，并提出内在标格与外在风韵相统一、意气神合一的艺术标准。

一、感应之机在我

中国哲学史中明确提出"天人感应"命题的是汉代的董仲舒，其真实意图是想用上天的权威约束人间帝王的权力。早年的周瑛接受了这种观点，为警示全家乃至后世子孙，将董仲舒"观天人相与之际可畏，于乎是诚可畏也。盖其为报，毫发不爽"的话，勒在自己家屏门上。① 董仲舒的理论依据是天与人在结构上相符，而周瑛则认为上天有着"好善恶恶"的意志。这样的上天，已不再是纯粹自然的客观存在，而是具有某种神格的意味。所以，周瑛在平日的生活中，总是怀着对上天的敬畏感，所谓："平日颇知畏天命，凡事每自检于心，以求合于天。"② 在讨论他的自我观的时候，曾经论及他并不以别人的评价为转移而决定自己的言行，但是他非常在意上天的意志。世间总是有这种事，你公正地对待他人，却被人所抛弃；有人屈己枉法，违天道而害人，却被人所接受。可见，人对人的评价是很难公正的。然而，上天却是公正的。所以，公正行事可能会被人所厌弃，却一定会得到上天的褒奖。"一得天，一得人。轻重何如耶？"③

世间的确有一些不知"天人感应之机不爽"的人，用周瑛的话说就是，"世有不知务者，往往恃其富贵以凭凌其乡里，一朝权解势去而倾覆随之，且谓天道漫没不足信，亦惑之甚矣"④。可

---

① 周瑛：《翠渠摘稿》卷四《题资善堂屏门》。
② 周瑛：《翠渠摘稿·续编》卷八《自撰蒙中子圹志》。
③ 周瑛：《翠渠摘稿》卷四《题如此轩》。
④ 周瑛：《翠渠摘稿·续编》卷八《文昌祠说》。

见，对上天信仰所具有的敬畏感，对人具有道德的约束力。那些凭借一时的权位和富贵而横行乡里的恶霸，多行不义必自毙。在周瑛看来，不相信天命是人生最大的迷惑。

然而，随着阅历的增加，经验的丰富，知识的渊博，周瑛开始对天命的力量产生了怀疑。周瑛说："《传》载周公反风止雨，事未必皆适于也，其理微矣！"① 周公与自然灾害做斗争，并不完全顺应自然，结果并没有受到天的惩罚。由此得出结论："理一而其气相通，则感应之机在我矣。"②

"感"是主观努力，"应"是客观效果。事物的感应有两种，一种是有感而有所应，就是主观的努力得到了实际的回报，就像湖东的人们，尽心民事而得到上天风调雨顺的回报；一种是有所还而非所应，就像湖西北的人们，虽然同样地尽心民事，却遭到上天大雨冰雹的灾害。对这两种不同的结果，人们又如何解释呢？上天完全是偶然而无规律可言的吗？人能够获得对事物变化规律的掌握吗？③ 周瑛一时也无法回答。正所谓"几动于心，间不容发，非天下之大知，不足以知此"。掌握自然规律，并且将其运用于人类的实践，这的确非有大智慧不可。正是在这个意义上，周瑛说：

> 天人为理一而已矣。人能顺理则合于天矣，人能顺理则天与之矣。故以人赛天而天无不应者，其几在此也。④

我们在前文讨论过周瑛对理范畴的解释，理不过是自然、当然与所以然。用今天的话说，就是自然法则、应然规范与必然规律。人如果能够遵循这些法则、规律与规范去行事，就会有益于

① 周瑛：《翠渠摘稿》卷五《奉王司马书》。
② 周瑛：《翠渠摘稿》卷一《贺包封君以六十受恩命序》。
③ 周瑛：《翠渠摘稿》卷一《湖东春意诗序》。
④ 周瑛：《翠渠摘稿》卷四《题姜氏双槐堂》。

人自身，这就是上天的报偿。这也正是周瑛的几范畴所包含的尊重规律、把握时机、争取人的自由的意义所在。

通过对天人感应的怀疑，周瑛得出"感应之机在我"的有主体意识的结论。由此，他更加深刻地理解了儒家对天命的认识。他说：

> 夫道莫正于孔子，而人之为学莫先于孔子。孔子曰："死生有命，富贵在天"，所以教人定心志也。又曰："言寡尤，行寡悔，禄在其中矣"，所以教人修人事以听天命也。汉董仲舒对江都王曰："正其义不谋其利，明其道不计其功"，论者以舒为学得孔门正路，以其知圣贤所用心也。①

孔子之道是最正确的，学习必须先选择孔子学说，这是理学传统观点。但是，对孔子命运观的解释，则透出周瑛自己的想法。孔子说"死生有命，富贵在天"，并不是让人无所作为地服从上天的安排，不是所谓宿命论，而是为了让人们坚定自己的信念，确信自己身上有上天赋予的使命。不怨天尤人，行事无悔，一定会得到益处。这是孔子教导人们，发挥主观努力，才能顺应天命。顺应天命，追求理想，承担历史使命，这些与富贵和功利并不矛盾。但是，富贵与功利并不是目的，它只是完成使命过程中的自然结果。也正是在这个意义上，董仲舒说"正其义不谋其利，明其道不计其功"。不谋利，不计功，不等于反对功利，因为这利与义、道与功之间并不矛盾。以正义为目的，自然会带来功利；以明道为使命，必然会形成社会功效。所以，周瑛认为董仲舒真正领会了孔子的思想。从天人关系的角度看，周瑛想要表明的观点是，人的富贵与功利，并非上天赐予的，而是在完成天命的过程中，自然而然地带来的。这就意味着，人不做努力，上天是不会降任何好处的。这是"感应之机在我"这一命题的进一

---

①　周瑛：《翠渠摘稿·续编》卷八《文昌祠说》。

步发挥。

二、行天下之达道

在周瑛的观念中，对人的思维把握客观之理的能力是根本不加怀疑的，逻辑思维能否把握客观真理的问题，对他来说根本不存在。他讨论心的时候从不理会心本体的问题，直接面对心的全部功能。因此，他说："人一心包藏天地，酬酢庶类。"① 这句话其实已经包括了他的认识论的全部观点。人心能够把握世界的道理，所以才会"包藏天地"，"包藏天地"便是对世界的认识。那么"酬酢庶类"则是实践过程了。

理与心的统一，还表现出道德境界。周瑛说："所谓天德者，是理得于心，纯粹至善无一毫人欲之私也。"② 这显然是理学的观点。天赋的德性不是心，也不是理，而是理得于心，当人的精神世界把握了客观真理与做人的道理时，就会具有高尚的道德水平。然而，这得于心的理，是先天赋予的还是后天获得的，周瑛没有解释。

不过，他在别处对理、心的关系的解释，却回答了这个问题。他说："天下事见于载籍，而其理具于心。求诸心，考诸载籍，则体用备矣。"③ 人不读书、明理，书中所记之事和道理都是死的。只有将事理化作自己的世界的内容，并且指导自己生活实践与生命感悟，这道理才是有价值的。

肯定了人的理性思维可以把握客观真理，那么如何获得心与理的统一，其方法就显得特别重要。周瑛说：

　　水不静则不能鉴物，心不静则不能烛理。盖静则虚，虚

---

① 周瑛：《翠渠摘稿》卷一《修镇远府志序》。
② 周瑛：《翠渠摘稿》卷五《杂说》。
③ 周瑛：《翠渠摘稿》卷二《送黄郎中还南都序》。

则明；动则挠，挠则暗。是静虚其义理之窟乎，动挠其义理之障乎。①

他以水为例，水面平静方能反映景物。同理，人心平静才能正常发挥思维功能，把握事物的道理。内心安静，去除杂念，才可能有清晰的思路，从而把握抽象的道理。内心躁动不安，种种杂念干扰，当然无法进入思辨领域。因此，平静而空灵，是把握真理的前提；躁动与干扰，只能适得其反。

如何才能进入这种平静而空灵的精神状态呢？周瑛继承其师陈真晟"居敬"的方法。他说：

> 始学之要，以收放心为先务。收放心，居敬是已。盖居敬则心存，聪明睿智由此出然后可以穷理。穷理者非静此心而理自见也，盖亦推之以极其至焉耳。②

现实生活的各种干扰，使人类躁动不安，人在欲望的驱动之下，更加平静不下来。因此，要收回被自己放纵了的内心欲望，进入平静空灵的精神状态，方法只有"居敬"。人因居敬而心态平静，由敬而静，聪明智慧也就因此展现出来，达到对真理的把握。当然，这理并非心一静就自己呈现出来（如果这样的话，就等于说理是心中本来就有的了，那就成了心学），而是通过推理和思考的过程，是"立"的过程。"推之以极其至"，便是达到最高的抽象，把握最根本的道理或哲学智慧。

"收放心"为什么非得"居敬"不可呢？周瑛说："惟居敬则心常惺惺。"③"居敬"就是保持内心有一种敬畏感。有了对上天的敬畏，对社会法则的敬畏，对权威的敬畏，甚至对神灵的敬畏，人的行为就会有约束，就不会欲望横生，更不会肆无忌惮，

---

① 周瑛：《翠渠摘稿》卷五《自警说》。
② 周瑛：《翠渠摘稿》卷四《题嘉鱼李氏义学》。
③ 周瑛：《翠渠摘稿》卷三《考功司题署记》。

因此才能静下心来，从而把握终极真理。当然，"居敬"并非独坐冥想，必须同时博览群书，因为理毕竟不是先天赋予内心，而是载于书籍之中的。当然，读书不仅仅是为了穷理，而且"将以修行也，将以济时也"①，而所谓"济时"也就是参与社会实践，创造事功价值。

穷理就是致知，更重要的方法是格物，也就是在现实世界中对具体事物进行深入的了解。重视社会实践的周瑛，自然会对格物有自己的看法。他说：

> 居一官而不知此官之政，是于此心为未尽知；而不能自致于物，是为不能举其职。不能举其职，而不奉身以求退，则是爱官重于爱道，皆非也。瑛于是知所择矣。虽然，道者万世之公也，政者一时之宜也，苟有益于民，后世必有能举而行之者矣。②

居官的过程，也就是对为官之政的了解和掌握的过程，不掌握为政的方法，就不会成为一名称职的官员。不称职却不知道辞官，这就是爱官而不爱道的表现。为官过程中的道就是"万世之公"与"有益于民"。这就是周瑛的"推之以极其致"的道理。

周瑛在居官需知为官之政的观点中，已经具备实践出真知的意思。当他讨论行万里路考察天下事时，这个观点就更加明确了。他说：

> 见经生，闭户探讨，出而与事接，往往抵牾。间有走四方习知天下事者，引而置诸烦剧，皆有获。予始知人材虽俊美，而学虽工，不历试诸难，终不足与理天下事也。③

---

① 周瑛：《翠渠摘稿》卷三《莲溪书屋记》。
② 周瑛：《翠渠摘稿》卷一《修镇远府志序》。
③ 周瑛：《翠渠摘稿》卷二《送黄郎中还南都序》。

一些读经的学生，成天关在室内探讨，可是一旦出门与社会生活接触，便与现实发生冲突。如果有机会出外游历，熟习天下之事，并且让他们担当各种烦劳的事务，他们必定会有所收获。因此，周瑛得出结论：即使再优秀的人才，学习再刻苦，如果不经历各种苦难和烦劳，就不会懂得天下大事，也不会具备治理天下的能力。

三、自由表达性情

根据对艺术本质的理解，周瑛认为真正的诗必须是作者真性情的表达，而且提出"景真"、"情真"与"事真"的要求。"洞庭秋色晴看雁，扬子江声夜听潮"，此景真也；"月色无如今夜好，人情谁似故乡亲"，此情真也；"昨夜中秋玩月时，此心暗与故人期。故人今夜能相访，月色还来照酒卮"，此事真也。[①] 这"三真"不一定同时具备，有一项就是佳作。不过，周瑛更推崇情真，即艺术境界之真。他说："盖诗所以歌咏乎性情者也，性情理则诗无不理矣。"[②] 由此可见，周瑛所谓的情真并非自然的情感，而是经过理性浸润之后的情，是升华之后的情感，使性情合乎道理，亦即所谓的"性情理"。这显然是理学家对艺术之情的理解。

在周瑛看来，这种境界，是太平盛世的表现。其条件是政治清明、道德高尚、心无积怨、心情平和温厚，如此才可能有"性情理"。因此，情真还在于"理真"，而这理真还必须内化为自然的性情，如此才可能吟咏出"治世之音"来。然而，这种治世之音"三代以还，不足以语此矣"。[③]

周瑛以性、情、理为标准，在审美形式上区别出"豪"与

---

①　周瑛：《翠渠摘稿》卷三《读陈节判缨诗集》。

②　周瑛：《翠渠摘稿》卷一《梦草集序》。

③　周瑛：《翠渠摘稿》卷一《梦草集序》。

"驯"的不同。"高抗矫激","飘然如孤鹤横空,不可扪摸"谓之豪;"自理性情,始胸中如碧潭浸秋月,无一毫烟火气"谓之驯。在周瑛看来,"诗不患其不能豪,患其不能驯耳"①。后者表现的就是理学家的审美趣味,既有道家的玄远,又含佛家的空灵。而这玄远与空灵的结合,正是周瑛的审美追求。这一点在他的诗歌理论中有集中表现。他说:

> 诗辞亦道学旁出,其抽思造意,探玄索微,出入造化,联络万汇,其高妙处,与性命相流通。诗所寄非浅浅也。②

他的这种审美追求在其论梅之美中表达得更加生动具体。周瑛对梅品提出"标格"和"风韵"两个标准。所谓标格,就是梅的内在品格,而风韵则是梅的韵味体态。③ 他以人品为例,来解释标格与风韵的确切含义。身在朝廷据理抗辩,面对权贵刚直不阿,这就是人的标格;身处逆境甘于寂寞,洁身自好不与恶势力同流合污,便是人的风韵。这样的君子,自然是理学或道学家追求的理想人格。④

与诗歌美的标准相类,周瑛对书法美提出"意"、"气"、"神"三个标准,并以意为主,以气为辅,以神化之。⑤ 落笔行书的时候,有如在风雨中行军,天地浑然一片,周围不见人影,只凭感觉在一种精神和生命力的支持下,走向目标,这就是创作时的气;人所不能料,只有天知道,不完全受自己意志的支配,即使具有圣人般的智慧也不能自知,这种状态就是与神会。⑥

---

① 周瑛:《翠渠摘稿》卷一《梦草集序》。
② 周瑛:《翠渠摘稿》卷四《题王皆山白云樵唱后》。
③ 周瑛:《翠渠摘稿》卷二《敖使君和梅花百咏序》。
④ 周瑛:《翠渠摘稿》卷二《敖使君和梅花百咏序》。
⑤ 周瑛:《翠渠摘稿》卷五《作字说》。
⑥ 周瑛:《翠渠摘稿》卷五《作字说》。

意、气、神三者，在不同的创作中，起的作用不一样，也就区别出作品的高下：在意的主导下，作品精致；在气的驱使下，作品雄壮；会于神的时候，作品高妙。意源自于精巧的构思，所以是可以通过学习掌握的；气是精神状态，需要修养才能获得；神是把学习到的技法全忘掉之后，返归自然时的境界。不学不能精致，不修养不能雄壮，不忘掉所习，不能入于神。书法艺术的最高境界，是意、气、神的完全统一。①

因为"书画一体"，所以周瑛在论绘画的时候，是书与画一起讨论的。他认为，绘画的种类的确非常多，任何一个画家也不可能将各类画法都尝试和掌握。周瑛论画从书法入手，的确抓住了所有绘画都必须具有的基本特点，也抓住了中国画的根本。欣赏一幅书法作品，先看其笔画，然后看其结构，最后看笔画与结构的关系与变化。这三者不可分，也是缺一不可的。②

通过对书法的形式和技巧的讨论，周瑛提出艺术作品的不同标准：

> 上焉者，神与天游，不假模仿，自有真趣；次焉者，点点画画，模放他人，神气不足；下焉者，不知而作，自谓得之，去书远矣。画家法为说，颇多以此，求之其庶矣乎，宗辅未达。予曰：皴斁，涂抹字点画也；安排布置，字结构也；将浓而淡，将显而隐，字变化也。知此，思过半矣。③

最高水平是所谓"神与天游"，是艺术境界的自由挥洒，这是极难达到的，是一种自然地表达创作者真性情的境界；其次，是模仿他人，当然称不上神和气了。最差的是不知道写的什么，心中根本没有谱，还自以为是，根本不配称为书法艺术。周瑛以

---

① 周瑛：《翠渠摘稿》卷五《作字说》。
② 周瑛：《翠渠摘稿》卷四《画评》。
③ 周瑛：《翠渠摘稿》卷四《画评》。

书法为例，却是在讨论绘画作品的美的标准。绘画的皴法，相当于书法的笔画；绘画的画面布置，相当于书法的间架结构；绘画的浓淡隐显的转化与过程，相当于书法的飞白与布局变化。书法与绘画之间这种类比成立，那么书法的审美标准，也就是绘画的审美标准。最高的境界依然是自由而自然地表达创作者的真性情。

第五章

蔡　清：究通性命解幽微

　　明代开国百年之后，政治开始昏暗，学风趋于颓败。一方面举子应试专骛词章，另一方面，学者研究拘泥训诂。心学派把朱子学说视为异端邪说，极力攻击。蔡清就是在这个时候开始他的学术生涯的。在反击心学派的众多朱子学者中，蔡清最为突出。蔡清（1452～1508 年），字介夫，福建晋江人，虽然 56 岁便因病去世，但是他一生的大部分时间都在进行学术研究，其成就是很高的。他以六经为正宗，以四书为嫡传，以周敦颐、二程、张载和朱熹为真派。他平生精通易学，努力创作《四书蒙引》，以"究性命之原，通幽微之故"①。明清两代学者公认蔡清为明代朱子学者第一人。蔡清不仅竭力阐述朱子学，而且在与心学派的论辩中，将朱子学推进到一个较高的水平。与朱熹理学相比，蔡清的理论表述更精细，其思辨水平更高，对理学的推进是显而易见的。但是，他话语较为陈旧甚至枯燥，反映出理学发展更加学术化的走向。

---

① 林俊：《虚斋先生文集序》，《虚斋集》卷首。

第一节　气以成形理赋焉

蔡清的客观本体论中，"道"的使用频率最高，意义也极其复杂混乱，它是所以然、本然与应然的统一。而"理"则是不容己的当然之则，不可更易的所以然之故。"太极"则是理的极致，它包含着宇宙本原的意义，蔡清用"一"表示，也就是共性之意，他还用"大"表示宇宙本体的无限。蔡清有很多关于物质性存在的范畴，意义虽然复杂，但却比较明确。他的气范畴具有物质材料和生命力的双重意义。当他寻找事物生成、运动、变化的动力时，使用了阴阳范畴，并用它表示无处不在的鬼神。他的物范畴更具抽象性，一句"物字所该"达到了对物质性存在的最高概括。对精神性的本体与物质性的存在之间的关系，蔡清亦有独到的见解。他在讨论物与理的关系时，通过对生命之理与生命现象之间关系的追问，表达了对个体生命权利的尊重，甚至认为生命本身就是仁。他从"君子不器"的角度讨论道与器的关系，涉及人全面发展的问题；当他讨论理与气的关系问题时，则表现出对人的自由境界的向往。

一、体物不遗者

在蔡清看来，道有着广泛的内容，包括天地自然之道、人类社会之道、个人品德之道、著作经典之道、日用生活之道。道本来是不可说的，所以也很难定义。蔡清对道范畴做了形象化的描述：自然之所以能够化育万物，万物之所以能够生长，"皆道之所在也"。每一种具体的自然物，都有自己产生、发育、成熟和死亡的过程，这种过程也都有自己的根据，每一种物都有自己的道，正所谓，"道，体物不遗"。① 也可以说是事事物物都体现着道的存在，有物，必有此物之所以为物的道理。道并不是独立的精神性本体，道与阴阳一体，阴阳即是道，道即是阴阳。宇宙自然是一种总的过程，因此，无论是地上的动物、植物，以至于无穷尽的苍天宇宙，无处不存在着道。其实，道就是宇宙过程本身。

蔡清对以前的儒家略有微词，认为他们仅仅看到道范畴中包含的自然规律的一面。他认为道的外延很广，涵盖面很宽。道不仅是"据理之本然而言"的规律，也是"以理之当然而言"② 的准则。前者指的是实然世界的规律，后者指的是应然的理想状态。这种当然之道，包含了人类的理想，所以便与人类社会有关，与人的道德水平和修养相联系。也正是在这个意义上，蔡清说："道者，天理之当然，中而已矣。"③

蔡清认为，理是比道更高的范畴，这也正是理学的重要特征。理是一个总的也是最高的范畴，它的意思包括：天之命、人之性、自然规律与现实事物的道理等等。这个比道更高的理，与道一样，也包含着当然之则的意思。蔡清把最高范畴称之为"大理"，它首先用来指代天地自然的规律，是"当然"，是必然与应然的统一，也是合乎规律的实然。自然现象的背后都有其所以然之故，这个道理存在，这种现象就一定会出现。然而，这"当"毕竟包含人的评价，是与人的目的相合之意。中国哲学一直把宇宙自然看做是生命的创造过程，这过程的最高成就就是生命现象与人类社会的出现。二者的存在，对自然界有着极苛刻的要求，儒家将其称之为"中"，即恰到好处，这便是人的标准。自然界符合这个标准，人类社会才能够存在。这就是自然规律也会被称

---

① 蔡清：《四书蒙引》卷四。
② 蔡清：《四书蒙引》卷四。
③ 蔡清：《四书蒙引》卷三。

为"当"的缘故。

　　蔡清最高的哲学范畴或精神性本体，除了道和理之外，还有太极、一和大，这些概念往往相互纠缠在一起，所表达的意义也大致相同。蔡清之所以使用这些概念，是为了彼此相互说明。在蔡清的话语中，理与太极之间的联系和区别是很清楚的。蔡清先从"极"字和"太"字的词源学的角度进行分析，以表示太极是理的最广大、最精微、最中正的状态，是宇宙的总根源和万物的全部依据与道理的总和。

　　为了进一步说明太极与理的关系，蔡清又使用"一"的概念。"太极"是理范畴的最高称号，它将万理完全囊括而达到无限。事事物物都有自身的理，它们的共同本质是太极，总的根源也是太极，因此，可以用一概括之。而这"一"本身，既有共性的意思，也有根源和起点的意思。可见，太极与理之间有细微的差异。太极范畴中还包含着宇宙本原论的痕迹，这一点也是通过一表现的。他说：

　　　　天之未开，地之未辟也。太极混一而其所以为至诚无息者，已在其中。不然亦安能有此天地之盛大耶。[1]

　　人们总是在追问天地的起源，设想有一个天地未开辟的混沌阶段。这种混沌就是万物生成的起点，虽然万物的区别还不存在，但是万物之所以能够生成的原因、依据和动力已经存在了，它包含在这混沌之中，这就是所谓"至诚无息"。没有它的存在，天地不可能展示出如此盛大的状态。因此，蔡清说："一之时义大矣哉！天向一中分造化，天此一也。"[2]

　　由一又引出了"大"。关于大，蔡清说："言天道皆大者也"。看来，大是用来说明天道的。不过，天道与大在蔡清的话语中又

────────────

　　① 蔡清：《四书蒙引》卷四。
　　② 蔡清：《虚斋集》卷四《宗序宗一字说》。

有所不同。他说：

> 道只指君子所当知，所当行者，非并责天地以体道也。天地之大，或以形言，或以道言。主形言者谓，若说天地之道大，则天地已尽道了，又何以说人犹有所憾。主道说者以为……此天地之所以为大也，一"大"字俱以"道"言。①

这里的"道"是社会规范，是君子之当知与当行，所以不能让天地符合人的准则。蔡清对天地做了有形与无形的区别。有形的天地是自然界或者物质世界，是道的体现，人对其无能为力，所以无所憾。无形的天地，因其无限，所以是大。这大表示的是无形天地的无限性，也是道的一个特征。总之，道或理的根源性是太极，其共同性是一，其无限性是大。这就是蔡清话语中几个精神性范畴之间的意义关系。

二、物字所该者

蔡清的物质性范畴内容也很丰富，首先是气，大致可以概括出四种意义。

第一，世界本质之气。蔡清说："天专言之则道也，气以成形。气本一也。分而为二，则曰阴阳。析而五之则曰五行。"②

第二，生命力量之气。这气并非单纯的物质材料，而且是生命的力量，可以成为一种超越物质形式的无形存在，它是天地万物生成演化的内在力量。蔡清说："天地山川社稷之类，生气万古不化，随祭而享，其理固真。"

第三，血缘传承之气。蔡清说："若夫人死则魂已归天，魄已归地，随化而尽矣。一有凝结未散之魂，则以为妖、为厉而非其常矣。惟其所传之气在于子子孙孙之身者，虽隔千年而犹一

---

① 蔡清：《四书蒙引》卷三。
② 蔡清：《四书蒙引》卷三。

贯，此则理之无足疑矣。"

第四，不灭的灵魂之气。蔡清没有完全否定灵魂的存在，其原因在于他将生命力实体化了。他认为，已散之气，虽然可以传给子孙，但是不可能再凝聚而为人。那么循环往复的便是"天地之化"的过程，"一气之本"则生成变化的内在动力。可是，蔡清的立场并不坚定，他相信这种气可以因祭祀和祈祷而重新凝聚。① 儒家本来就面对一个巨大的矛盾。他们一方面具有理性精神，认为死生之间，只是一气之往来；另一方面，却推崇祖先崇拜，严格执行祭祀礼仪。如果祖先都是化散了的气，祭祀又有何用呢？蔡清这段话本来就是为祖先祭祀的合理性进行论证的，结果却倒向了佛教的灵魂转世说，并且认为这种观点并非全都是荒诞的。

"一本之气"之所以能够化成万物，在于它化而为两种性质，所以阴阳范畴是作为宇宙演化的动力因存在的，这一点是儒家或理学家的共识。但是，蔡清却加入了鬼神之说。他把"阴阳不测之谓神"的"神"也实体化了。在他看来，人物和草木的生成，是阴阳之气相合的作用；人物和草木的枯死，是阴阳之气离散的结果。这离与散又都是鬼神作用的结果，是鬼神存在的表现。就像人的耳目等身体功能，年轻的时候健康而聪明，因为阴阳之气相合；年老之后衰弱而昏花，是因为阴阳之气离散。可见，鬼神的作用是无处不在的。②

蔡清的鬼神观念正是他将生命力实体化的表现。蔡清所谓的"鬼神"，并非如造物主一样具有神格，所以，它们与万物之间不是创造与被创造的关系，而是以"体"的方式，表现出阴阳二气的作用和功能。这种力量，使无形变为有形，也可以使有形变为

---

① 蔡清：《四书蒙引》卷五。
② 蔡清：《四书蒙引》卷三。

无形。它没有声音，却可以使无声变为有声，使有声变为无声。因此，万物的生成变化的整个过程，不过是阴阳二气的合与散的过程。阴阳气合则物生，物之生在于神；阴阳气散则物死，物之死则为鬼。万物都处在这样的分合的过程中，所以说阴阳体物而不遗。[①] 因为阴阳合则物生存，阴阳分则物消亡，所以他也得出"天下无无对之物"[②] 的结论。说的不是矛盾的普遍性，而是物存在的条件。

"物字所该者"，就是物范畴所包含的内容。蔡清说：

> 物字所该者，广自君臣父子以至于动静语默之类，皆有所当止之至。……物各有所当止之止，止至善也。[③]

"至"是目标，或者要达到的标准。"当止"，就是应该达到的标准，它不是物的唯一性质，而是物物皆有的品性之一，实际上是理的另一种说法。如果此处的"物"是事物的话，那么对于单纯的物，蔡清也有深刻所见。他认为，与无声无臭的道和理相对应的便是具体的物质性存在，也就是物，它是作为主宰之道的功能和作用表现出来的。这种功能与物同属一类，因为功能本身也是物。主宰与物之间是体用关系，体无形，必须通过用才能呈现为有形。这形不仅是简单的广延性的空间存在，更是一种可感知的过程。[④]

有学生问：人物与事物之间有什么区别？蔡清回答：说到人和物，这事就已经在其中了；说到人物便是事。事只是人和物之间构成的场景，不是关于人的事，就是关于物的事。而事物中的物包含了人与物二者，那么事物与人物的意思就基本相同。也与

---

① 蔡清：《四书蒙引》卷三。
② 蔡清：《虚斋集》卷四《介庵记》。
③ 蔡清：《四书蒙引》卷二。
④ 蔡清：《四书蒙引》卷四。

我们今天对事物的理解意义基本一致。不过，蔡清的物范畴，是包含人、物、事和事物等概念的最高范畴，所以他才说"物是解性字之义"①。

蔡清的物也可以作为对象存在，这种物包括人的精神现象。蔡清说：

> 心是活物，大凡说心处，都是指其活者言。所谓虚灵知觉者也。②

"心"就是人类的精神现象，它是一个活动的过程，所以是"活物"。在现实生活中，他人的精神活动对于自己而言，的确是一种客观的活动的过程，我们可以通过语言和艺术等外在形式，感知到它的存在，说它是物是完全可以成立的。

三、道者妙其全

虽然，"形而上之道与形而下之器，元不相离"③，但是，二者的区别还是存在的。作为形而上的道，对属于形而下的天地万物，具有支配和统辖的作用。因为，这形而上不仅是抽象的共性，还是不可抗拒的规律。他说：

> 天地虽大，亦形而下者也，终不免囿于气数；道则形而上者也，所以律乎形而下者也。故天地犹有可憾处。④

天地是形而下者，因为它有自身的局限，有着受"气数"所决定的生命期限。与之对应的道则是永恒的，它是决定形而下之物之所以为形而下之物的依据。它就是"气数"本身，所以会

---

① 蔡清：《四书蒙引》卷十二。
② 蔡清：《四书蒙引》卷十五。
③ 蔡清：《四书蒙引》卷一。
④ 蔡清：《四书蒙引》卷三。

"律乎"天地万物。因此，受制辖和有限的天地，当然是有缺憾的。

对于天地万物而言，形而下者受到支配而有缺憾，但是，对于人的生命现象而言，形而上之道与形而下之器的关系就有了新的意义，或者不同的解释。蔡清说：

> 人，生之物也；仁，生之理也。以物解理，所谓道亦器，器亦道也。①

人是有生命的物，而生命之所以为生命的道理则是仁。我们且不讨论用仁解释生命的本质是否正确，先看他如何理解生命现象与生命之理之间的关系，也就是所谓"以物解理"的意思。如果用"道亦器，器亦道"的观点解释人的生命现象，那么结论就是：生命现象本身就是生命之理。没有外在于生命现象的生命之理，也没有不体现为生命现象的生命之理。如果将仁解释为生命之所以为生命的道理，那么就可以得出结论：仁就是生命过程本身，生命本身就是仁。这样一来，生命存在的权利就可以成为道德的依据。这个结论当然不可能是蔡清得出的，他也绝对没有想到按照他的逻辑会推出如此具有人本主义精神的观点来。然而，这种将生命过程本身等同于生命之所以为生命的道理的观点，隐含着得出这样结论的逻辑可能。

蔡清重视个体生命的观点，在他讨论器范畴的时候蕴含着对个性全面发展的要求。他说：

> 盖泥于器而不杂于器，乃所谓道也。形而下者谓之器，器者各适其用。形而上者谓之道，道者实妙其全。②

---

① 蔡清：《四书蒙引》卷四。
② 蔡清：《太极图解》，转引自高令印、陈其芳：《福建朱子学》，第260页，福建人民出版社，1986。

"泥"是融为一体、蕴含其中的意思；"杂"是不完全相同、相隔而不相融的意思。这是在强调道器统一的同时，指出道的独立性和道器之间的区别。这种区别主要表现为，器由于自身物质形态的限制，具有特殊的功能。而道则超越任何局限，具有任何器的全部功能。从"君子不器"的角度，如果一个人一生只能从事某一种工作，那么他就只是个"器"而已，他的能力和个性发展受到了很大的限制。因此，一个以求道为目标的君子，就有了追求全面、自由发展的意思。某种器只有一种用处，方与圆，各有其用，船与车，自有不同功能。这就是器。特殊的功能本身也是局限，所以，君子不能只把自己培养成一个只会某一种职业的匠人。然而，在蔡清的时代，士人所学也只是格物、致知、正心、诚意等人格内在修养的内容与修身、齐家、治国、平天下等外在能力的发挥。内在人格修养是体，外在能力的发挥是用。从用的角度和标准看体，"体无不具"就是人能获得的全部本质力量；从体的角度和标准看用，"随所用而皆通"，就是人的能力的全面发挥。[①]

作为一位理学家，在理与气的关系问题上，蔡清继承了理学传统，认定理是气的主宰，就像道是天地万物的主宰一样。所以他说：

气若无理以御之，则流而莫制矣。道心所以微者，正以理在气中，易为气所汩没故也。[②]

在个体生命中，如果没有道德理性掌控，生命的欲望就会失去控制。人的生命欲望是强大而不断产生的，人的道德之心和理性能力，容易被遮蔽。这种观点显然是理学传统。不过，他用"鸢飞鱼跃"的生命状态说明理、气关系的时候，则延续了他的

---

① 蔡清：《四书蒙引》卷五。
② 蔡清：《四书蒙引》卷三。

以物解理观点，表达了对自由的向往。他说：

> 鸢鱼之飞跃，气也；而其所以飞跃者，理也。气便载得许多理出来，故理气自相依而不离。言其上下察也，题谓："即鸢鱼之飞跃而见道之昭著于上下"则可；谓："上下止于天渊，道之昭著于上下，止于鸢鱼之飞跃"则不可。曰："上下察"，则凡际天所覆，极地所载，或大或小，皆在其中矣。①

"鸢飞鱼跃"是理学家经常挂在嘴边的对生命自由状态的向往，但蔡清的解释却有自己的创见。"鸢鱼之飞跃"是气，是自然界的生命现象；而鸢之所以能够飞、鱼之所以能够跃的道理是理，是自然界生命的规律。这二者之间是一体的，却并不存在理被气所汩没的问题。恰恰是这气载着"许多理"，就像"无不具之体"一定会"随所用而皆通"一样。这里的"上下"，指天上和水中。将鸢飞鱼跃解释为天上与水中的生命表现体现着道是可以的，但是将其解释为这道只体现在天上和水中就不对了。而所谓"上下察"则绝不仅指天与渊之间，而是包括了天地间的万事万物。就是说，人的生命也应该像天上自由飞翔的鹰、水中自由游弋的鱼一样，这自由便是"道之昭著"。

第二节　人之所以为人者

人道源自天道，天道与人道一致，这是儒家传统观点，后世理学家也没有反对。但是人道毕竟不同于天道，在这个问题上则表现出不同思想家独到的见解来。在蔡清看来，人的天性就是天道，人的德性就是人道。天道是本然，人道是当然。蔡清对人性中的共性与个性的关系有着深刻的认识，并且认为，气质之偏并

---

①　蔡清：《四书蒙引》卷三。

非恶，而只是天生的个性特征。改变气质之偏的过程，并非去个性，而只是达到心态的平和。并且提出了"建立中和之极"的最终目标，它是蔡清对人性发展前景的展望，包含追求人的真善美统一的终极目标。蔡清认为，心之体具有无限可能性，心之用主宰万事而周全。他将情之发用理解为"率性"，而且直接与"和"等同，表明他虽然一直与心学辩难，却无法避免受时代思潮和心学的影响。他对心体的诸种功能的辨析，既显示出他的思辨能力和对理学的推进，也表现出他追求精神的丰富与人的能力的全面发展。

一、天道人道之意

人的本质与人在天地间的地位，这是人道观的基本内容。人来自于大自然，与万物一样，都是气而成形的结果。人虽是物，却独贵于物，这是传统理学的观点。人之所以贵于物，在于人的实践能力，而不仅是道德水平，这是蔡清在这个问题上与传统理学的区别。在蔡清看来，人与天地间的万物一样，都是物之一种，但是人与天地间其他物相比却更高贵。之所以如此，就在于人能够通过自己的努力和发展，达到与天地并列，并且参与天地创造万物的过程，甚至将一般的物置于自己的把握和改造之中。人之所以能够如此，就是因为人有社会规范，有伦理秩序。父子之间的血缘关系是天伦之序，君臣之间是上下等级的制度之序，夫妇之间是男女有别的两性关系之序，兄弟之间是亲情之间的长幼之序，朋友之间则是以诚信为基础的友谊之序。这五种人与人之间的交往准则，是人之所以为人的根本。人正是被伦理规范之后，才称为"人"，才可能成为世界的评价，成为最高贵者。

传统理学认为，人道源自天道，但是蔡清却认为："天道，

人道也。其理一，一不能外也。亦是自人道推到天道也。"① 天道
不是天本身具有的，而是人根据自身之道推而及之的。当然，也
可以理解为，天道与人道本是一致的，天无言，人只能通过了解
自己，从而达到对天道的理解。但是，无论如何也无法避免人为
天立道的逻辑结论。有一处蔡清说得更明白："天道，人道之意
而立言也。天下尽道之人只有两样：自诚明谓之性者，便是天
道；自明诚谓之教者，便是人道。"②

　　天道是自然的、无知无识的，因此天道也是没有意志和目的
的，所以天道为"诚"是本然状态。而人道则是在本然基础上的
当然。蔡清以为，天之道与人之道是相承的，反对将二者对立起
来的观点。但是，天道之"诚"与人道之"诚"，毕竟有所区别。
这两句话源自《孟子》，的确是在说天道与人道的区别。而蔡清
的解释却与《孟子》原义有所不同。区别的关键在于，蔡清将天
道理解为人的本然之性，将人道解释为人有意识活动的时候必须
遵守的当然之则。将天道与人道统一为一个承接的过程，就意味
着把应然准则置于本然天性的基础上。本然之理是圆满而充实
的，体现为人性却有了缺陷，所以需要后天努力完善自身。

　　正是由于对人天性善的假设产生了怀疑，蔡清才说："人之
真，常见于饮食言动之末，因仍造次之间，故君子慎独，除邪之
根也。不然毕露矣！"③ 蔡清称这种本性为"邪根"，是与他认为
"人性不实"的观点是一致的。同时也表明，以人为基础的人道
与以自然为基础的天道之间的根本区别，这二者之间显然不是承
接关系了。在蔡清看来，天道是本然和规律，人道是当然与规
范。并且认为"方法即道"④，理由是方法本身包含着应然的意

---

① 蔡清：《四书蒙引》卷四。
② 蔡清：《四书蒙引》卷四。
③ 蔡清：《虚斋集》卷四《自箴十四条》。
④ 蔡清：《四书蒙引》卷一。

义。因为，社会伦理规范就是处理人与人之间关系的方法。

人道与天道最重要的区别在于，天道是无知无识的本然，而人具有主观能动性。虽然事事物物之间存在着道，但是它自己不能发挥自己的功能，需要人去把这道理发挥出来，通过人的努力，道才有可能发出光辉，才有可能在人间发扬光大，因此道只有通过人的主观努力，才能弘扬。[①]

他说到人道的时候，主要围绕着人的道德问题展开，而且讨论的基本都是社会规范对个体的道德要求。所谓："日用事物当然之理，皆性之德而具于心者也，故曰在我。"然而，人道还有一项更重要的内容，就是社会之道，是社会对每一个成员的善，也就是今天所谓"社会正义"。中国古代没有明确地提出过这个概念，但是不等于没有对这个问题的思考。对这个问题蔡清认为，对于统治者而言，国家需要财政来源，但是必须符合"大道"，这个"大道"的内容就是"无事于聚敛"。"君子爱财，取之有道"，国家敛财，更应该取之有道。这个"大道"的具体表现是"务本"和"节用"，就是发展生产和勤俭节约。如此才有可能不对百姓横征暴敛。做到这一点，就可以称为"好恶之公"。[②] 这些都是儒家的传统观念，表达了儒家的民本思想。虽然谈不上社会正义，但毕竟对统治者是一种道德限制，是理想政治的一种标准。

"社会之道"的另一个重要内容，是对人类历史发展规律的把握，在这个问题上，蔡清使用了理与势这一对范畴。在他看来，历史的发展进程，包含了理与势两个方面的内容。所谓理是当然之则，而势则有势力和客观必然两重意义。他说："天必命之以为亿兆之君师。天必命之者，据其理势之必然而云也。"蔡

---

① 蔡清：《四书蒙引》卷八。
② 蔡清：《四书蒙引》卷二。

清这里的"天"，是自然规律与社会规律的统一，本然之理与当然之则的统一，正所谓："天者，理势之当然也。"①

二、人性气禀之说

蔡清对人性，着重讨论人的本质，以及人的共性与个性的关系。蔡清非常自信地认为，"言性之说，至本朝而始精"。在他看来，张载用"天地之性"与"气质之性"解释人性，朱熹以此为基础，用"善"解释"天地之性"，用"不能尽善"解释"气质之性"，使孟子的性善说趋于完备。有些学者因此质疑孔子的观点，却又不敢明言孔子之不足。蔡清直言不讳地指出，孟子讨论人性何其精细，孔子讨论人性如此粗疏。指出孔子的不足的确需要勇气。

蔡清赞同"天命之谓性"的命题，并且认为"天地之性"与"气质之性"的说法是"天命之谓性"的进一步发展。因为，"天地之性"指的是天命最初对人的赋予，解释的是人性的根源；而"气质之性"是指人的生命已经存在的本然属性。因此，孔子所谓的"性相近"指的是实然的生命存在，所以是指"气质之性"。

明确孔子观点的基本含义之后，蔡清指出，学者们讨论性范畴都以孟子的观点为基础，但是，理论与现实不相符合，必须结合孔子"性相近"的观点，才能使孟子性善之说得以完善。蔡清以共性与个性的辩证关系，来解释孔子"性相近"的概念。他以桐梓树为例：桐梓树都是一样的，但是每棵树却有着不同的姿态。然而，在它们都是桐梓树这一点上，却始终不变，这就是孔子"性相近"之说所要表达的意思。"性相近"说的就是人的共同本性。人的形体都是一样的，虽然五官的位置、喜好与憎恶等观念都不相同，这不影响他们都是人。

---

① 蔡清：《四书蒙引》卷十一。

人性得自天赋，本性均善，但是由于人的生命形成与成长过程有着各自不同的条件，所以无法达到纯粹至善的程度。这是人性的现实，因此不能以"性善"否定"性相近"。① 蔡清认为，孔子的"性相近"的观点，恰恰是对人性的实然状态的认识；性善说所表示的是人性的应然状态。蔡清对孔子与孟子人性观点的总结性阐述，的确是儒家人性观的重大发展。

然而，人的这种"气质之性"虽然是不能尽善的原因，但其本身却并非是恶。人间的恶，或人的不道德行为，是由于外在的条件影响，外物诱惑引发人的欲望。为了说明这个问题，蔡清讨论了"气禀"与"物欲"之间的联系。蔡清认为，物欲能够发生作用，是因为先天的气禀；气禀能够拘束善性，是因为物欲的作用。二者既相辅相成又体用不二。气禀是产生物欲可能性；而物欲则是气禀发生作用。总之，人的"气质之性"就是人的欲望得以产生的生命条件。虽然，它是人不能尽善的原因，甚至是产生恶的原因，但它依然是人性的一部分。②

人的"天地之性"是不变的，它是人之所以为人的依据，是保持人的本质的稳定性的表现，它改变了，人就不再作为人而存在了。而人的"气质之性"是可以改变的，从而使不尽善的人性具有走向尽善的可能。他说："人之气质不能无偏，学所以变化气质，矫其偏而使就于中也。"据这种变化的可能性之不同，蔡清将人分为四类：第一等是清明绝无渣滓之气质，这样的人生而知之，既然不用学，也就是天赋性善之人；第二等有一些渣滓，虽然需要学习才能改变气质，但是他自己知道学，通过学习而走向完善；第三等是渣滓很多，只有等到受困不得已的时候才知道学，这样的人向善比较困难，需要经过艰苦的努力与磨难；第四

①　蔡清：《四书蒙引》卷八。
②　蔡清：《四书蒙引》卷一。

等人没有清明之气，处困顿而不知学，那他们就失去了向善的可能，从而具有为恶的可能。①

气禀本身并无恶，问题在于"偏"。然而，气质有偏还只是形成人的个性与特点的原因，本身不是恶。蔡清认为"偏"就是"失其平"。身体与精神之气如果失去平和或平衡，疾病就会产生，或者这偏本身就是一种病。如果生命之气偏，则是生理之病；如果精神之气偏，则是心理之病。其表现为，或者失去是非标准，或者不敢做出决断。就其个性之偏成病的表现，是放肆、简单和偏执。当然，这些还只是天赋而不是恶。至于放荡、忿愤、乖戾和伪诈，则是恶习甚至恶性，而不属于气质之偏的范围。② 可见，蔡清认为生命本然并非恶，恶产生于社会环境与后天影响。

正是因为气质之偏只是个性与心态问题，所以如果加以调整和修养，就可以改变这种偏的气质，而达到"中和之气"。现于容貌之间的"中和之气"实际上是人的一种精神状态，是人的精神世界通过容貌表现出来。那么什么样的精神状态可称之为"气质不偏"的"中和之气"呢？蔡清的解释是，"全体浑然，阴阳合德"③。这不仅是道德境界，也是审美境界，是尽善尽美的统一。大致需要两个条件，一是内在的精神之中和的道德境界，二是寻找美的表达方式。蔡清以音乐为手段，以为这就是人获得艺术与审美的方式，也是人的能力与精神世界丰富的表现。有了这样的主体条件之后，还需要通过向外表达，并且符合"声气之元"④ 的标准。这内在精神境界与外在标准的统一，就是"中和之极"的建立和尽善尽美标准的达到。

---

① 蔡清：《四书蒙引》卷一。
② 蔡清：《四书蒙引》卷八。
③ 蔡清：《四书蒙引》卷六。
④ 蔡清：《四书蒙引》卷十三。

三、心之全体大用

　　蔡清将心理解为虚灵知觉的精神过程，人之所以为人，正是因为有这种精神活动。然而，前文蔡清说，人之所以为人者是性，是人从天道之处秉承而来的本性。这里怎么又成了心呢？蔡清解释道：

　　　　人之为人者心也，心之为心也，寂然不动，感而遂通天下之故。寂者其静，感者其动，而静者其主也，故喜怒哀乐之未发谓之中，中也者天下之大本也，百行万善皆由此出。[①]

　　正是在这个意义上，性与心是同位概念。就是说，作为人的精神活动的全部可能性而存在的"心之本体"才与性是相同的范畴。"心之全体大用"之"体"就是性。诚如蔡清所言："全体指性言，即所谓喜怒哀乐之未发谓之中。"那与性同位的心是心的全体，也就是人类精神的可能性依据。

　　然而，这可能性毕竟同时具有现实性，也就是说这"心之本体"与"心之大用"是不二的关系。否则我们又如何知道人的精神现象的存在？人心的存在？这"大用"，除了以上说的虚灵的感知与思维能力之外还有情。蔡清认为：

　　　　心之全体大用，此当以心统性情一句来断破。盖全体指性言，即所谓喜怒哀乐之未发谓之中，天下之大本也。大用指情言，即所谓发而皆中节谓之和，天下之达道也。体曰全体，以其妙众理而无一之不具也；用曰大用，以其宰万事而无一之不周也。[②]

---

　　①　蔡清：《蔡文庄公集》卷六补遗，转引自《福建朱子学》，第272页。
　　②　蔡清：《四书蒙引》卷二。

能够主宰万事而无不周的"心之大用",必须以"中节"为条件。所以,蔡清在提升情的地位的同时,更加强调和的意义。但是,他对和的解释却逸出了理学传统。和的本意是"发而中节",蔡清却解释为"率性",并且说成"天下古今共由"之达道。这样的解释的确不同于传统理学的观点。而且君臣、父子、夫妇、兄弟、朋友这五伦,成了天性所固有的道德情感。①

蔡清的本意也许是在为人间的五种道德规范寻找先天的人性基础,但是和与率性之间的联系是如何建立起来的呢?他以君臣父子关系为例。诚然,为君者的确会因自己的喜怒哀乐而决定赏罚的,这是一种率性,那么,君王又如何将自己喜怒哀乐控制得合乎伦理规范呢?他没有论证,却想当然地将率性与和等同起来。其前提显然是人性本善,此性是人之所以为人的依据。再者,与民同忧同乐,这是道德情感,如何出自于君臣的率性也是很可疑的。当然,父母对于儿女就不同了,那是基于自然本性的血缘亲情。这样的情感,才是率性的,但其发用起来也未必会"中节"而为"和"的,或者溺爱,或者苛求,都有可能。况且,这两种人际关系本来不具备可比性,蔡清却说:"其余可以类推,此又可见两达道之相为贯通矣。"② 以蔡清的思辨能力,这种逻辑上的错误也许是故意。比如,他说:"但见天下之人其情之发无有不善者,则知人之性无有不善矣。"③ 这就是他将率性等同于和的理论依据了,就是说,他以人性本善为假设,那么所率之性当然是善的了,也当然是和了。可是他还说:"凡言人情有天理内之人情,有天理外之人情。"而他所谓的"天理内之人情"就是血缘亲情,包括合乎天理的人情。那么,"天理外之人情"则是与天理相违的人情。既然存在这类人情,怎么可能无有不善呢?

---

① 蔡清:《四书蒙引》卷四。
② 蔡清:《四书蒙引》卷四。
③ 蔡清:《四书蒙引》卷十四。

之所以如此类推，有两个解释：一是为理想道德寻找人性根据；二是受心学影响，将人性自然等同于道德规范。道德是需要情感做基础的，但是自然状态的情感如果不加控制，是不会符合道德标准的。这其中的血缘亲情有时也会与社会公德和法产生冲突。在五伦之中，它们缺少天性的一致，这也是显而易见的。蔡清对传统观点的偏离，一方面反映了理学处境的困难，另一方面，表现出时代思潮的影响。理学在与心学辩难的过程中，接受心学的一些观点，也是对理学发展的推进。

心之发用，除思维、感知与情感之外，还有一项重要的内容就是"意"。意的根据是心，是人的精神活动的过程，意有明确的指向目标和对象。人的心中有明确的目标是"志"，有所思念是"怀"，有所思考是"虑"，这些都属于心的发用，它们之间并非截然不同，都属于人类的精神现象。①

心的一项重要功能，也是人类精神的重要内容，是艺术创作与审美表达，其中有对生活困苦的超越，更有审美过程中的愉悦。儒家将其称为"乐"。蔡清说：

> 所谓乐只是一个和，如群居交际之间，蔼然有欢洽之气而无乖戾之心，此便是乐之实。其钟鼓琴瑟之类，特以宣畅其情而已。②

儒家总是将艺术的功能服从于政治和道德，蔡清自然不会例外。不过，蔡清从情的角度寻找道德与艺术的共同基础，将道德的情感体验与艺术的情感表达结合在一起，目的是成就完整的人格，正所谓"成于乐者，以乐能成人也"③。

---

① 蔡清：《四书蒙引》卷一。
② 蔡清：《四书蒙引》卷一。
③ 蔡清：《四书蒙引》卷六。

第三节　推天而证之人也

在名实关系问题上，蔡清认为，名与实的相符是造化所为。在心物关系问题上，蔡清认为人心虚灵，虚则能够涵万里，灵则能够应万事。人的精神现象虽然无形迹，但却是可以控制的，所以只要真理在胸，外物就不足以动心。关于天人关系问题，蔡清很有见地。他认为，上天与自然是人性的依据与人类活动的条件。因为，从天到人是一个自然而然的过程。作为人而言，应该尽天地所付之理扩而充之，尽人的主动努力以参赞天地。蔡清对"格物致知"的独到见解，就在于他将格物与致知看做是一个过程，格物就是致知。同时，蔡清又将所致知的内容，概括为"所以然"与"所当然"，而这二者又体现在整个"格物致知"的过程之中，最终达到"物格"与"知至"的同时完成。这就为他的"知行岂可判然为二"的知、行统一的观点奠定了基础。倡导知、行统一，自然主张学以致用，因此，蔡清不仅在理论上弘扬儒家思想，而且在政治生活中，努力实践儒家的理想，追求着学说与人格的统一。

一、知物而不被物化

心物关系就是思维与存在、精神与物质之间的关系，这种关系还可以表现为概念与对象的关系，中国古代哲学称为名实之辩。这也是认识论中一个重要的问题。蔡清认为，只要存在某种物，就一定有称谓这物的语音，有这个具体的语音，便一定会有表达这个语音的文字。有多少物，就有多少字。蔡清看来，这字与物之间，存在着一种必然的联系。所谓："有是物，则有是声，

有是声，则有是字。"① 我们知道，字是符号，是人以自己的方式描述对象的思维形式。它虽然不是圣人的创造，但也是在社会发展进程中约定俗成的结果。可是，蔡清却将名与实的关系看成是造化所为。蔡清之所以持此说，显然表明他不认为有不可说的对象，不承认人的感官有不可把握的对象，确信人的思维是可以认识这个客观世界的。

心是体用的统一，所以蔡清把心称作"活物"，这个"活"字表明心的一个重要特征，那就是"虚灵"。所谓"虚"，是不被杂念和情绪所控制。当然，人不可能没有情绪的变化，但是必须以自己的理性和原则控制自己的情感，不让情绪影响自己对事物正常的观察和判断。如果因为情绪而变得视而不见，充耳不闻，食而不知味，感官都失去了正常的感知能力，那么便会完全失去思维能力。虚还有超验性，没有这种能力，就不可能有思辨的力量，就无法把握客观事物的本质与规律。"灵"则是对事物的反应能力，不被变化万千的客观现象所迷惑。正是人的精神具有这两重基本特征，才会有对事物的感知力和对本质与规律的认识能力。

蔡清进一步将人的意识的内容与意识的对象做了区分。他认为，人的思维过程是无形的，所以"本虚"，思维与外物的关系是将对外物的感知材料进行加工，而不可加工外物本身，因此"无迹"。正是因为对外物的把握是以"无迹"的方式，那么进入人心的物，就不再受具体的物质形式的局限，因此可以"出入无时，莫知其乡"。然而，这无迹之物，又是可以控制的，其方法就是控制心与物之间的桥梁和纽带，也就是把握人的感官。心灵不能让感官控制，相反一定要让感官受到思维的掌控。因为，一旦目视非礼，便会诱惑内心的欲望，心灵由此被外物所控。要让

---

①　蔡清：《四书蒙引》卷四。

自己做到"非礼勿视","非礼勿听",从而达到所谓"克己复礼"的目的。① 本来的认识论问题,因此成了道德修养的功夫。

面对外物的包围和诱惑,蔡清也提及了"物化"这个概念。他说:

> 知诱物化,知字从知觉上说,谓知诱于物,而为物所化也。②

被物所化,就是自己变成了非人的物。西方现代哲学所谓物化的概念,意在表达人被工具化、被原子化,总之都是一种非人化的境遇。而蔡清的"物化"指的是被自己的物欲所支配,从而失去了做人的尊严和价值。这个见解也是相当深刻的。显然,反对物化的努力,并非现代人的追求和观念,而是人类追求自由的永恒话题。

思维与存在,或心与外物的关系中的一个重要的议题,是人的逻辑思维能否把握客观事物的规律。这个问题也是理学的老话,而且答案也是肯定的。蔡清认为,理与心之间,自然是心把握理,而不是理控制心。因为心是人的精神世界,理是精神世界中的内容。无论天下有多大,万事万物有多么复杂微妙,人的精神世界都会将其包容于内。③

然而,这被心包容的理,一旦融入人的内心世界,与对一般外物的经验不同,它将成为人的精神世界的主宰。在这一点上,表现出蔡清对心、理关系问题的创见。他说:

> 事事物物皆有定理,方寸之间,非志而何?定而后能静。大抵外物所以能动其心者,只是见理不真而胸中无定

---

① 蔡清:《四书蒙引》卷七。
② 蔡清:《四书蒙引》卷七。
③ 蔡清:《四书蒙引》卷四。

力耳。①

要使我们的心灵不被外物所诱惑，就必须透过现象看到本质，把握事物内在的本质、事物之间的必然联系与事物发展变化的规律。对规律与本质的把握，有益于内心志向的坚定，从而长久地保持内心的平静。所以说，外物之所以能够对内心产生诱惑而改变自己本有的志向，就在于没有把握真理，没有洞彻世界的真相。真理的把握与信念的坚定是一致的，当然，永远不倦地追求真理本身也是一种信念，二者是相辅相成的。

蔡清认为"见理不真"才使人被外物动其心，那么，他所认定的事物背后的真理是什么呢？他说：

> 事事物物皆当以此类求之，只是一个所当然，一个所以然。所当然者，有表里精粗；所以然者，亦如之。不可谓所当然者，为表为粗，所以然者，为里为精。盖在表在里，各有精有粗，验之事物则然。②

这段话，包含了蔡清对理、物之间关系的认识，他在寻找所以然与所当然之间的共同点。他反对将所当然视为表面和粗糙的，而所以然是内在而精细的。精细还是粗糙，不在于所以然还是所当然，而必须验之于事物。这源自外物的理，是否是真理，必须回到现实事物中加以检验。至于如何检验，我们将在知行关系问题的讨论中再做论述。

二、天地以理付于我

蔡清心目中的天范畴，是天、理与帝的统一，即无形的存在、客观规律与主宰力量的统一。③ 蔡清对天、人关系的讨论，

---

① 蔡清：《四书蒙引》卷一。
② 蔡清：《四书蒙引》卷一。
③ 蔡清：《四书蒙引》卷六。

是对董仲舒天人感应说的全面发展，他从性、理和气，从现象与本质，从结构与形态等方面，全方位地讨论天与人的一致性，内容大致分为四个方面：

第一，人的生命来自于大自然，也就是"生之理禀于天"。蔡清说："知天也，知人也。人得天地之气则具有天地之理，吾之理即天地之理也。"①

第二，规范有了规律为基础，那么人与规范相符合的善性是哪里来的呢？蔡清依然把目光投向自然界和上天。他说："天以阴阳、五行，化生万物，气以成形，理亦赋焉。不然，人性何缘有是仁义礼智，四德悬空而来也。"②

第三，人间的社会秩序，人们的政治行为与社会活动，以及最后的成功等等，其依据都来自于天。所谓："在天惟五行，在人惟五事。"③

第四，源自天的人类情感，被称为"天理内之人情"④，可以成为法律的依据。合乎天理的人情就是血缘亲情，血缘亲情大于国家律法，因此父子相互隐瞒罪行，法律不可治罪。因为，如果鼓励亲情之间相互告发，惩治亲属之间的隐匿之罪，法律的权威虽然得到维护，但亲情反目血缘关系疏离所造成的道德的损失代价太大了，是对封建制度的社会基础和基本秩序的颠覆。

有人认为，化育万物是"天之命"，并非万物的本性。蔡清认为这种观点只知道性与命之间的区别，却不知道性与命之间的相通。只看到了人受天命的主宰，没有看到人与天命之间的相通。⑤ 天命与人性之间的这种相通性表明，天的化育过程，就是

---

① 蔡清：《四书蒙引》卷四。
② 蔡清：《四书蒙引》卷一。
③ 蔡清：《河洛私见》，转引自《福建朱子学》，第 260 页。
④ 蔡清：《四书蒙引》卷七。
⑤ 蔡清：《四书蒙引》卷三。

将天道赋予人转而为性的过程。

基于此，蔡清对朱熹的天命观提出了不同意见：

> 以理言之谓之天，自人言之谓之命。此理字对人言，非
> 对气数言。其实此个天字，正以气数言也。以主宰而言谓之
> 天，以当听受而言谓之命，为属天至属人。①

在天的为理，在人的为命。蔡清不再像朱熹那样强调"命
令"和赋予，而是从人的角度理解天，就是获得天理而成人的意
思。那么他这"命"就同时是生命之命了。这个"理"就是人之
所以为人的本体依据，所谓"气数"则是生命现象的物质条件在
量上的表现。虽然我们无法确切知道它，但它是存在的，至少古
人是这样相信的。人的生命在，证明气数在；人的生命结束，证
明气数已尽。所以，理不是气数，而天是气数。因为气数决定了
个体生命存在的时间长短，而人的生命又是一种自然现象，所以
也可以称之为"天"。这里的天与气数等同，表明天就是自然。
个体生命只能听凭自然规律的支配，所以被说成是"受命"的
"命"，便是自然生命的意思，从属于天转化为属于人的过程。

强调天与人的相通之处，就为人的主观能动性的发挥预设了
前提。蔡清在承认天命不可抗拒的同时，看到了主体的力量。
他说：

> 吾居闽南，一念及燕北，其神即在燕北；吾居燕北，一
> 念及闽南，其神即在闽南。此可见天地之神在我。善用之，
> 则穷天地之秘，搜圣贤之蕴，达古今之变，而无所不之也。②

蔡清以人的精神所具有的无限的想象力、思维能力和创造
力，来表明人所具有的主观能动性。既然上天将人的精神赋予

---

① 蔡清：《四书蒙引》卷十三。
② 林次崖：《虚斋先生行略》，转引自《福建朱子学》，第 275 页。

我，那么这"神"就已经在我，我应当"善用之"，也就是充分发挥人的主观能动性。不过，这里谈的主观能动性还仅限于探讨天地的奥妙，解读圣贤的典籍，博览群书与把握社会历史规律。当然，这是充分发挥主观能动性最基本的前提。

在充分丰富自己的精神世界、全面掌握了古今成败得失的知识之后，必须将这种知识转化为智慧，并且参与天地化育万物的过程，让人的理想化为现实。在蔡清看来，天地是阴阳变化、五行运作、万物生成的过程，自然而没有意识。个体生命秉承这个道理而来，万物与我一样也是出于天地阴阳与五行的汇聚与创造。可以说，天就是我的父亲，大地就是我母亲；万民是我的同胞，万物是我生命的源泉和赖以生存的环境。我们完全是一体的。天地将全部道理交给了我，我通过努力学习和修养终于懂得了它，我面对这自然的过程，已经完全掌握了它的道理。以至于我能够遵照天地创造万物的道理，参与并且帮助天地化育万物。就像孝顺的儿子，效法自己的父母，创造生命，完成使命。

"参赞化育"这本是《易传》中的话，是被宋儒反复念叨的豪言壮语。那么，能否落实到现实社会中呢？具体表现在什么问题上，才能够体现出我参赞天地、化育万物的能力呢？也就是说，面对天命，人能做些什么呢？蔡清的回答是："人当自尽人谋。人谋者，亦孔子所谓'务民'之义也。"①

三、涵泳乎其所已知

在蔡清看来，知的方式大约有三种：一是读书，二是办教育，三是格物。关于"格物致知"，蔡清认为，格物就是致知。格的过程，就是知的过程。格得一分，便获得一分知。二者之间并没有先后。同时他又认为，格物是渐进或量的积累，致知是豁

---

① 蔡清：《虚斋集》卷二《与柴墟储静夫书》。

然贯通的质的飞跃。①

朱熹在其《四书章句集注》中将《论语》中的"四十而不惑"，解释为"知其所当然"；将"五十而知天命"，解释为"知其所以然"。有人据此将"格物"解释为"知其所当然"，将"致知"理解为"知其所以然"。蔡清对此提出了不同看法。他认为，格物的过程是所以然与所当然同时求知的。其间有"用功"与"成功"的区别，有"逐事"与"全体"的不同。蔡清所谓"事"是人与人、人与物之间的关系，"逐事"去格，就具有了实践的意义。格物是用功的过程，致知则是成功的结果。用功的过程，当然不能只求所当然，必须兼求所以然，格物是要达到对所以然的认识。就成功而言，达到认知的目的，获得关于事物全部的所当然知识，当然也就包含着所以然，这也正是格物致知的意义所在。②

由于所以然是所当然的依据，所以然是认知的目标，蔡清又进一步对所以然在具体事物之中的体现做了解释。蔡清认为"事理所以然之故"，是关于事物全体而言的，也包括每一个具体事物以至于每一个细节。每日格一物，就是对每一具体事物的所以然之故的了解。而对众物的总体把握与概括，就是对整个这一类事物的道理达到了贯通。这种贯通是最后的结果，是"物格"之时，而不可能产生于"格物"之初。蔡清使用的两个"格"，前者是完成时，后者是进行时。所以"物格"等于"知至"。而"知至"就是"知天"，也就是孔子所谓的"知天命"。③"所以然之故"是世界的必然规律，"所当然之则"是事物包含的发展趋势，也包含人的理想原则。所以，"知天命"就是对整个世界的

---

①　蔡清：《四书蒙引》卷一。

②　蔡清：《四书蒙引》卷一。

③　蔡清：《四书蒙引》卷一。

本质、对整个人生的意义的完全透彻的把握，这是一个人很难达到的境界，也是儒家格物致知所追求的终极目标。

在讨论格物致知的时候，其实已经涉及知与行统一的问题。蔡清恪守着学以致用的儒家传统，提出"穷理力行以致用，学之为道，何以加此"①的主张，这也是他倡导知行统一的原因。蔡清认为，知与行是不分先后之顺序的。开始求知的时候，既以实践为目的，本身也已经开始了践履的过程。所以，蔡清大胆地对朱熹的观点加以质疑。甚至批评朱熹的这句话大可不必说，因为朱熹将知与行的先后顺序说得非常清楚，却又说知道知与行的先后顺序就是"近道"，岂不把"近道"一事过于简单化了。②

蔡清认为，学问与功夫，就是知与行一体的关系。从道理上讲，每日的学问功夫就是对义理的进一步了解，而了解义理的过程也就是增加和强化能力的过程。从事的角度看，了解有关礼节的文字，就是对自己的行为举止的检点过程，而讲"中庸"的道理无非就是如何处事和崇尚礼节。有关礼节的文字非常繁密，要一一按照它行事，必须先认真地学习和掌握，所以知显然重要。但是，说到处事不能有一点差错，学习礼节就是谨慎自己的行为举止，告诉人们这同时是力行的过程。③

蔡清在道德修养的过程中体会到，伦理知识的逐步获得与举止行为的渐渐合乎规范应该是完全一致的。他由此得出"知行不二"的结论。这一哲学见识，扩展到政治领域，成为他从政的指导思想。他说：

> 凡物理皆有所当然而不容己，与其所以然而不可易者。要得此二意俱到，方是物犹事也。④

---

① 蔡清：《虚斋集》卷一《书戒五条》。
② 蔡清：《四书蒙引》卷一。
③ 蔡清：《四书蒙引》卷四。
④ 蔡清：《四书蒙引》卷一。

这里对物与事又作了新的区别，即客观对象为物，而物之所以然与所当然被人掌握之后，便成为事。那么，作为君主而言，他为君的过程就是君王之"事"，其中的道理就是行仁政。此事中的道理只有在为君的过程中去获得。这个过程首先表现为，任用贤人，安抚百姓，整肃纪纲，严格法度的行政管理；其次表现为，节俭爱民，完善社会保障，满足人民的温饱生活条件等务民方略。这些儒家的所谓仁政理想，在具体实施的过程中会被充分认识。而这仁政即是为君之事的所以然之故，也是理想君王的应然标准。知仁政与行仁政的统一，才是一个理想的君王。

然而，现实社会中，这样的君王从未出现过。蔡清所处的明中期，社会矛盾尖锐，民众生活苦难，政治日趋腐败。面对这种残破的社会现实，蔡清以悲天悯人的儒者情怀，力劝君王行仁政，同时又多次呼吁丈量田亩，倡导均田平赋，以抑制兼并，化解社会矛盾，减轻民众的疾苦。① 这些政治上的努力，也是他知行不二学说在政治实践中的体现。蔡清为官清廉，政声颇佳。他关心民众疾苦，力惩贪官污吏，所作所为都表明蔡清的人格与学说是统一的，表现出真儒家的风范。

---

① 蔡清：《虚斋集》卷四《民情四条答当路》。

第六章

陈　琛：无愧师门有真乐

历史发展到明朝中后期，中国社会出现了一些新的社会现象。一方面是明朝政治更加昏暗腐败，一方面是城镇商品经济的发展，由此，产生了思想解放的思潮。以王阳明为首的心学，逐渐风靡一时，程朱理学独尊的地位已经被取代。然而，福建的朱子学在与心学的辩难过程中，依然推进着朱子学的发展。陈琛便是其中最具代表性的朱子学者之一。陈琛（1477～1546 年），字思献，福建晋江人，是蔡清的亲传弟子和得意门生。蔡清在督学江右时请陈琛随行，陈琛因此尽得蔡清所传。他的理论创见，也使自己成为闽南理学的重镇。

第一节　穷天地之所终

在陈琛心目中，精神性本体是万物的主宰，是自然而然的道理，也是至高无上和恰到好处的标准。在讨论生命产生的条件时，陈琛则使用"大中"这个概念，此时的理便不仅是"当然之则"，而且具有一种使生命现象由可能转化为现实的力量。因为这种力量与人的价值一致，因此被称为"仁"，并且作为最高的道德标准。蔡清的太极范畴因其无对而成为最高的精神本体。陈琛的物质性范畴有物、器、气与阴阳。这些古老的范畴都被陈琛赋予新意。其物范畴含义很广，有物质也有精神，总之是客观对象之义。而器则主要是变化而有形态的物质。气是有限与偶然的力量，并且具有生命力的意义，但却被陈琛赋予道德之恶的属性。在阴阳这对范畴中，则表现出陈琛的辩证法思想，并且包含着对矛盾的普遍性与特殊性的认识。陈琛认为道是永恒的，器是变化的，而变化的器是可以用理数的方法把握，而理与物统一的最高方式就是量化地把握世界。理与气之间有冲突，但理具有决定气的变化趋势之力量。"不一"与"至一"之间是个性与共性的统一，而"至一"对"不一"同样有决定性作用，使万不得不归于一。

一、无形的主宰力量

陈琛的道具有客观本体的意义，但却不是独立的，也不是宇宙的起源，而是万物产生、存在与变化的主宰力量。具有主宰作用这一点，是陈琛之道与老子之道之间最根本的差别。正是因为陈琛的道范畴不具有独立精神本体或者宇宙起源的意义，所以它与天地万物共在，体现在大自然的生命过程之中。在陈琛看来，"天地之道"本是"一"，但它体现在万物之中时，却表现为"多端"。受雷霆鼓舞，被风雨滋润而由此生的物，当然是生命。秋霜凄冷、冬雪寒凛，生命依然生长茂盛，果实丰硕，走向成熟，这都是道的作用。①

这体现在大自然生命过程中的力量，也体现在人的生命和社会活动过程之中。陈琛知道，道的精华不是虚无缥缈的存在，它体现在日用平常的生活之中，表现于鸢飞鱼跃的生命现象之中，是生活之所以为生活、鸢鱼之所以能够飞跃的根本道理之所在。

---

① 　陈琛：《紫峰陈先生文集》卷六《赠太守庄青峰序》。

了解道的这种特征而且通晓之，不仅能够修养自己的身心，而且持家、理国，有如道主宰万物一样地无往而不成。

道对万物主宰的作用体现为万物的生长必须符合道的标准，这种标准就是"大中"。陈琛说：

> 中者虚体也，天地惟大中，故能生万物；人心惟大中，故能应万变。冲漠无朕，万象森然，其中之蕴乎。故曰：大中无动无静，万感毕应；无始无终，一真冲融；是之谓中虚。中虚者，道之体也；中实者，道之质也。①

"虚体"就是一种恰到好处的位置和状态。天地只有达到这种状态，处于特殊的位置，才可能产生生命现象。这个位置和状态，就是所谓大中。人的出现，就是这大中的表现。它无形无象，却具有产生万物的无限可能性；它无始无终，但却是万物与生命的开始。它的无形正是道的根本品性，它的作用正是道的实质所在。陈琛用大中来表达对道的理解，意在强调道是一种标准，是无限可能性，是恰到好处的状态。这就为他进一步用道来论证人的本质，论证社会的理想奠定了本体论基础。

虽然陈琛说："道也者，一天人之理也。"但是细分析陈琛的文本，道与理还是有细微的差别的。概括起来，理大致有如下四个特点：

第一，理是自然。他说："天下之理莫非自然，矫则逆而不顺其自然矣。"② 自然之理，也就是自然规律。

第二，理是所以然。他说："究其理而极其所以然。"这显然是其师蔡清的观点。不过，达到"穷天地之所终"的认识，获得"区处人物"的方法，最终掌握"经纬天地"工具，③ 却是他的发挥了。

---

① 陈琛：《紫峰陈先生文集》卷十三《真会》。
② 陈琛：《紫峰陈先生文集》卷七《寿方矫亭先生序》。
③ 陈琛：《紫峰陈先生文集》卷八《隘轩记》。

第三，理是唯一的。他说："至一者理也，物皆有二，惟理则无二，故谓理为一。"① "究其理而极其所以然"，就是叩问宇宙的终极原因。这个原因当然是唯一的。

第四，理具有道德品性。他说："天地以生物为心，至理大德，终非气数之所能夺，老氏谓'天地不仁'岂其然乎。"② 天地创造生命的条件是极其苛刻的，在各种灾难中，生命具有顽强的力量，这是天地所赋予的。可见，老子的"天地不仁，以万物为刍狗"的说法是不正确的。

天地所具有的这种道德品性，是人世间道德的前提和依据。因此陈琛说："一善足以该天下之理曰仁，一物足以统天下之善曰心，盖心活物也，仁生理也。"③ 而人的精神世界不仅是仁的产物，也是仁的体现。天地之仁是人的道德之仁的基础。正是因为理具有万善之仁的品性，所以它才能够战胜各种不利因素，使人的生命得以产生并且生存和发展。陈琛认为，客观的物质世界，有自己的运行规律，它不依人的意志为转移，理是"当然之则"，与气数并不完全相符合。以生命的创造为旨归的理，它一定会战胜气数的限制，而使人类得以产生、生存和发展。如果气数不听命于当然之理的掌控，人类社会早就灭绝了。

陈琛的客观本体范畴还有太极，他对太极的理解的确有独到之处。他说：

> 不一之中有至一焉。至一者默，寓于不一之内，而不一者斯一矣。……至一者理也，物皆有二，惟理则无二，故谓理为一。以其至一不二而物莫与对，故又谓之太极也。④

---

① 陈琛：《紫峰陈先生文集》卷十二《圣人所由惟一理》。
② 陈琛：《紫峰陈先生文集》卷六《赠江西少参陈柏崖先生序》。
③ 陈琛：《紫峰陈先生文集》卷十二《心如谷种》。
④ 陈琛：《紫峰陈先生文集》卷十二《圣人所由惟一理》。

"不一"是万物的个性，其必须"至一"也就是有共性的存在。这个"至一"不仅存在于"不一"之内，而且统辖"不一"。这个"至一"就是理。理之所以又称为"太极"，是强调其唯一性和至高无上性。任何事物都是有对的，内部有阴阳，外部有相反之物，唯太极是终极原因，是全体，所以无对。

二、有形变化的存在

陈琛的物范畴意义丰富。首先，他从精神与物质相对应的角度理解物。他认为，人的精神是无形而虚灵的，虚则通，通才能有智慧。但是人的欲望却使本虚的精神由通而滞，具有滞的特征的物，在此主要指人的肉体。就其不通这一点看，所有物都是一样的。圣人之心能够超越欲望，摆脱心灵的肉体局限，精神能够升华，所以能够通万物。普通人的心被束缚于肉体欲望的泥淖之中。

万物是天地创造的，其根本特征就是实。无形者为虚，有形者为实。虚者为神，而实者为器。因此，物与器在这里基本是同一的。就是说，有形和实在的物，就是器，"是故地与人皆器也"①。但是，陈琛的物范畴绝不仅此一义，还有比有形和实在、变化而不居的物的更高或者更具概括性的范畴。他说：

> 至一者理也，物皆有二，惟理则无二，故谓理为一。以其至一不二而物莫与对，故又谓之太极也。太极一物也，而有两体焉。②

蔡清说"至一"，陈琛也说"至一"。蔡清从共性与个性的关系角度谈，陈琛则从物质和精神区别的角度谈。"物皆有二"之"物"，就是与理相对应的物质性范畴；"天下无无对之物"的

---

① 陈琛：《紫峰陈先生文集》卷十三《太始》。
② 陈琛：《紫峰陈先生文集》卷十二《圣人所由惟一理》。

"物"，就是无对、无形、无极的太极。对太极，陈琛也称之"物"，可见，其物范畴不仅包括变化而有形的实在，也包括被思维所把握，被语言所表达的对象存在。

我们在讨论陈琛的理范畴时，论及气数。陈琛在许多地方提到这个概念，其意思主要是元气自身所具有的一种可以用量化把握的力量，并通过理、气的对应，表达了对必然性和偶然性之间关系的理解。陈琛认为，气数就是大气在运行过程中的"分限节度"，可以理解为气的量化单位、有限性和偶然性。它不依人的意志为转移，甚至与当然之理不相符。然而，理具有永恒性和贯彻到底的必然性，有分限节度的气数，则具有偶然性。不过，这种偶然有一定的范围，不可能完全摆脱理的控制，或者说在偶然的背后存在着必然规律的支配。

陈琛将阴阳范畴，解释为对立统一体，构成事物发展的内在动力。这种观点虽然古已有之，但陈琛在前人的基础上有自己独到的见解。他说：

> 天下无无对之物，盖皆阴阳五行为之也。阴阳有交易，有变易，交易则其对待之体而显然有对者也；变易则其流行之用，一动一静，一阖一辟，而互为其根，亦未尝不以两而相对也。①

这种以"交易"为阴阳之体、"变易"为阴阳之用的观点，表明在陈琛的心目中，作为体的阴阳之"交易"，是对立统一范畴，初步形成"变易"的诸具体形态，这些形态都体现了阴阳之体，表现出共性。用普遍性和特殊性的统一也解释得通。"交易"是矛盾的共性，"变易"是矛盾的特殊性。

既然，矛盾对立具有普遍性，那么对五行这不能形成两两相对的数字又如何解释呢？陈琛将土从五行中抽出，以与其他四行

---

① 陈琛：《紫峰陈先生文集》卷十二《圣人所由惟一理》。

相对。然后根据四行相生的性质，将水和木归为阳，将火和金归为阴；根据四行运行的顺序，将木和火归为阳，将金和水归为阴。而春、夏、秋、冬和东、西、南、北，这其中的阴阳与五行之间的关系又如何排列和对应呢？他没有具体说，但这种归类是很牵强的。然而，陈琛将"无对"的现象推之天下万物，并且看到矛盾的普遍性和特殊性的关系，是很有见地的。

他将阴阳两种性质的对立，视为事物普遍存在的现象，这就是矛盾的普遍性。而且矛盾的某一方面也不是单纯的，是对中有对。比如，阳刚与阴柔，各自都具有善与恶两种性质。刚与柔同时也都有正义与邪恶的区别。然而，他并未因此把矛盾绝对化。

> 有反斯有对，对必反其为；有对斯有仇，仇必和而解。盖亦纷纷然其不一矣。然不一之中有至一焉。至一者默，寓于不一之内，而不一者斯一矣。①

虽然"仇必和而解"是张载的原话。但是陈琛自己的观点还是清晰的。他看到，有两种不同的性质存在，就会有对立；有对立就有相反的力量发生冲突；有冲突就会相互斗争，斗争的结局，则是最终的和解。正是这种事物内部的矛盾，构成了万物"纷纷然其不一"的状态。这种状态，就是矛盾特殊性，或事物的个性。这"不一"之中存在着"至一"。既是对立面的统一，也是多与一的统一，也是矛盾普遍性与特殊性的统一。这就是陈琛对"无无对"这一前人的观点做出的具有创见性的解释。

为了避免因强调"无无对"而导致将矛盾双方绝对，陈琛用体用范畴解释阴阳关系，从而表现出更具辩证性的思维方式。他说："一阴一阳者，道之体也。阳中有阴、阴中有阳者，物之用也。吾见阴阳之偏胜者矣，未有独阴而独阳者也。"② 陈琛看到了

---

① 陈琛：《紫峰陈先生文集》卷十二《圣人所由惟一理》。
② 陈琛：《紫峰陈先生文集》卷十三《正学篇·大中》。

阴中有阳，阳中有阴，阴阳不仅相互对立，而且相互包含，使其辩证法思想更加成熟。尤其是陈琛的"阴阳无截然相一之理，有则天地毁而造化息矣"的观点，表明他已经看到事物内部的矛盾是事物发展变化的动力，这是辩证法的核心思想。

三、万不能不归诸一

道在陈琛看来不仅是无形的，而且还是永恒的，与之相对应的物或者器则是变化和无常的。他说：

> 天地之大德曰生，生之谓易。人与物一也，人之所以异于禽兽者几希。何也？得其正而常者，人也；得其异而变者，物也。故中正之道存乎人者，所以自别于禽兽者也。可不思乎？《易》曰："乾道变化，各正性命。"其道之大定乎。万物之生有变者焉，有不变者焉。变者器也，不变者道也。①

从生于天地的角度言，人与万物具有同样的本质。这里陈琛对"人之所以异于禽兽者几希"的话，做了有创见的发挥。在天地之间获得"正"也就是恰到好处之"中"，就能够成为人；而获得"异"和"变者"，就是生命条件的丧失，只能成为禽兽甚至无生命之物。可见，人与禽兽之所以不同，在于能否获得"中正之道"。而这永恒不变的道，是作为人的生命存在的本体依据，一旦离开了这"中正之道"而发生变化，就只能成为动物或者物。从创造生命的双重条件来看，作为人之所以为人的本体依据的道是不变的，而构成人的生命的物质条件则是形态不一而变化的。将道看做变化的物所连接的过程，这过程作为道是永恒的，而这具体的物，则有生有灭，有始有终。没有具体的事物，也就无所谓过程，无所谓道；而没有这永恒不息的道，整个宇宙也就不复存在了。所以，无论是永恒的道，还是变化的器与物，都是

---

① 陈琛：《紫峰陈先生文集》卷十三《正学篇·大定》。

不可分的。

道是永恒、无形和超验的，只能运用抽象的思辨去理解和把握，而物是变化、有形和可经验的，并且能够被量化把握，那么物与道或理的一体，就可以从理是物之数的角度去理解。正如陈琛所说："物数之理有乘除。"①"乘除"二字在陈琛的话语中是表示数的增加与减少。虽然，他这段话是在讨论吉凶祸福的问题，但是他所使用的"物数之理"这一概念，还是很重要的。前面提到陈琛的气数概念，这里又出现了物数概念。这表明，陈琛看到人是可以用量化方法把握客观事物的。气数就是所谓的"分限节度"，这虽然不是一个明确的量化把握对象的概念，但的确已经具有量的特征。而这里的"物数之理"却是可以进行乘除运算的，那么这种量化的把握就更具体了。古代算数很发达，但是过去很少有将数与理联系在一起的观点。陈琛在此虽然着重讲的是四则运算的道理，但是将运算之理与运算对象联系起来，物与理的统一就可以理解为用量化的方法把握物。古代有所谓"数术"，但并没有提高到理的层面。不过，这"数之理"是人的尺度，对此陈琛当然是认识不到，这也是其理学家的背景决定的。

理、气的关系与道、器的关系基本相同。陈琛说：

> 理非有物也，当然而已矣，气有参差杂扰。而所谓当然者，则皆万古而不易也。②

理不是有形之物，只是当然之则。气则是形成各种不同形态之物的材料，它成分混杂，长短不一，参差不齐，变化万端。与之相比，当然之理是万古不变的。可见这里的"当然"是应然与必然的统一。那么，这永恒的当然之理与变化万端的实然之气之间是什么关系呢？陈琛说：

---

① 陈琛：《紫峰陈先生文集》卷九《与友人书》。
② 陈琛：《紫峰陈先生文集》卷十二《圣人所由惟一理》。

理尊于气而为气之主，理惟一而不二，则气当听命于理。①

理是当然之则，所以主宰变化万端的气。理是唯一的，是气之所以存在变化的道理，气当然要听命于理。陈琛确信理具有一种力量，一种对物质性存在的主宰作用。他说：

自昔圣贤言命，或以理言，或以气言。而以气言者，又有所禀所值之不同。术家以人生之年、月、日、时，五行之生、克、制、化，逆定夫人之吉、凶、祸、福。余不以为然。谓其不自夫有生之初论也，然间有甚验不爽者，岂其亦以气之所值者言欤？②

意思是说，谈论一个人的命运，应该持理、气统一论，必须从理与气两个方面看。一些术士算命，只以生辰八字和五行生克为依据，来推断人的命运和吉、凶、祸、福，也就是只从气的方面看问题。如果不从生命最根本的道理论起，怎么可能了解人生的命运。

陈琛的一与多、矛盾的普遍性与特殊性相统一的观点，还体现在一与万、体与用等范畴之中。他说：

一不能不散于万，万不能不归诸一者，理也。③

这是朱子理学"理一分殊"观点的创造性发挥，其关键之处就是"不能不归诸一"，这种无法抗拒的力量，才是理的根本属性。朱子并没有将这"所当然之则"理解为一种必然如此的力量，这就是陈琛的创造。陈琛将理的主宰作用理解为必然趋势，从而将应然与必然统一起来，为他心目中的道德原则寻找到了客

①　陈琛：《紫峰陈先生文集》卷十二《圣人所由惟一理》。
②　陈琛：《紫峰陈先生文集》卷六《赠黄汝为序》。
③　陈琛：《紫峰陈先生文集》卷十三《正学编·大化》。

观规律的基础。

第二节　承道命通内外

陈琛看到了社会历史是发展的，却将发展的动力归于"至清之气"。同时，他也看到地理环境对人的影响。陈琛以"性即气"的观点讨论人性时，表现出与心学的相似。他反对宋儒"以理为性"，反对离开生命过程抽象讨论人性，这显然是对程朱理学宗教化趋势的纠正。陈琛提出的所谓"大定"、"成性"和"成德"等概念，表达了他对人生意义的追求。陈琛的心范畴具有气与性的双重品质，使心具有无限可能性。性、气之间的体用不二，决定了道心与人心的统一。然而，在天理与人情之间，陈琛的内心却存在着巨大的两难。陈琛的社会历史观的特点在于，他看到了社会历史是发展的，但是却将历史发展的动力归于天地间的"至清之气"。他看到了地理环境对人的品质的影响，是中国版的"地理环境决定论"，然而他并没有因此将政治、经济与制度的发展都归于地理环境。他在讨论社会制度与规范的合理性时，表现出对"当然之理"与自然人情的强调，认为社会规范与法律制度必须依照天理与人情，而且还强调执法者的道德品质，以弥补法律之不足。在陈琛的心目中，心范畴具有气与性的双重品质。无论是本体之性，还是生命之气，都是人的精神。正因为人的精神是人的共同性，所以，人与人在精神上是有可能相互沟通的。性与气的双重品质，决定了心体与心用的不可分割和道心与人心统一。然而，在天理与人情之间，陈琛却发现了一个巨大的两难困境。

一、至清之气四处周流

陈琛在阅读历史与现实中一些杰出人物的事迹时，感受到天地之间有一种"至清之气"，它四处周流而无处不在。按照理学家的理解，"至清之气"，是天地形成人类精神的依据。但是，在陈琛心目中，这"至清之气"却表现出完全不同的性能，并且呈现为不平衡发展的过程。正是这种不平衡，形成了中华文化发展的阶段性。比如，明代中原的徐、淮地区在周朝鼎盛时期被视为蛮，而周朝时吴、楚、越在大江之南，是南蛮的南蛮。进入春秋时期，夷依然存在，只是所处的地区不同了，主要指闽、蜀与岭南的百粤，被视为夷的地区离中原越来越远，而数量也越来越多。经过汉、唐、宋直到陈琛所处的明朝，那些在春秋时期被视为蛮夷的地区，却出现大量杰出的人物，这正是天地之间"至清之气"积郁久而发挥巨大作用的结果。①

　　陈琛虽然并未具备历史发展观，但是他描述了一个历史事实和中华文明发展进程的现象。虽然是儒家传统的中原文化中心论，却看到了过去的夷已经不复存在，而可以与中原文化中心地区在文化水平上相媲美。就中原地区而言，这是一个文化由西向东、由北向南的传播过程。陈琛对这个过程也做了生动的描述。他说：

　　　　造化清灵粹美之气，始发西北而渐盛于东南，如水之行自高而下。大江以南之地，荆、楚、吴、越，高于瓯、闽，而岭南、百粤又处吾闽、越之下。②

　　就过去的夷地而言，这是一个由落后到进步的过程。虽然，陈琛用"至清之气"的积郁与爆发来解释这种变化的原因很难有说服力，但却客观地表现了中华文化是一个不断进步的过程，而不再重复儒家三代之治的复古主义陈词滥调。

　　历史是发展的，文化是进步的，过去落后的地区，现在却成

---

①　陈琛：《紫峰陈先生文集》卷六《河桥清饯图诗序》。

②　陈琛：《紫峰陈先生文集》卷七《赠徐恕轩教谕从化序》。

为文化的中心之一。自宋以来中国文化南移，已经使中国南部地区的经济与文化超过了北方。陈琛所处的明代中后期，正是中国与西方从海上开始大规模贸易的时代。虽然明朝政府对外贸易政策十分保守，但沿海地区的经济与文化迅速发展也是不争的事实。明清两代在闽南地区有如此众多的思想家，就能够很好地说明这一点。

遗憾的是，陈琛没有看到文化发展与经济发展之间的关系，而且是将其理解为天地之间"清气"运行的结果，并且认为这种运行是无常或无规律可言的。这说明，陈琛看到了历史具有进步性，但却看不到这进步的背后有规律可循。当然，陈琛历史观的局限是正常的，我们不能苛求古人。

陈琛虽然无法找到社会进步的真正根源，但是他将文化的发展看做天地之间"至清之气"的作用，表明他已经与传统儒家的观点有了很大的差别。他不再提所谓"华夷之辨"，在很大程度上摆脱了中原文化中心论的褊狭。陈琛不仅看到了历史的进步性，也看到了地理环境对人的影响。他认为，山区之民质朴，水乡之居聪慧，南方之人柔和，北方之人强悍，这种区别是在天性的基础上因所居地域不同造成的。也就是说，地理环境的不同决定了人的性格的不同。陈琛甚至认为，东南地区湿润多雨，生长在这里的人生性温柔，所以表现为仁爱；西北地区干旱缺水，生长在这里的人生性强悍，因此多义气。阴阳与刚柔虽然对立，但是西北也有柔情之仁，东南也有刚烈之义。东西两地虽然不乏豪杰出现，也不受风气的限制，但是两地总是有区别的。这种区别就在于，所得的阳刚与阴柔之气的轻重多寡有所不同。即使是仁义之气，秉承也要有尺度，过分同样会出问题。因此，才会有后天改变气质说法。然而，这是一件很难的事。陈琛宣称，他很少见到能够将仁义之气把握得恰到好处，并且运用于具体的施政过程中的人。

但是，陈琛却称赞重庆太守易嘉言不受山川风气之偏的影响，却得益于山川风气的精华。易嘉言出生河南中土，此地在陈琛眼里，集东西南北之精至之气，是仁爱与义气交汇之地。所以，易嘉言的品德绝不只是后天读圣贤书得来的。他既有家乡"精至之气"而成的气质，又不让这种气质主宰自己的性情，因此被陈琛所称道。此太守的人品已不可考，我们要说明的是陈琛所持地理环境对人品影响的观念，是中国式的"地理环境决定论"。

陈琛虽然将社会发展的力量看做是天地间的"精至之气"，将社会的文明与人的道德品质与地理环境联系起来，但是他并没有忽视人的能动作用。他并没有像西方"地理环境决定论"那样，将社会的经济、政治与制度文化等，都归之于地理环境。

二、中正贯而成性立矣

陈琛认为人性善恶论的观点根本不懂人性，主张"天地之性"与"气质之性"是对人性没有深入了解。陈琛通过讨论人的才能和本质论证人性。人的才能是人的本质的表现，这种才能是天赋与后天努力的结果，所以"才"是"性之散殊"，也就是人的个性。它是人身体各个部分的能力，也是人的精神的表现。因此，人的性实际上就是"精爽之气"，这与心相通的气，就是人的精神和人的本性，即"性即气，气即性"①，只有了解人的精神与生命一致的人，才能够理解这一点。人的知与觉，正是人的精神的基本特征，所以说是人性的灵动之处。人的精神世界就是人的灵魂，人的智慧与道德情操都蕴含其中。

陈琛以"气即性，性即气"的命题，对理学的传统观点提出质疑。陈琛认为，将知觉看做人心，以"理"解释人性，是将人

---

① 陈琛：《紫峰陈先生文集》卷十三《正学篇·至感》。

的精神与人的本质相分离。佛教以人的知觉为妄，以人的本性为真，其观点更是荒谬。陈琛赞同孟子以"仁"为人心和程颐"心如谷种，仁为生性"的观点。这两个人的观点的一致之处，就是性善论。有所不同的是，程颐以谷种类比人性。将谷种所蕴含的生命的可能性，类比为人的生命本然中向善的可能性。

然而，天赋的善性，只是向善的可能性，至于人能否向善，却取决于他后天的境遇。陈琛认为，《易》所揭示的道是最根本的道，它决定着天下万事万物的根本性质。这种性质是不变的，具体的事物却是变化的。比如草木、鸟兽，无论怎样繁衍，其作为草木、鸟兽的本性并没有变，否则就不再是草木、鸟兽。然而，其形态还是有着不同程度的变化，这是生命演化的规律使然。天地之间的"中正之道"构成人性。在人未出现之前，它是人之所以为人的可能性；当人出现之后，它是人的共性，这是不能改变的，一旦改变，人就不再作为人而存在了。但是，变化还是经常会发生的，其原因就在于客观环境的影响，是后天的感受和经验、阅历与学识，这些都会改变本然的天性。①

如何保证先天的善性不被环境改变呢？陈琛认为，婴儿初生之时即所谓"赤子"，他对这个世界没有感受也没有经历，因此他没有引起自身变化的外因。保持人的天性，就是使自己像初生时一样。人本来是万物之灵，如果还不如草木和鸟兽，岂不很悲哀。为了避免使自己沦为草木或鸟兽，必须努力保持自己的天性不变，这就是所谓"性之定"。保持自己的生命本性的方法，就是恢复生命形成之初的"中正之则"，体味人之所以为人的根据，不要被自己的经验和感受所束缚。以赤子之心为前提，将其保持并且扩大，而不能损害它，"此之谓大定"②。这种观点显然受到

---

① 陈琛：《紫峰陈先生文集》卷十三《正学篇·大定》。
② 陈琛：《紫峰陈先生文集》卷十三《正学篇·大定》。

道家思想的影响，而且还让人想起比陈琛略晚些的同乡李贽的
"童心说"。虽然他努力反对心学，但是这位与王阳明同时代的理
学家，其人性论的确有心学的影子。

　　人性虽然一样，境遇却各有不同。在人生的苦难与磨砺之
中，保证"大定"之性不变，将是一件极艰难而又重要的事。一
生淡泊功名，人生道路充满坎坷的陈琛感慨道：天地创造万物的
过程，有雷霆和风雨，这是生命存在的条件。秋霜凄冷，冬雪凛
冽，这些不利于生命成长的环境，构成生命生长发育的季节。自
然界生命开花结果，顺应自己的性命之规。这完满走过的历程，
将自身所具有的可能性，都转变为现实。与之相比，人生的一生
也是一样，即使备受艰辛和苦难，也要圆满地完成自己的一生。
人生的苦难是注定的，可是人并不能因为苦难而改变自己的本
性。这就需要内心有坚定的信仰和意志。正所谓："夫性之著也，
不揉不戾，沛乎其顺也。孰能御之？故曰达顺。"①

　　由此看来，陈琛的"大定"具有坚定信仰的意义，甚至包含
了终极关怀的内容。当然，儒家的终极关怀在于人生意义与价值
的确认，而不是死后和未来世界。那么，只有在现实社会中寻找
到自己的位置和价值，明确自己之所以为人的道理，就是"大
定"。如其所云："人物之定也，故曰大定。正则者，性也，言乎
其人也。是故，中正贯而成性立矣。"② 人和物都有自己的"大
定"，也就是本体依据，也就是"正则"，是人得自天地的本性。
一旦明确这"大定"和"正则"之后，要将其贯彻于自己的一生
之中，这就是人的"成性"。关于"成性"，陈琛说："阴阳者天
地之道也，成性者人之道也。阴阳毁，则天地之道息矣；成性
毁，则人之道息矣。"③ 就人类而言，"成性"毁，人之道就不存

---

①　陈琛：《紫峰陈先生文集》卷十三《正学篇·序》。

②　陈琛：《紫峰陈先生文集》卷十三《正学篇·序》。

③　陈琛：《紫峰陈先生文集》卷十三《正学篇·正则》。

在；就个体而言，"成性"毁，人就沦为禽兽。

三、统内外而存乎道

陈琛赋予"天地之心"以人一样的意志力，所谓"夫天地以生物为心，至理大德终非气数之所能夺"①，人心与天地之心具有共通性。在陈琛看来，以"天地之心"为根源形成的人之心，具有几个重要的特征：

第一，从本质上看。心是"气之精爽者"构成，因此具有"虚且灵"的特征。他说："心亦生于气也，但气之精爽者耳，精爽则虚，虚则灵。既虚且灵，故众理具焉。"②

第二，从能力上看，心无所不会，无所不通。陈琛说："心者，通之会也。通诸天地而承乎道命者也，故无所不通，曰大通。"③

第三，从精神与肉体的关系看，心不仅具有"通之会"的作用，而且能够将汇聚于心的道理散于四肢百骸，指挥它们使其发挥功用。

第四，从超验的角度看，心就是人的思辨能力，人在思维与想象方面，具有无限可能性，并且是"立人之极"④。

陈琛认为，在人的生命与外部客观世界之间，存在着一个沟通与联结者，就是人的心，也就是人的精神世界。就像天地由于道而合一，物我由于仁而一体，人的内心世界与外在世界，由于主体的精神而联结在一起。天地万物是意识的对象，也是意识的内容，意识本身与意识内容是一体的。没有意识对象和内容，我们无从体会意识活动的存在，所以万物是心之体。自然界的规

---

① 陈琛：《紫峰陈先生文集》卷六《赠江西少参陈柏崖先生序》。
② 陈琛：《紫峰陈先生文集》卷十二《心如谷种》。
③ 陈琛：《紫峰陈先生文集》卷十三《正学篇·序》。
④ 陈琛：《紫峰陈先生文集》卷十三《正学篇·大通》。

律，既蕴含于天地万物之内，也包含于意识内容之中。而心的最大功能就是感应力，这种能力与人的生命同在。生命在精神就在，所以心之用无穷。人的精神与天道一样也是变化莫测的。人的心灵有一半在内，一半在外。在内的是精神世界，在外的是人的感官与外部世界的接触，是人的肢体及其实践能力。人的精神世界和外部感知能力当然是统一的。只注意内心世界而忽略对外的感知能力与外部世界的存在，是对人类精神力量的限制。

在陈琛看来，想象力是人的精神具有的特殊功能，并且神奇而快捷。其无限性超越时空限制，鬼神不能阻碍，自然风雨无法干预。甚至放之四海而皆准，历经千年而有效。心之所以具有这种能力，就在于人性的相同。人与人之间虽然远隔万里，时隔千年，但是心可以相通。正所谓："前乎千百世之既往，后乎千百世之方来，无不合者，心也。"①

对人的精神有如此认识的陈琛，对道心与人心的理解就与前人大不相同了。陈琛将与性相同的心本体理解为"道心"，将心的功能或能力解释为"人心"。"心非有二也，主寂感而言者也"②。人的精神是一体的，精神本身是不变的，它与生命同在，所以"寂"；精神的内容和能力是变动的，随环境的变化而改变，所以是"感"。这也是一层体用关系，道心为体，人心为用。

既然将道心理解为心本体，或精神本身，那么所有的精神现象就都属于人心了。而在这人心的各种功能中，有一个极其重要的功能，就是人的情感。在陈琛看来，情与意的不同，不在于功能，而在于其源头。情源自于人的本性，并无指向性；意源自于人心，具有明确的对象性。二者虽然有体用的不同，其根源都是人的精神世界。人性本然是真的，情使其失去真；人心本是虚灵

---

① 陈琛：《紫峰陈先生文集》卷十三《正学篇·大通》。
② 陈琛：《紫峰陈先生文集》卷十三《正学篇·大通》。

的，意使其失去灵性。可见，陈琛在此将性与情、心与意对立起来了，这种对立是陈琛内心矛盾的曲折反映。

陈琛之所以将情与性、心与意相对立，根源在于他将情看做同气数一样的虽然合理却与天理相矛盾的力量。所以，陈琛并不反对人所有的情感。在他心目中，有两种情，一种与天理相符合，另一种与天理相违背。天理之内的人情，顺应它也就是顺应天理，但是不可避免地要被讥讽为偏袒营私；天理之外的人情，拂逆它同样是顺应天理，但却无法逃避被指责为矫情过激。这正是陈琛内心体会到的道德两难困境。

他以更极端的例子表明自己内心的矛盾。某人问：父子同朝为臣，其父欲弑君篡位，儿子是为父亲隐瞒，还是告发父亲的阴谋呢？如果告发，忤逆天伦；如果隐瞒，违反臣道。儿子陷入了道德上的两难："君则不可使之见弑"，"父则不可使之见诛"。陈琛设计的解决方法是："反覆晓谕苦谏，以求其必从。苦谏不从，杀身以冀其自悟。如此则臣子之道既皆尽其在我，而君父之事，亦当委之于天矣。"① "忠孝不能两全"的道德困境，天理与人情之间的巨大冲突，处于道德下位的个体只能一死了之。这虽然没有明显的反封建意识，却也表现了陈琛内心深处的矛盾和无奈。

第三节　注重主体力量

陈琛认为，偶然性产生于阴阳力量的偏差，而人可以通过偶然认识和把握必然，所以他主张"反求诸己，不可以言命"。在心物关系问题上，陈琛对意识对象与意识内容作了区别，表现出深厚的哲学素养。他进而将人的精神世界视为统一心与物的载

---

① 陈琛：《紫峰陈先生文集》卷十二《孔子对叶公父为子隐子为父隐直在其中》。

体，看到了意识内容的主客观双重性，在人的精神世界中，找到了物我统一的基础，认为心可观万物，大心可通万物。并且认为，心底无私才能摆脱外物对欲望的诱惑。只有摆脱了外物的诱惑，才能达到真乐的境界。为了超越感官的局限，达到对无限真乐的体验，陈琛特别关注艺术与审美活动，以求在审美的境界中获得人格的独立和精神的自由。陈琛的知行观的特点是，用"学"统一知、行的过程。他以车比喻学，以知与行比喻车之两轮，从而使知与行共同构成完整的学习过程，知与行得到了很好的统一。以此为基础，陈琛批判了三种不同的知行观，认为知与行既不可偏重某一方面，也不可将二者简单地等同。强调知、行统一，正是儒家经世致用传统的体现，陈琛力主在培养良好道德的基础上，掌握各种关系国计民生的实践能力，并由此提出人的能力全面发展的观点。

一、深入至神胜乎命

陈琛认为，天与人的关系就是道与器的关系。在他看来，天是万物的本体依据，地是万物的物质基础，万物在天地之间生成。人立于天地之间，构成与天地并立的三才之一。人虽然是万物之灵，阴阳之精与百神之会，但是人毕竟是肉体的实在，它与大地和万物一样都是有形之器，所以必然要受到虚而一、一而神的天道的支配，所谓"地与人皆器也，而天之神至矣"①。

天道的这种力量，被陈琛称为"命"。它不仅是自然过程，而且是一种运行不已的力量。命与道对于人而言，都是不可抗拒的。它的存在不可否认，人也无法改变它的运行，所以它之于人而言，是"至真至正"②的。陈琛对道与命的不同作了进一步说

---

① 陈琛：《紫峰陈先生文集》卷十三《正学篇·太始》。
② 陈琛：《紫峰陈先生文集》卷十三《正学篇·大化》。

明：天下永恒的变化和幽深玄妙的力量，就是命。它升降没有规律，刚强与柔弱相交织，在变化多端中表现出吉凶不同的结果，此时道消失在偶然的现象中。变化的过程有不同的方向和不同的速度，这一切都表现为命运的力量。道是万物的起源和唯一的根据，在阴阳相对抗的力量推动和五行物质材料的构造下，生成万千世界。而万物在形成的过程中，有"不齐者"存在，这就是偶然性的表现。必然性被"不齐"的偶然性所湮没，道的变化成为不可测的神秘存在。命运的这种"不齐"与偶然，正是由于阴阳两种力量发生偏差，物质的力量胜过了虚而神的道，于是必然性之道被偶然性吞没了。①

不过，道作为必然性，同时是一种趋势，它具有一种必须贯彻到底，并且征服一切偶然的力量，从而最终体现出"百川归海"的结局。人是否能够战胜或者超越命运的支配，就在于能否把握这必然之道了。由一而万，由道而器，必然表现为偶然，这本身就是一种规律；反之，由器而道，偶然最终体现为必然，人通过偶然发现必然，则万物归于一，这是必然与应然相统一的当然，所谓"得道"。"正"不能不消失于变化之中，而变化又不能不停止于"正"，这也是命。然而，这时的命就已经不再是偶然的命运，而是人主动对命运的把握，是自己创造自己的命运。这是将必然转化为当然的努力。所以说"天地之大义曰道"。变化与万殊达到极致就会归于道，这也是命。因此说"道命一也"。面对这偶然与必然统一的道与命，正确的态度就是"立乎中正之域而不过"。②

在现实生活中，每个人都要面对自己的命运，一般人能够把握自己的命运吗？陈琛以为，命运问题究其根本是人的抉择。但

---

① 陈琛：《紫峰陈先生文集》卷十三《正学篇·大化》。
② 陈琛：《紫峰陈先生文集》卷十三《正学篇·大化》。

人们时常处于选择与自由两难困境。父子、君臣与天下国家，这对一个男人而言，都是无可推卸的责任，可是它们之间又常常会发生矛盾。一个"当"字，便道出了如何选择与取舍的标准。那么这"当"字又作何理解呢？这就有一个比较与权衡的问题。人的生命是最宝贵的，当爱它的时候，它就重于泰山；当要舍弃它的时候，它就轻于鸿毛。什么时候爱，什么时候舍，则看情况而变通，然而万变之中有不变，就是不能违背天理。人的命运，其实就是人生的境遇与面对各种情况的选择。这种善权衡与善处变的能力，就是把握自己命运的能力。然而，这绝不是机会主义，而是基于对必然规律与当然准则的把握。如果不能超越人之常情，摆脱常理的束缚，就不能把握事物变化的时机和规律，也就无法超出凡俗之窠臼和他人之故辙，"欲以读天下书，处天下事，而免不直之责难矣哉"。①

以上只是从道理上说，陈琛还用具体事例说明自己对命运的看法。陈琛的朋友、莆田人黄汝为，曾经对陈琛说，有算命者称他将于辛巳年升官，陈琛表示不相信。可是不久这位黄先生果真调任南安通判。临行前陈琛与几位同乡诸大夫去饯行。这位黄先生拉着陈琛的手笑着说："术者言命之中也，何如？"陈琛知道这位算命先生精于阴阳五行，但认为"君子行有不得当，反求诸已，不可以言命"②。陈琛以为，这位黄先生无论是写文章、做官、品德还是举止，没有人能够找出他的缺点，按照他的人品，应该有更高的升迁才是。可是为什么仕途如此不通畅呢？陈琛对其原因做了分析。认为他仕途不畅不能全归于命运，而是自己的行为有不到之处。具体表现为，知理而不知势，就是不懂得变通。虽然讨厌世俗，却表现为一种迂阔。根据自己的标准决定是

---

①　陈琛：《紫峰陈先生文集》卷十二《孔子对叶公父为子隐子为父隐直在其中》。

②　陈琛：《紫峰陈先生文集》卷六《赠黄汝为序》。

非，而不顾别人的爱憎，所谓"能方而不能圆"。这样的性格与处事方法，在当时的仕途之中求升迁，就如同病马驾破车行驶于蜀道之上。因此，陈琛劝这位朋友要"用圆济方"，在不损害天理的情况下，顺乎人情而为，这样才可能使自己的仕途更畅通，命运也就会更好一些。果真如此，"吾未信夫所值之命之能穷吾汝为也"。① 由此可见，陈琛充分认识到主观努力与个性在命运中的作用。

二、心大则百物皆通

陈琛继承理学的传统，确认物与心是对立的，在人的精神世界之外有一个不以人的意志为转移的客观世界。他说：

> 凡物之成文章者，皆可观。故夫人之所造所就，能不混于庸众而有可观之美。②

这里陈琛虽然只是在讨论文章之美，并未提及思维与存在的关系，但却涉及人的精神世界与外在物质世界之间的对应关系。心与物之间，是观与被观的关系，这个物的世界和对象，不仅是自然界，还包括人的创造。

心、物关系的第二层内容是二者之间能否统一的问题，也就是客观之物能否被人类的感官所把握。对这个问题，陈琛是持肯定观点的。他说：

> 盖心大则百物皆通，而所见之拘于隘者，则不足以语于大矣。③

正如张载所云"大其心则能体天下之物"，所以"心大"才

---

① 陈琛：《紫峰陈先生文集》卷六《赠黄汝为序》。
② 陈琛：《紫峰陈先生文集》卷十二《斐然成章》。
③ 陈琛：《紫峰陈先生文集》卷八《隘轩记》。

能"百物皆通",从而掌握现象背后的本质和事物的普遍规律。由此可见,陈琛不仅承认感官是主客观之间的纽带和桥梁,而且肯定人的理性思维能够超越经验而把握事物的本质和规律。当然,这里的"心大"还有以直观的方式,整体地把握对象的意思。

心学的用意是要摆脱外物对精神的诱惑和干扰,寻找精神与主体的自由。但是心学有夸大精神作用之弊。传统理学一味地强调"格物致知",将外在的理置于至高无上的地位,的确存在独断论和理性专制主义的意味。而心学之所以能够一度成为取理学而代之的显学,正是满足了晚明时期人们对自由的追求和个性解放的要求。为了回应心学的挑战,理学必须解决自身的理论问题,而陈琛的确做到了这一点。陈琛在与心学的辩难中,既指出心学的问题,也注意纠正理学的偏颇,使理学得到进一步的发展。这不仅体现在对意识内容与意识活动的区别上,而且还表现在如何看待外物以保持内心的独立上。在他看来,天下万事万物,都是通过人心的感知功能而被意识到其存在的,所以处理好人际关系,必须从自己的内心入手。天下有太多能够扰乱人的心志的东西了。即使是统率千军万马、威震天下的英雄,也无法控制自己的情感和欲望,可见"制心"是何其难!即使像程颢这样的人,经过十几年的修养,依然因外在的功利而情不自禁,说明"造道成德之学亦岂易言哉"①。

保持内心的平静而不受外物的诱惑与搅扰,虽然极其困难,但并非没有可能。这是一个实践性极强并与修养功夫有关的问题,仅靠理论上正确把握心、物关系是根本不够的。陈琛认为,身处喧闹之中不要起厌恶之心,被琐事缠身时不要烦恼,这就是"真定",也就是心态的平和。儒家并不主张与尘俗隔绝,一定要

---

① 　陈琛:《紫峰陈先生文集》卷八《剑溪草堂记》。

在现实生活、人际交往和俗事处理中，完成心性的提升和修养。陈琛的主张并不是"定性之说"，因为这种学说要求保持内心无事，每天的作为只是应付而不动心，这种观点与陈琛"性合内外动静之机"的主张根本不同。陈琛的观点当然也不是佛家的"明心见性"之说。简单地说，不过就是以"赤子之心"待人接物而已。可是，天下人并非都是赤子，我们也只能与外物保持距离，如果想杜绝与外物接触，让自己的内心完全没有内容，这种所谓的"直"，如同用镜背照人，是没有用也做不到的。陈琛用"廓然而大公"和"物来而顺应"解释"赤子之心"，就是要求人们在处理外物与己的关系时，不要有私心和占有欲，这样就能够保持空灵之心，就是一个正直的人。"心物之辩"在儒家与佛教之间的区别就在于，儒家以祛除私欲，出以公心来保持心静，佛家则以否认物的真实性来保持心静。前者入世依然可以心定，后者要心定就只好出家了。"此圣贤之道也，其异于达磨远矣"①。

保持内心的无事于空，不是追求僧侣般的寂静，而是追求理学所谓的"孔颜乐处"，这是宋以来儒家普遍关心的问题。实际上涉及人生意义与终极关怀的问题。陈琛对"孔颜之乐"的理解，也有独到之处。他说："人心有真，得真则乐矣。"那么，作为乐的基础的"真"是什么意思呢？据陈琛解释，世俗之人的感觉都不值一提，他们是用寻常的声、色、味来满足自己的感官，所以，他们的内心不会有愉悦。静寂无声，才是最美的声音；朴素无色，才是最美的颜色；淡而无味，才是最佳的味道。这显然受《道德经》"大音希声"观点的影响。然而，陈琛有自己的创造性发挥。超越感官局限才能获得的真正精神意义的审美感受，从悦目到赏心，再到悦志，乃至悦神，才是审美的最高境界。有了这种最高审美境界的"真乐"，就会达到无金钱依然富有，不

---

① 　陈琛：《紫峰陈先生文集》卷十三《正学篇·异端》。

是王侯同样高贵，不做神仙也能长寿的境界。他极其蔑视那些一味追求感官刺激的人，而自诩为"山林高尚之士"①。这是审美境界，也是人格独立。

三、全其心体之大用

在陈琛看来，学习的内容有两大类：第一类就是关于天人相接、道器相体、有无相联、内外相合的知识，也就是今天所谓的"哲学"。天人相接，就是认识自然规律；道器相体，是通过具体事物把握共性；有无相联，是透过现象看本质；内外相合，是主客观的统一。② 这些都必须通过学习才能掌握。因此，学习就成了联系天人、贯通道器、把握有无、沟通主客观的关键性活动。第二类学习内容是如何做人，也就是伦理道德的知识与实践。陈琛认为，所有学习的内容都是围绕着如何做人展开。"人"是一个非常大的概念，"人之道"也是最高的真理。如果不通过学习，就不可能理解人的内涵；不知道什么是人，也就不知道什么是天。所以，通过学习而知天，这是学习的终极目标。这个天又被称为"大"，也就是"中正"原则或标准，所谓"大者中正之谓也，性道命之相承，其中正之贯乎"③。通过学习掌握了中正原则，也就把握了真理，从而对人性、自然规律和人生的价值与命运都了然于心了。可见，这学习的过程，做人的过程，与追求真理的过程是完全一致的，而且这样的学习过程必须是知行统一才能达到目的。

陈琛不仅通过学习过程统一了知、行，而且对知行之辩也做了深入探讨和精彩论述。他说："知行并进，其学之两轮乎。"既不可或缺，也不能合一。陈琛批判了知行之辩中的三种观点，一

---

① 陈琛：《紫峰陈先生文集》卷六《赠潘东厓先生南归序》。
② 陈琛：《紫峰陈先生文集》卷十三《正学篇·真乘》。
③ 陈琛：《紫峰陈先生文集》卷十三《正学篇·真乘》。

是只重行而不重知，这种观点只能导致不明道理，愚昧偏执，不能超越一己经验与偏见，陈琛称之为"颇"；二是对行的过程与结果的一无所知，因此恣意妄为，违犯法令，破坏规矩，最终不仅行为失败，而且还要受到惩罚，陈琛称之为"颓"；三是将知行直接同一，实际上取消了人的学习过程，陈琛称之为"窒"。①批判了这三种不同的观点之后，陈琛进一步阐述了自己对知行关系的认识。他说：

> 德性之知，乃真知也，屋漏之行，乃真行也。由德性之知而达于无所不知，由屋漏之行而达于无所不行，业斯广矣。②

"德性之知"是对中正原则的认知，"屋漏之行"，比喻处世光明正大，即使在无人之处，亦持心端正，无愧于神明。然而，有了德性之知，就可以达到对全部知识的把握。"屋漏之行"是人生实践的起点，能独处而无愧于神明的人，自然在人际关系与社会活动中，恪守道德规律。知行虽然统一，但却局限于道德领域。

在陈琛看来，学习的内容有本末之分。在获得了根本的道德品行之后，必须在为政事功之末等方面体现出来。所以，儒者并不讳言军事。而且有关经济、财政、军事等，都是儒者的分内之事。然而，根本的德性修养与实用知识和能力之间的本末关系不能倒置。也就是说，实用的知识与能力必须以道德品质为基础。否则，一个道德水平低下的人，如果手握兵权而且好战，那将是一件很危险的事，"固儒者之所不取也"③。

这就涉及人才的标准问题。一方面是社会需要什么样的人

---

① 陈琛：《紫峰陈先生文集》卷十三《正学篇·真乘》。
② 陈琛：《紫峰陈先生文集》卷十三《正学篇·真乘》。
③ 陈琛：《紫峰陈先生文集》卷七《赠柴侯仲和序》。

才，另一方面则是每一个个体追求什么样的成才目标。就陈琛的观点而言，人才的发展有两个标准：

其一，是专门人才，所谓"才不可齐，但取其适于用"①。以实用为标准，既表现了社会对专门人才的需求，也表达了陈琛对当时学风的看法。儒家虽然有经世致用的传统，理学也一直以此为追求，但是在理学发展历史中，空谈理论的人不在少数。在陈琛看来，那种只会高谈阔论，却心胸狭窄，虽然自诩为仁为义，但是在从政方面一无所能之人，是不能算人才的。那些专门写文章的人才，陈琛则认为他们并没有实用价值，只把他们当做观赏对象而不会委以重任。在奇花异草与蒹稗之间，陈琛宁愿选择后者。因为，蒹稗虽为野草，其果实毕竟能食用，以弥补粮食的歉收，而奇花异草是不能当饭吃的。

其二，追求人的全面发展，并表示了陈琛对圣贤人格的全新解释。陈琛所谓的圣贤是他心目中的理想人格，也是他自己的追求。具体表现为"全其心性之用"，即达到智慧与道德的最高境界；"全其耳目之用"，即具有独到的见解和过人的识别能力；"全其四肢之用"，即掌握自然规律之后创造现实价值。这当然是人的全面发展的最高标准了。这种理想人格在天赋方面，与常人并没有什么不同，其区别就在于能够"顺天"，也就是把自己的天赋条件充分地挖掘和发挥出来。不过陈琛又说："才虽得于天，而成之亦未尝不由夫人。"② 这个"人"当然主要指个人的主观努力，但也包含一定时期的社会环境。问题的关键在于，我们的天赋条件是如何被压抑了，我们又如何能够将自己所有的天赋条件充分地实现出来呢？陈琛没有也不可能有这样的追问，因为这样的追问必然会引出对社会制度的根本性怀疑。

---

① 陈琛：《紫峰陈先生文集》卷六《时轩文集序》。
② 陈琛：《紫峰陈先生文集》卷七《赠叶仕尧尹新兴序》。

第七章

张　岳：辩难心学理更明

明中叶以后，朱子理学在全国的学术地位急剧下降，心学已经取而代之，成为一时之显学。就全国范围而言，此时的朱子理学，真可谓日薄西山。然而，福建尤其是闽南，朱子理学依然十分盛行。而且在与王阳明心学的论辩中，闽南理学得到很大的发展。张岳（1492～1552 年），字维乔，号净峰，福建惠安人，学术活动时期，正是王阳明学说方盛之时。张岳不畏强权所迫，不为时论所左右，始终坚持反对心学的观点，弘扬理学思想。张岳在与王阳明心学派论辩中全面阐发朱子理学，进一步克服理学自身的理论局限，使之更趋完善。

第一节　理气一而不同

张岳的精神性本体的特点是强调以一为核心，以贞表现一道之极，以义体会道之全体。在理范畴中，他追求心、性与理的统一，既反对将三者分割，也反对将三者完全等同。张岳的一范畴本身又具有一种力量，向外是处理人事与政事的原则，向内为自己提供做人的准则与人生的终极意义。张岳将其"以一天下之动"的本体论贯彻到对物质范畴的理解中，因此坚持气、象、数的统一。而他的气是天地之间的感应力量，象是天地之间所有的有形之物，数是气的周期，而理则是这三者之间相互联系与规律。张岳的物包括事物与对象，表明其物范畴内容的扩大。张岳看到了阴阳之间相互转化的必然性，但是他对阴阳关系的理解却远不如同时代的陈琛具有辩证性，表现出明显的绝对化倾向。这与他过分强调一的地位和作用有关。在张岳看来，从理到数是无限与有限的统一。他虽然主张理与物统一，却反对认物为理的倾向。他多次使用"事理"一词，既表达他理事统一的主张，也包含了为朝廷政策的合理性进行辩护的努力。

一、天地间之真道

为了纠正理学的概念虚化的弊端，张岳很少孤立地讨论道范畴，总是和其他概念结合在一起，进而更具体地表达他对客观本体的看法。比如，对《周易》中"贞"的讨论。"贞"是"元亨利贞"的最后阶段，是冬天万物肃杀之时、生机蛰伏以待春天到来之际，是静极复动之始，是贞下起元的转捩点。所以，时令的变化，就存在于"消息"之际。整个《周易》的六十四卦与三百八十四爻，都是对天道运行的图解。阴阳各爻，交相重叠，表示刚柔相间，力量交错，告诉人们如何顺应时节的变化，规避灾难的同时促进事物的发展。因此，这蕴含着生机的贞是吉利的。以人为例，贞就如同一个人的志向，它包含着做人的标准、处理人际关系的尺度和人在独处时的精神状态。因此，之于个人而言就是"居贞"。①

张岳还从"义"，也就是为人处事的道理的角度，探讨"道之全体"的意义。他认为，道理存在于天下万事万物之中，通畅

---

① 张岳：《和氏三子字说》，《小山类稿》，福建人民出版社，2000，第 334 页。

无碍而且放之四海皆准。其中有一种道理被称为"义"，其基本含义就是"宜"，即处理事情合乎时宜，或恰到好处。是否合乎时宜的标准是客观的，但是做事把握时宜的能力却在自身。只有平时注意自己基本素质的培养，才能在关键时刻，将事变处理得当，符合"天理之全"。超越一己之偏见，把握全局之大要，权衡轻重缓急，全尽自己的使命，从而达到"会斯道之全体"，最终达到处"天下之大变"而镇静自若的境界。① 在此，"天理之全"与"道之全体"的意义是相同的。这"道"与"理"都是张岳所追求的真理，所谓："夫天下之道，不真则伪，伪不可循也，顾当认者真心尔。"②

张岳对理范畴理解也有独到之处。他说："天下之理，其反复往来，岂有常哉？"③ 张岳以《大壮》卦象为例，说明阳盛必转衰，阴虚必转盛，进退与盛衰相互转化的道理。这种物极必反的现象，就是"常"，是不变或永恒。任何一种态势都不可能长久存在的，只有反复往来的转换过程本身是不变的，而天下没有永恒不变的事物。

《周易》所谓"殊途同归，百虑一致"，张岳认为"此言理本自然，人不可私意求之尔"④。然而，本于自然的理，虽然能够"殊途同归"，使"百虑一致"，但殊途与同归、百虑与一致之间还是存在区别的。用今天的话说，就是方法和道路有不同，但目标是一致的。因此，才会有理学与心学的争论。张岳接着对心与理之间的区别做了自己的解释。他认为，心、性、天，都是理的体现，如同父子祖孙共一个血脉一样。如果把心、性、天分开谈，这理岂不被切断？如同将父子祖孙的血脉切断，从而导致其

---

① 张岳：《蒙恬论》，《小山类稿》，第 363 页。
② 张岳：《赠竹泉龚君之河南少参序》，《小山类稿》，第 247 页。
③ 张岳：《与夏桂洲阁老》，《小山类稿》，第 142 页。
④ 张岳：《答聂双江巡按三》，《小山类稿》，第 106 页。

顺序混乱一样。以往理学的失误之处就在于，辨析得太精细，从而使三者相分离；心学欲纠正其偏，又将三者捏合在一起，而忽略了它们的区别。两派之间争论不休，谁也说服不了谁。所以，张岳主张，放弃"殊途"，以求"同归"。也就是要求学者们少纠缠理论细节和方法争议，在日常生活中多下修养工夫。①

"一"是张岳的客观精神性本体的重要范畴，因此，他认为十六字心传中"一"最重要，因为一就是"天之理"。当人掌握了一之后，则表现为心对行为的控制作用。这就是"克己复礼"，使自己的视听言动皆符合道德规范，然后才可能做到统治社会、治理国家的举措皆与天理符合。对天理体验到精纯的程度，品性培养到仁厚的境界，才能"一天下之动"，否则就是自诬而欺天。②

"一天下之动"就是用统一的标准规范人的现实行为。这个标准就是"中"，张岳称之为"大中"。它是天理与规范的统一。"一天下之动"的"一"作为动词使用，就是将多与杂归之于一个标准。以此解释"存心"与"处事"的道理，以及使自己的性情归于"正"，就是使自己的愿望与行为都符合"大中"标准。如此虽然不能使天下没有可忧可惧的事物，但却可以使自己免于忧惧。③ 由此，"一"与"大中"便有内心信念的意思，也可以理解为人生的终极意义。

既然是内心的信念和人生的终极意义，这"一"就包含了内外一致、表里如一的做人准则。张岳强调"内外一理"④，如果对外以圆、对内执方，又如何使做人的准则不发生变化？方与圆都是天理的体现，在处理具体事物的时候，要寻找切合时宜的方

---

① 张岳：《答聂双江巡按三》，《小山类稿》，第 107 页。
② 张岳：《一斋记》，《小山类稿》，第 257 页。
③ 张岳：《君子不忧不惧论》，《小山类稿》，第 366～367 页。
④ 张岳：《赠大参孙公毅庵序》，《小山类稿》，第 232 页。

法，追求政策的灵活性，不等于放弃原则。方与圆的关系，也可以理解为经与权的关系。只要内心的信仰不变，根本的原则不变，在解决具体问题时采取灵活而切合时宜的方法，并不违反天理。张岳并不反对权变与灵活性，他提醒人们注意的是，不要在灵活的权变过程中影响表里如一的做人原则，最终沦为虚伪品性或者双重人格。

二、穷诘天下之理

在张岳的时代，阴阳家有"主于象"、"主于数"和"主于气"等三派。在张岳看来，象、数、气是相通的，但是这三家却无法达到这个高度，张岳觉得不可理解。张岳认为，儒家讨论"阴阳说"集中在《周易》之中。《周易》以先天八卦图统一了此三者，可见这"一图"具有"天理"和"一"的地位。① 因此可以说，张岳是在象、数、气统一于理的前提下讨论气的。张岳说：

> 夫阴阳之理，未易穷诘。若夫气与数，则所谓寒暑之变其大者。然非理明，不足以识之。②

阴阳之所以为阴阳的道理，其内在的依据与规律的确是很难追根问底的。相比之下，气和数倒是可以理解和把握的，它们无非是天气季节变化的规律而已。然而，如果对理没有明确的认识，也就无法认识气与数。主张"一天下之动"的张岳，亦将气、数与象统一起来，统一的基础也是理。气、数、象则是一理的不同特征。比如，气是自然界变化的力量，数是变化的节奏和时间的周期，象就是天地万物。而"先天一图"统一了气、数与象。

---

① 张岳：《赠吴文灿还安溪序》，《小山类稿》，第228页。
② 张岳：《赠王与乔南归序》，《小山类稿》，第222页。

象就是可以用数量把握的有形之物，所以，天地之间的万物都是象，数是可以用来表示象的规模、周期与规律的。它们共同体现着自然的造化力量。但是，自然界存在着偶然性，所以象与数会出现不一致的地方。就好比万物是造化之气的产物，虽然气有偏正之分、通塞之别，但是并不因此而影响气与物之间的统一。数与象之间发生偏差，并不因此而否定数与象的统一。① 张岳通过数与象之间的一致与偏差，表达了他对必然与偶然关系的认识。

张岳的物范畴更多的时候是与"事"联系在一起的，表示的是张岳对日常生活事事物物的概括。他说：

> ……应事接物时，提掇精神，常常照管，使其容色无时而不庄敬，动作无时而不节守；少有放肆失礼，则朋友又得指其失而箴规之。②

"物"指对象，"事"是场景。这里的"应事接物"就是在日常生活中待人接物，处理日常事物，把握人际关系。无论是事还是物，都是社会交往要遵守的规则，属于社会规范，理因此而转化为礼与节。

独立的物范畴则主要是对象的意思，只要是与人的精神世界相对应的对象，都可以归于物范畴之中。张岳的物范畴的确包含了这层意味。他说：

> 夫人情于天下之物，凡有慕焉，皆足以移其中。③

"人情"就是人的主观世界，"慕"便是向往与追求，"天下之物"便是追求与向往的对象。因为追求与向往而"移其中"，则是主体的精神被外物所控制。这里的"物"当然不仅是有形之

---

① 张岳：《太玄集注序》，《小山类稿》，第202页。
② 张岳：《答聂双江巡按三》，《小山类稿》，第107页。
③ 张岳：《集山书屋叙》，《小山类稿》，第200页。

物，因为，张岳的物范畴有时具有思维对象的意义，它并非现实中存在的东西，只不过是意向所指。他说：

> 近时学者，动言"本原头脑"，而忘夫检身密切之功。至其所谓"头脑"者，往往错认别有一物流行活动，可以把持玩弄，为贯通万事之实体。[①]

这段话表明张岳反对将人的精神现象独立为精神性实体。那些提出"本原头脑"的学者，就是将人的精神现象当成"别有一物流行活动"，而且是"贯通万事之实体"。这种观点是理学观点的极端发展，将天理实体化为天地万物的起源和主宰。而这一理论症结恰恰被心学抓住进行批判，张岳是在理学内部进行自我批判。虽然这"头脑"在现实中不存在，但是它作为思维的产物属于对象范畴。因为，对象也是"物"，所以张岳说："死生为何物，曾足芥蒂其胸邪？"死生当然不是物了，但它作为人们思考的对象时，也就被称为"物"了。

将阴阳作为独立的物质范畴或者思考对象时，张岳的观点与朱子理学有很大的不同。他说：

> "凡阳必刚，阴必柔，阳必明，阴必暗，阳必善，阴必恶。善必君子，恶必小人，君子必吉，小人必凶。吉凶之判，极于霄壤，而始于一念向背之间。"噫嘻微矣！君如中止乎其官，则吾罔敢知；若有志于尽人之道，第于是焉勉之而已。[②]

这是安溪吴文灿到京师传授阴阳训术之后临回乡时，张岳对他说的话。虽然表达的是自己对善恶与人性的看法，但却流露出思想中的绝对化倾向。在张岳看来，阴与阳、善与恶、君子与小

---

① 张岳：《杂言三十四条》，《小山类稿》，第 348 页。
② 张岳：《赠吴文灿还安溪序》，《小山类稿》，第 228～229 页。

人、吉与凶等等都是像天壤一样绝对对立的。这一点与陈琛相比，明显缺少辩证性。张岳说到阴阳之间的转化规律时，只提及强弱力量的对比变化，所处地位的优劣交替，而阴阳之间却没有相互包容与互通之处，未免过于绝对了。在为官和"尽人之道"的过程中，善恶应该泾渭分明。张岳以此与吴氏互勉，表明他的道德追求。但是，在现实生活中，情况是很复杂的。非善即恶的绝对化，只能使为官者心胸褊狭，缺少应有的宽容。这一点在他讨论"方"与"圆"关系，也就是为人的准则与处事的策略之间的关系时，已经有所表现。这也是主张"一理"统一一切的独断论带来的结果。

三、气数象中见理

关于理与气的关系，张岳是结合象和数一起讨论的，显得比单纯讨论理气关系更具体形象。他认为，"有理则有气"，表明理先于气；"有象则有数"，表明象先于数，虽然"则"字不一定表达时间上的先后，但"因象起数"一语的确道出了象与数之间的顺序关系；"盈天地间，皆象也"[①]，说明张岳把象理解为物质形式。因为，只有有形之物，才有可能用数量的形式表示，如此它们才能"皆可显造化之体"。传统象数学在运用占卜手段时的神秘之数与理、气、象之间并无必然联系，完全都是人为的解释。

从理到气，从气到象，从象到数，在这个序列中，一头一尾的理与数是什么关系呢？张岳的解释是：无穷的"大化"是无限的存在，超越了人的感官和思维的能力。但是，作为"大化"运行的具体形态的"消息盈虚"，则存在着数的形式，因此是有限的，是人可以把握的。[②] 真正的儒者，不相信灵魂不灭，认为长

---

① 张岳：《太玄集注序》，《小山类稿》，第 202 页。
② 张岳：《汀州府经历王公寿藏铭附》，《小山类稿》，第 309 页。

生久视的神仙信仰是贪生。所以，面对自然与生命的规律，并不企图以主观的意志改变自然，而是顺应规律，这就是"达造化之理"，因此也就把握了无限。这样一来，"盈虚之数"就是通过有限达到无限的桥梁。

面对林文秀的《金台别意图》，张岳不禁感叹，古时有的人一生足不出门户，却能够把握天下之物理；而有的人足迹虽然遍天下，却最终不免被物所束缚。物都一样，关键在于观物者的精神与思维方式的不同。通过呼吸这样细微的差别，也能把握其中的变化，超越感性经验的束缚，发挥思辨和想象，寻找物物之间相通之处，才能不被物质形式所局限，这就是"善观物者"。物与理本是一体，只要善观物就一定能够把握物之理。真正把握了物之理，对现实生活有极大的用处。如不善观物，即使日常生活最基本的穿衣吃饭这样简单的道理都搞不懂，怎么可能了解天下之物理，更不可能对世界与人生有所悟并从中得到乐趣了。①

针对心学的观点做出了批判，张岳进一步阐明了他对"物理"的理解。他认为，"认物为理"实际上取消了理。物如果没有理，便成了完全偶然和没有规律可言的东西，人也就无法控制它了。就像人没有了理性之"道心"，将生命自然等同于人的本质，一任欲望的驱使，同时却以"良知"做幌子。这就是张岳对心学主张的理解，并且认为当时社会人欲横流的原因也在于此，心学的泛滥其结果不亚于洪水猛兽。虽然道教与佛教也将物与理分而为二，但毕竟在思辨领域取得一些理论成就。而主张心学的一些人则根本取消了对物与理的探讨，只会虚张声势。能力强的成为奸雄，水平低的类于俳优。② 张岳在此对心学的批判可谓尖刻，虽然有些言过其实，将世风日下与人欲横流的责任推于心

---

① 张岳：《金台别意图序》，《小山类稿》，第 205 页。
② 张岳：《答黄泰泉太史》，《小山类稿》，第 108 页。

学，而没有看到心学的流行本身是社会风气与思潮使然，不过，他对心学流弊的批评还是有一定道理的。

物与理的统一，落实到现实生活中，就转化为事与理的关系。而理与事一旦统一，这"事"就成了不可违抗而必须完成的任务，因为这类事本身具有不可怀疑的道理。与"泉州三狂"的其他两位学者陈琛和林希元的文本比较，陈琛基本不用"事理"一词，林希元偶尔使用，也与张岳的意思有很大区别。可以说，张岳对"事理"一词有自己独到的理解和特殊的使用。我们将《小山类稿》中所有的"事理"一词做穷举和梳理，大致归为两类：

第一类，奏请皇帝批准的事情。比如：

> 缘系乞恩处置地方重大旱灾事理，未敢擅便……谨题请旨。①

第二类，是皇帝批准奏章之后下的敕旨。有些直接将"事理"一词连缀在圣旨之后。比如：

> ……臣遵照节经钦奉敕旨切责"严行各该抚镇等官，上紧协心征剿"事理。②

有些则是在转述圣旨之后，再使用"事理"一词来表示事关重大。比如：

> 臣等遵照节奉钦依事理……尽兵力所及，相机行事。③

张岳曾经在广西和广东任职，正逢当地连年有叛乱和南安国的北犯，所以，以上无论是奏请皇帝批准的"事理"，还是皇帝御旨批准的"事理"，绝大部分都与镇压叛乱有关。这也说明，

---

① 张岳：《江西处置灾伤第一疏》，《小山类稿》，第17页。
② 张岳：《报过抚剿残苗疏》，《小山类稿》，第91页。
③ 张岳：《报柳州捷音疏》，《小山类稿》，第36页。

在张岳为边境地方官期间，主要是嘉靖二十八年（1549 年）至三十一年这三年之间，叛乱属于重大事件，一方面必须奏请皇帝批准才能行事，另一方面皇帝一旦批准则必须绝对执行。这正是张岳用"事理"一词称谓此类事情的原因。那么，这一类事情究竟是否合理，张岳未必不加怀疑，频繁使用"事理"一词，而且仅在这一类事中使用，恰好说明他对这类事情的合理性是曾经产生过疑虑的，或者是在回应同时代人对此事的质疑。质疑的结果当然只能是肯定这类行为的"正当性"，并且努力为之辩护，也努力说服自己。可以说，大量地使用"事理"一词，本身就表明此等事的合理性是十分可疑的。

第二节　纠正两端之偏

张岳强调"一"的主导地位的本体论运用于社会领域，则表现为对社会发展规律的猜测，并且认为理与势统一为不可抗拒的客观力量。张岳将理与礼结合起来，为一定时期的社会规范与道德准则提供客观必然性的支持，同时又要避免传统理学将天理与人心对立的弊端，将"心"作为理与礼之间联系的环节。张岳还将"天理"、"天意"与"人心"结合在一起，认为天意验之于人心，以理才能使民心服，表现出张岳对社会客观性中蕴含的民众力量的认识，以及对社会正义的朦胧追求。在张岳看来，人之所以为人的依据就是性，它源自于天，所以也称为"天性"，这种天性不是独立存在的精神实体，它就体现在人的生命过程之中。它也是心之所以为心的依据，体现在心的活动过程之中。他有意识地纠正理学禁欲主义的倾向，指出在气质之中见性，这与张岳主张的物、理或事、理统一的观点是一致的。人的气质与人的天性也是一体的。天性与生命一起降生，天性是气质生命的主宰，而且还要从日常生活入手培养德性，如此才能够控制生命过程，保持内心平静。一旦面临危难，真正做到从容镇定。张岳在"心之本"这个问题上，徘徊于理学与心学之间，这是由于"心本体"这一范畴本身蕴含的逻辑悖论决定的。理论上的困难当然无法运用于现实，张岳在从政实践中，面对社会矛盾与百姓生活的艰辛，感受到自然人情的合理，提出了"弗情使民，不可久矣"的命题，表现出社会现实与时代思潮都对他产生了影响。在处理天理与人情的关系时，不再提"存天理，灭人欲"这种不得人心的命题，主张人情本自然，无善恶之分。并且认为，只要信念坚定并对命运知晓，就能够达到内心的平静与无忧惧。

一、人心所服之理

最早用"势"表达历史客观性的是柳宗元，而学界将"理势统一论"的最早主张者归于王夫之。其实张岳早于王夫之100多年就将理与势结合在一起讨论，并表达了他对社会历史的客观性与规律的认识。他说：

> 夫天下之治，新故损益之相推，其理势有必然者。①

这种包含不可抗拒力量的"理势"概念，张岳有时也用来表达一时形势的不可逆转。贵州一带苗民发生暴乱，张岳所守铜仁城被苗民包围了很久，全靠张岳领导全城军民奋力抵抗，才没有失守。可是，张岳早上奉命调离，晚上城池就被攻陷。其原因在于官兵失去指挥而自行散去，攻城者乘虚而入。当这种局势不可逆转地发生时，也就是"理势必至"②的意思。

当张岳感到一种无力回天的无奈时，也会使用"理势"一词，以表达自己对命运的体会。张岳以历史人物赵括、王恢和熊本自比。赵括，是战国时赵国的将军，因只会空谈其父所传兵

---

① 张岳：《赠郡守洞阳顾侯入觐序》，《小山类稿》，第 226 页。
② 张岳：《保留参将石邦宪疏》，《小山类稿》，第 67 页。

法，实际不能指挥作战，而被称为"纸上谈兵"的将军。西汉武帝时期，王恢谋击匈奴，伏兵马邑，本来是一条好计，却被匈奴探悉而功败垂成。熊本不知是何人，应也是在军事上没有取得成功的古代将军。张岳将自己比做这些古人，表明理势是一种个人无法抗拒的客观环境甚至是命运。① 理势统一的观点，正是张岳主张"以一天下之动"的本体论在社会历史领域中的具体运用。

理在历史领域体现为不可抗拒的规律，在社会领域则成为社会规范之礼的合理性依据。社会规范是人的精神世界中的内容，所以有心才会有礼。但这并不等于礼是合理的，心必然会接受它。因此，张岳将社会规范之礼直接等同于理，是人之所以为人的依据，是以心为根本特征的，所以，人之所以为人的依据，也就是心之所以为心的依据。因此，性就等于心。只要人的精神在，人性就不会失去，所以礼就在其中了。② 转了这么大个弯子，经过几个环节，终于为礼既找到了必然性依据，也找到了现实性条件。然而，礼毕竟不等于理，也不等于性或心，所以，要使人心存礼，还得进行后天的教化与学习。

将理与礼统一起来，既有以人心为社会规范出发点的意义，也有加强对人的心灵的控制的效果。或者说，既要加强规范对人心的控制，也必须以人们的接受与诚服为前提。张岳说：

> 夫人心之所服者理也。吾以理而兴师，则当以顺逆而为胜负。③

张岳为当时明朝政府镇压边境叛乱进行合理性辩护，当然也为参战的将士鼓舞士气。任何战争的发动，首先解决的是正义性问题，虽然许多所谓的"正义"是发动战争者寻找的借口，但从

---

① 张岳：《与林次崖论征交事》，《小山类稿》，第 140 页。
② 张岳：《答聂双江巡按三》，《小山类稿》，第 106 页。
③ 张岳：《蒙恬论》，《小山类稿》，第 364 页。

未见过某位战争发动者对自己的动机不置一词。中国几千年的历史，由于儒家"尊华攘夷"的传统观念的影响，汉族与少数民族的矛盾一直存在，中央与地方的统一与割据的政治斗争，往往与汉族和少数民族之间的民族矛盾交织在一起。虽然，随着历史的发展，历朝历代中央政权的民族政策基本还是逐渐趋于合理化，但是"大汉族主义"是一直存在的问题。明朝的民族政策是很成问题的，其最终灭亡的重要原因之一就是民族政策的失误。张岳所谓"人心之所服者，理也"没错，但是这"理"的内容是什么呢？我们在前文中专门讨论了张岳"事理"概念，表明张岳一再对自己参与的这场讨伐少数民族的战争的正义性进行辩护。用今天的标准评价，保卫国家统一，维护社会治安，保障人民安居乐业，这就是正义性所在。但是，明代西南民族矛盾的激化，往往是因为贪官污吏横征暴敛，中央政府苛捐杂税，地方豪强肆意兼并。这类社会现象出现在社会秩序不稳定并富于反抗精神的少数民族地区，自然会经常发生民变。对此张岳似乎并未有明确认识，他甚至说："夫国家所以威驭四夷，与吾辈所以保境息民者，自有常道。"①

不过，张岳的"人心之所服者理也"的命题，隐含了他对社会正义与政治统治的合理性的追问。这一点在他力阻皇帝南巡疏中有曲折的表达。他说：

> 夫帝王举动，当顺乎天意，观天意者，验之人心而已。……陛下何苦违众志以拂天意乎？②

皇帝执意要南巡，此举必然劳民伤财，张岳等大臣们力谏之。在劝阻皇帝的过程中，张岳表达了自己对天意的理解。张岳虽然一口气列举了十条不可南巡的理由，但其中最能代表民意的

---

① 张岳：《答林次崖钦州》，《小山类稿》，第136页。
② 张岳：《谏南巡疏》，《小山类稿》，第4页。

是第三条：

> 近闻淮安等处，荒涝异常，父食其子，母食其女。此在今日，正宜寒心，奈何满目疮痍，未获少痊，而銮舆又幸其地？臣恐遭霜之叶，不可复风，大瘵之民，岂宜再汗？①

如果将"观天意者验之人心"与"人心之所服者理也"联系起来看，那么张岳心目中的理就具有了社会正义的意味，如其所云："以道言之，则天下之公。"②

二、一归理之大中

一直与心学进行辩难的张岳，对心与理的关系特别作了阐述。他说：

> 虚灵知觉，则心也；性则心之理也。学者须先识性，然后可以言存心。不然，只认昭昭虚灵者为性，而不知自然之理，此所以陷于作用之非，而不自觉也。③

"虚灵知觉"的确是心的主要特征，就是我们所说的人的精神现象，它包括感性知觉、理性思维和想象功能。作为"心之理"的性，也就是人的精神现象之所以为精神现象的依据或者道理，它与人之所以为人的依据是一致的。因为，人之所以为人的根本特征就是人的精神。所以，要理解人的精神，首先得懂得人的本性。否则，就会把人的精神活动本身当成人之所以为人的依据，也就是把现象认做本质，不知道这精神现象背后还有本质存在。这种对本质主义的质疑和否定，的确与心学有相似之处。张岳在反对心学的过程中，也不断地修正理学的偏差，而王阳明也

---

① 张岳：《谏南巡疏》，《小山类稿》，第 4 页。
② 张岳：《赠孔君弘运司教惠安序》，《小山类稿》，第 228 页。
③ 张岳：《杂言三十四条》，《小山类稿》，第 346 页。

一再纠正陆九渊心学之偏，调解理学与心学的矛盾，其结果必然是殊途同归。

人之所以为人的依据是人的共性，但是在现实生活中，人与人之间存在着个性差异，这是任何人都无法回避的事实。对此张岳的解释是："夫人之气禀不同，而风俗习尚亦异，鲜有不偏。"①理是人的共性，气是人的共质，二者共同构成人的生命和精神现象。人在这一点上都是一样的，个体差异的形成就在于气禀的不均，也就是物质性的生命条件不一样。不一样的个体，出生之后处于不同的社会与家庭环境之中，进一步强化着气禀的偏执和局限。这种偏执与局限，是不能被视为人的共性的。以此为依据，张岳批评心学道：

> 今之学者，差处正是认物为理，以人心为道心，以气质为天性，生心发事，纵横作用，而以"良知"二字饰之。此所以人欲横流，其祸不减于洪水猛兽者此也！②

张岳此话虽然没有真正理解王阳明心学的本意，但却抓住了王学左派的特征。"气质"虽然是构成人的生命现象的共同的物质基础，但是，由于禀赋的不均，每个人是不同的。将质等同于性，这就是将事或物等同于道或理。虽然，张岳不可能正确地解释人的本质，但是将人的本质与人的自然本性相区别，还是有见地的。然而，一味地强调性与质的对立，这是理学的弊端，其结果有可能用理遏制生命，以共性否定个性。张岳将人欲横流的原因归于心学，显然是不准确的。张岳在批评心学左派的理论偏颇的同时，也要寻找理学摆脱困境的出路。他说：

> 学者当就日用应事，七情所感发处，深察夫气习之偏，

---

① 张岳：《杂言三十四条》，《小山类稿》，第350页。
② 张岳：《答黄泰泉太史》，《小山类稿》，第108页。

　　而讲学以克治之，然后德性冲和，义理充畅。不然，偏之为害，将流为诡谲粗犷，其患有不可胜言者。不可不察。①

　　人欲本身是正常的，其偏会给人带来无穷的祸害，因此要对人的欲望有所节制，使其合乎社会规范。这就纠正了"存天理，灭人欲"的极端禁欲主义的观点，使理学的道德要求具有了现实可行性。

　　无论是纠正理学的偏颇，还是批判心学的流弊，都要寻找人的自然本性与人的社会本质之间的统一。用理学的话语表达，就是寻找天性与气质的统一。张岳说：

　　　　真能见得事事物物上各有义理，精微不差，则所谓人心道心，气质天性，亦各有著落，以为省察存养之端。②

　　张岳的本体论，就是追求理与气、理与物、理与事的统一。同时又反对心学简单地将本体与存在直接同一的观点，力主"一"而不"同"。这种观点表现在人性论上，则是主张人在日常生活的事事物物中发现义理，为人心和道心、气质和天性都寻找到各自恰当的位置，从而为道德修养提供可能性的前提。

　　性与气统一于人身，但二者不是并列关系，天性是气质的主宰，这是张岳强调"一理"统一万物的本体论在人性论中的必然结论。人心与人性之间毕竟存在着矛盾，我们的内心世界，在日常生活中更多的时候会被自己的感性经验所占据，这就有一个如何"存心"与"处事"的问题。张岳认为，"性"或者"理之大中"在人的生命之中居于主导地位，就可以维护内心性情处于正确的状态。在现实生活的环境中，面对各种困境与外在事物的影响，能够有一种不忧不惧的心态，不求天下没有可忧可惧之事。

---

① 张岳：《杂言三十四条》，《小山类稿》，第 350 页。
② 张岳：《答黄泰泉太史》，《小山类稿》，第 108 页。

心是自己的，由自己掌握，事是外于我的，不依人的意志为转移。坦然面对外物，内心无忧无惧，这是纯熟地把握天理与道心的人才能做到的。如果让气或者生命的本能主宰了人的生命过程，那么本然的心性都会被情欲所湮没，举止行为都被私心所控制而不自觉。这时，如果有猝然之事降临，是不可能坦然从容面对的，必然会陷于惊恐与混乱之中。此时的忧惧与天理无关，也与自己的愿望无关，只能就事论事，随波逐流。"吾心之天"就是内心坚定的信念，它平日控制着人的生命过程，危难时刻才能够处事不乱，临危不惧，并且保持操守不变，"定吾心之天以处之"。①

三、心之所同然者

张岳试图用"性则心之理"的命题统一性、理与心三大范畴。心之理，就是心之所以为心的依据，而心本身张岳则用"仁"范畴表示。他认为，秉承天理的心是至善的，展开为精神过程自然充满着善意与仁爱，否则就不是人心。所谓"心之本体"就是性，在现实生活中，它之所以被"放"掉，就是因为在日常生活中充满了诱惑。要保证"心之本体"不受伤害，就必须"立乎其大者"，养护"本心"。② 所谓"大者"就是理性，只有理性才能调控欲望，做到寡欲才能养护本心。

既要寡欲养心，又不抑制正常的生命过程，这个矛盾如何解决？这对于理学而言，是很困难的。张岳解决这个矛盾的办法无非是主"静"。用"静"解释心本体，这种本体之心包含动静，以静为本体，在静之中具备动的道理，那么这道理以未发状态成为善的可能性。通过静体会仁，使已发之心皆合天理，也就是加强平日修养，就不会有越轨的行为。③

---

① 张岳：《君子不忧不惧论》，《小山类稿》，第 367 页。
② 张岳：《存养之要》，《小山类稿》，第 341 页。
③ 张岳：《杂言三十四条》，《小山类稿》，第 345 页。

　　张岳也说"心即理"，但是这"心"是心本体。所谓"仁即心也，心即理也。此心所存，莫非天理"①。张岳既想克服理学将理实体化的问题，又想纠正心学将心与理简单同一之弊。但是，用"仁"解释心本体，是孟子性善论的老路，它只能解决善的可能性问题，却无法解释恶的源头。作为道德善的出发点，心学就是为了解决这个矛盾才将心之用等同于心之体的，在这一点上，心学是有见地的，将心性论推向新的高度。由于一时找不到既纠心学之偏，又不回到理学的老路上的方法，张岳只能在二者之间徘徊。以"仁"或"心之本体"作为道德善性的可能，是理学的逻辑假设，但它并不具备推动道德行为的动力因素，而具有道德行为动力的"心之用"，又无法与情欲相互剥离。这是以性善论为道德出发点必然遇到的困境，无论理学还是心学都走不出的悖论。

　　本体之仁是至善的，而心之用的喜、怒、哀、乐之情，却未必都符合仁的标准。主张"体用不二"的张岳是无法回避对情的探讨的。情的一个特征是"恶劳而欲逸"，张岳力劝皇帝不要南巡，因为那是"舍其逸而从其劳"。②

　　人的生存需要，也属于张岳所谓"情"的范围。他针对当时禁令过苛、税赋尤其是盐税太重的情况，指出："国之经费，半于是焉出，民始受其病矣。"加之贪官污吏中饱私囊，地方豪强鱼肉乡民。虽然百姓赋额成倍增长，但是国家的财政收入却在不断减少。朝廷于是进一步加大征税额度，从而激起民众的反抗。张岳认为，桑、麻、菽、粟，是人的穿衣吃饭最基本的材料、人赖以生存的基础，所以是"人之情也"。由于生存所迫，不得已将自己隶属于"鹾籍"，也就是世代为煮盐的工匠，除此之外无法维持生活。同时，煮盐的收益很丰厚，因此工匠的劳作也非常

----

① 张岳：《答聂双江巡按三》，《小山类稿》，第106页。
② 张岳：《谏南巡疏》，《小山类稿》，第3页。

尽力。晚明时期，贪官污吏横行，政府与皇室横征暴敛，获利较丰的盐业是征税重点，所以张岳会这样大声疾呼，反对政府剥夺民众赖以生存的收入以自利。盐民经常闹事，并不是他们情愿的事。管理盐业的官吏并非不了解盐民的情况，但是依然课以重税，不考虑盐民的生计，是因为税法本身过于苛刻。①

每个人都有对人之常情的体会，问题在于能否将这种人之常情纳入自己为政与为学的过程之中。张岳就主张为政以人情为基础。他说："弗情使民，不可久已。故善理人者，明政体而顺施者也。"② 一个好的社会管理者，其制订的政策与法令，必须以人之常情为基础。

张岳理解的情，更重要的意义是人的精神面貌和状态，他最关心的是如何保持内心的平静。他认为，我们的心根源于生命诞生之初，是得自天道并且表现于平常的生活之中。这就意味着，我们的命运穷通、生命的长短、境遇的顺逆等等，都无须多说，均已注定。君子所能做的，只是通过学习认识到天命，经过实践完成使命，经过修养保持天性。把握事物的合理性，永记生命的意义，使"虚灵不昧之心，常为万理归宿之地焉"③。

人的心境总是会被各种不良的情绪干扰，最常见的就是忧惧。在张岳看来，人的忧惧情绪之所以产生，在于人没有坚定的信念。人的天性没有充分发挥出来时，情绪却率先涌动；人的意志力还没有形成时，生命的冲动却先发生作用。人的情感如果不是根源于本性，既容易产生，却也不易持久；生命的冲动力量如果不根源于善良天性，也没有持久性。生命力在上升时，会产生喜怒之情；生命力在下降和衰弱时，会产生忧惧的情绪。④ 人生

---

① 张岳：《赠林一清之石桥司醢序》，《小山类稿》，第 225～226 页。

② 张岳：《赠延郡守欧阳侯序》，《小山类稿》，第 214 页。

③ 张岳：《君子不忧不惧论》，《小山类稿》，第 367 页。

④ 张岳：《君子不忧不惧论》，《小山类稿》，第 367 页。

需要坚定的志向，情感需要意志力的控制，这些有赖于内心的信念。这种信念不是对神灵的信仰，而是基于对命运的理性思考和深入了解。①

第三节　能尽无穷之变

张岳在天人关系问题上陷入矛盾。一方面认为命运与个人品性直接关联，另一方面却相信上天会用降灾的方式警示统治者，试图像汉代的董仲舒那样，利用"天人感应说"限制人间的最高王权。然而，这既不是传统理学的宿命论，也不是心学的"造命由我"的意志论，只是要在天命中寻找一个"安身立命"之处，以知天命的方式，达到一死生、等贵贱、与天地为一的精神自由境界。张岳主张心物统一于日常生活之中，认为人的理性不但能够把握真理，而且能通过对义理的把握，达到涵养其心的目的。并且在审美与认知的过程中，可以使心超然于物外。张岳在读书明理、道德践履与游历天下等获取知识的方式中，已经包含了"行"的内容。不过，在专门讨论"行"的言语中，虽然由于从政的缘故，张岳会涉及一些政治实践的内容，但是他更注重的还是道德实践，并且具有反科学的倾向。在知、行关系的讨论中，张岳针对王阳明的"知行合一"的观点提出了批判，虽然在理论上的确分析得有道理，但是他自己的"知行统一论"却局限在道德教化的范围之内，这也是他无法超越的理学立场的局限。

一、安身立命之处

中国古代称"运"特别不好为"奇"，比如："奇人"、"数奇"、"奇薄"、"奇蹇"等，张岳也持这种观点。张岳在《乞恩褒

---

①　张岳：《君子不忧不惧论》，《小山类稿》，第 367～368 页。

恤故大理寺丞黄巩疏》记载这样一件事：时任武选郎中的黄巩，力谏武宗南巡，触怒武宗被廷杖五十，并且罚跪于午门五日，下狱月余，最后又被革职为民。明世宗皇帝即位之后，黄巩官升南京大理寺右寺丞。可惜的是，黄巩上任不到一年就一病不起。张岳不仅感慨黄巩的命运不好，而且说他"命数多奇"。① 黄巩本是一个极有才华的忠良之臣，命运并没有因为他德性优秀而有所垂怜，张岳内心不免感到悲怆和苍凉。

张岳感受到客观的力量决定着自己的命运，这种力量首先来自于社会环境。他说："吾之命，受于君父者也。"肉体生命受之于父母，受之于君主的只能是政治生命。在封建社会时期，一个士人的政治生涯的确在很大程度上依赖于君王与自己的上司，这是无奈的现实。在深切体味着命运的制约的同时，张岳也希望能有一种力量制约最高统治者。由此，董仲舒的"天人感应说"便成了他的思想武器。

张岳在力谏武宗南巡所上奏章中表示：皇帝自称天子，就应该听从天意的安排。天地总是以灾难和怪异的自然现象，表示对"天子"行为的不满。张岳列举了武宗要南巡的当年全国发生的各种灾难与奇异的自然现象，并且以古代几位圣王面对天降灾难时的所作所为劝阻武宗。张岳甚至声称天有亡国之兆，为臣子已经不能不说了。② 可是，武宗根本听不进去。中国古代许多知识分子都用"天人感应说"来规劝最高统治者，试图以天的威权限制人间的最高权威，虽然历史上很少有帝王能够接受这种限制，但是他们的良苦用心还是非常明确的。

无论是感慨朋友"命数多奇"，还是劝告统治者敬畏"天意"，都是对命运的客观性与不可违抗性的体会。面对无法抗拒

---

① 张岳：《乞恩褒恤故大理寺丞黄巩疏》，《小山类稿》，第 6 页。

② 张岳：《谏南巡疏》，《小山类稿》，第 4 页。

的命运，张岳没有心学派那种"造命由我"的意志与气概，但也不是完全顺从命运主宰的宿命论。在命运面前，在无可奈何的人生境遇之中，人能够做到的，首先是寻找一个"安身立命"之处。他说："愿于《论》、《孟》故纸中，寻一个安身立命处。"也就是在儒家传统中，寻找安顿心灵的精神家园，而且儒家传统的价值观的确为他提供了这样的思想资源。在张岳看来，事情成功的难易程度，取决于客观条件；什么时候成功，由时机决定。而人必须尽自己的主观努力，把握势与时，以完成使命是义。裁处之义，是根据标准进行选择和取舍；所作所为，无论成就多大，随时光流逝而忘却，与天地之道创造万物一样的化忘，这是顺应自然的淡定与洒落。有了这种处理社会世事的方法和标准，与面对自然变化无累于心的态度和胸怀，便可以称得上是"立命"，正所谓"不知命，无以为君子！"①

立命与知命所要解决的关键问题，是面对命运变化时的心态。而"化而忘之"则是知命、立命的最高境界。张岳为我们具体描绘"化而忘之"之道，也就是大自然的变化。天地自然在暴风骤雨与风和日丽之间转化，在这个变化的过程中，"造化之心"，也就是自然规律，并未因此有所增减和改变，正所谓"一诚之运，万古无终穷也"。知天命的君子一时遭遇变故，就如同造化会有风雨与晴空一样。天气变化不影响造化规律，那么君子也不应该因境遇变化而改变自己的精神世界与人生态度。这种态度张岳概括为"素"，就是平淡而坦然地面对。平淡而坦然地面对贫贱患难，不因贫贱和患难而心怀戚戚。②

平日里能够平淡而坦然地面对贫贱与患难，在生死面前，才能够无所畏惧。人生最难过的一关就是面对死亡。张岳以"安身

---

①　张岳：《君子不忧不惧论》，《小山类稿》，第 368 页。

②　张岳：《君子不忧不惧论》，《小山类稿》，第 368 页。

立命"的素然面对死亡，这种人生态度便具有了终极关怀的意义。人最大的欲望是生，最惧怕的是死。面对生死，只能顺其自然。机遇到了，便干一番事业；命运不济，便修养德性。进退显达，安于命运。一生中不计得失，忘却祸福，等同死生，不分贵贱，如此便得到一种精神的自由。世间的烦恼与俗世的牵挂，都释然于胸。面对任何常人觉得哀怨、愤怒、恐惧和惊愕的事情，均如过眼烟云。我们在此看到的不再是一个理学家，而是一位追求与天地一体的隐士。面对昏暗的政治与残破的社会现实，理想无法实现，强大的命运力量挤兑得人们只能追求精神自由。[①]

二、心目之力俱远

虽然张岳"化而忘之"的境界，已达到"于物我之间，且不计其彼此，而况于无益之忧惧哉"的精神自由。但是，从认知关系的角度看，万物是客观存在，无论你忘与不忘，都不会改变这事实。正所谓："宇宙无情，万物有数。感物变之无端兮，忧与乐其易趣。"[②] 自然万物与社会世事是不依人的意志为转移的客观存在，无论我们出自什么样的观点和态度，都只能面对它。因为，天地万物的变化，朝代的兴衰更替，人情的世态炎凉，都是我们无法改变的现实。[③] 这就是理学家共同的态度，即从来不否认世界的真实存在，也不怀疑人对世界的认知能力。张岳继承了这一传统，在承认事物的客观性同时，也承认心、物是可以统一的。他说：

> 心之本体妙用，随在昭著。恻隐发乎其动者也，夜气存

① 张岳：《君子不忧不惧论》，《小山类稿》，第 368 页。
② 张岳：《望思楼赋有序》，《小山类稿》，第 373 页。
③ 张岳：《江西提学佥事紫峰陈先生墓志铭》，《小山类稿》，第 304～305 页。

乎其静者也，皆所谓"自家意思"者也。默而识之，操存而扩充之，湛湛乎生意遍九垓，而无不之者也，独窗前之草与之相契也哉？①

然而，这样的"妙用"与心、物的统一，实在是现代哲学认识论所无法解释的。张岳以一种独有的感受和体悟，描述人的心灵世界与外在的物质世界之间的交流与感应的过程。这已经不是心、物之间的认识与被认识的关系，而是物我为一、主客一体的互动过程与境界。而心、物之所以能够统一，不是以感官为纽带和桥梁，而在于我与物都是生命的存在。

心、物之所以能够统一，还在于这物根本就不可能完全外在于心，因为这物就是事，是由主体加入其中的过程和场景。此时人的生命过程会表现为心物走向统一，行为规范与道德意识成熟的进程的完全一致。因此，心物关系已不再是纯粹的思维与存在的关系，而是日常生活中的行为与待人接物的过程。这一过程需要规范，这些规范具体体现在人的行为举止之中，表明环境与事的不可置疑确实存在。学习这些规范，既要求内心恭敬谨慎，又要求行为中规中矩，内心的体味与举手投足之间，相得益彰，正所谓"内外交相养"②，这就使外物的实在性与主体的精神之间的统一性得到证实。这种统一不仅表现为对外在关系的控制和规范的把握，还在于外在规范可以内化为人的精神世界。外在肢体的操练，必须遵守规范与标准，长此以往会转化为内在的准则甚至本能。这是一种由外到内，艺术美的标准内化为审美意识的过程。道德教育也有这样的实践经验，古代乐舞不分就是运用了这一规律。

不仅心物之间的统一在张岳处是不成问题的，而且人的逻辑

---

① 张岳：《交翠亭记》，《小山类稿》，第 255 页。
② 张岳：《威仪动作之节》，《小山类稿》，第 344 页。

思维能否把握客观真理的问题，张岳也给予肯定的回答。他说："故心也，性也，天也，一理也。"① 在张岳看来，心、性与天统一的依据是理。这里的"理"是天之所以为天、心之所以为心、性之所以为性的道理，它还不等于人的理性与逻辑思维，但是却可以证明人的理性思维具有把握客观真理的可能性。当人们具体运用自己的逻辑思维能力的时候，这种可能性就转化为现实。

　　人总是受到外物的诱惑，从而使人失去内心的自由。所以无论是讨论心、物关系，还是讨论心、理关系，最终的归宿都是追求摆脱外物的羁绊，达到心灵的自由。在张岳看来，"心"是我自己的精神世界，主动权在我；"事"是客观的，不依个人的意志为转移的。客观对象既然是我的力量无法改变的，那么它是否影响我的心情就完全取决于自己了。面对外物，一般人不能完全没有感觉，内心不可能绝对的无忧无惧，关键在于"可忧"与"可惧"。那就得分析什么事可忧，什么事可惧。对于一般人而言，面对可忧之事则忧，面对可惧之事则惧。但是，对于圣人而言，无可忧之事，更无可惧之事，所以就能够无忧无惧。圣人之所以能够如此，就是因为达到"天理熟，道心纯而与天为一"的境界。②

　　心物之间当然不仅仅是忧与惧的感觉，更不是所有的物或者对象都会使人的欲望受到诱惑，使人的情绪受到干扰。人完全可以与自然和谐相处，心完全可以与物浑然一体。张岳以为，在能够引起人的爱慕之心并使人移情于其中而不能自拔的天下之物中，只有山水之乐，是一种可以使人的情趣更高、心态更平静的对象，如果"读书于山水之间，其乐又有甚焉者"③。这实际上是用心与物之间的审美关系取代价值关系。或者说，在切断了心与物的价值关系之后，人才能够进入心与物之间的审美关系中，体

① 　张岳：《答聂双江巡按三》，《小山类稿》，第 107 页。
② 　张岳：《君子不忧不惧论》，《小山类稿》，第 367 页。
③ 　张岳：《集山书屋叙》，《小山类稿》，第 200 页。

味无尽的美感愉悦享受，当然，保持心与物之间纯粹的认知关系，也可以摆脱物对心的诱惑。张岳在北上京师的过程中，游历祖国的名山大川和历史文化名城之后发出感慨：读书人不出门远行，如何能够知道世界之大。要认识宇宙之内的事，必须游历四方，只靠在书房读书是不行的。[①] 只有纯粹审美和认知的心、物关系，才能够使人真正"超然于物化之外"，取得心灵的自由。

三、涵养精察力行

我们可以从张岳的文本中，概括出大致三种获取知识的方法。

首先是读书。张岳认为，读书知理不是从书中获取真理，而是通过读书使本来存在于心中的道理明白起来，从而使读书与存养工夫相一致。显然，张岳把心之所以为心的道理与心中之理混同了。心之所以为心的道理直接等同于心中的道理，那么这虽然可以论证思维与真理的统一性，但却取消了向外部世界获取真理性认识的努力，从而阻遏了自然科学的发展。张岳所谓"岂有使之舍切己工夫而终日劳心于天文、地理，与夫名物，度数以为知哉"[②] 的说法，表明他对自然科学知识的轻视。

其次是格物。张岳将格物仅仅局限于对人与事物之间利益关系的判断与评价上，是道德行为之前的选择，这显然比朱熹对"格物致知"的解释要简单得多。他会变换《大学》条目的顺序，认为"格物致知，所以在诚正之先"[③]，正是他将格物的对象局限于心，致知的标准指向心中之理的结果。

第三，亲身游历。张岳虽然反对用科学方法认识世界，但并不反对游历天下以获取关于宇宙变化规律的认识。他认为，读书如果不远游，就不可能了解宇宙的无限。宇宙之内的事物，是不

---

① 张岳：《赠王与乔南归序》，《小山类稿》，第 222 页。

② 张岳：《与聂双江书》，《小山类稿》，第 103 页。

③ 张岳：《答聂双江巡按一》，《小山类稿》，第 103 页。

可能在自己的书斋里思考便把握得了的。必须走出书斋，放开眼界和思维，才有可能把握宇宙变化的规律。张岳所谓"宇宙内事"① 当然不局限于道德和政治，撇开道德修养，张岳并不一味反对科学性的认知活动。

张岳的行范畴的含义也是多重的。首先是道德践行，正所谓"见处贵透彻，行处贵著实"②。张岳批评心学脱离了日常生活中的道德修养，在"实事实功"之外寻找本体之心。我们暂且不管张岳的批评是否准确，只看他是如何定义"圣门之学"的"实事实功"的。在张岳看来，所谓"实事实功"首先是日常生活中潜移默化的修养工夫，是实际的道德践履以转变人的自然本性，达到纯熟的道德境界的过程。

张岳在与李涊涯的信中总结了交趾事迹、征黎之役、镇南关审察夷情以及收割侵地等事件，其中"行之而后艰"③ 一语，却表明张岳的行范畴包含政治实践的意义。

第四，张岳的"行"就是前文提到的游历天下名山大川与文化故地的行千里路之"行"了。正所谓"士不远游，不足以知宇宙之大"。在这千里之行的过程中，也将"知"包含其中。

关于知行关系，张岳认为，"行之至而后为真知"的话表达的是"知行统一"，这句话本身是没错的，不仅因为是前辈所说，也的确是对知行关系的正确解释，但是王阳明却将此句话改造为"知之真切处即是行"，这就取消了行，或者将行消融在知的过程中，将知与行简单地等同了。这种观点的弊端是显而易见的，它会使人一味空谈不着实际的见解，而不知有践履与实行。思想和观点完全脱离现实，欲望与行为没有了是非标准，却以简单的"知行合一"为依据，冠以"天理"与"本心"，并且不加怀疑。

---

① 张岳：《赠王与乔南归序》，《小山类稿》，第 222 页。

② 张岳：《杂言三十四条》，《小山类稿》，第 348 页。

③ 张岳：《上李涊涯座师》，《小山类稿》，第 155 页。

那些赞同这种观点的人，都竭尽全力推进邪说的泛滥，"此事自关世运，不但讲论之异同而已"。①

张岳认为，"知行合一"的观点一方面取消知，使行无标准；一方面取消行，使知识无现实意义。这种观点之所以不再是纯粹的学术之争而关系国家命运，就在于它直接影响着教育与人才的培养。知识的增长与能力的提高，完全同德性的培养相脱离，科举应试之学一味地引导人们追逐功名。长此以往，民族与国家的未来的确是堪忧的。家塾教育无非是机械的记忆与模仿抄袭文章格式，就是为了应付科举考试。但是，学习者的素质不同，有些人能够取得科举成功，有些人终其一生无法达到要求，却依然努力不倦。可是，如果这些学生在身心方面不能得到应有的提高，那么虽然他们能够思维，也有正常的行为能力，却缺乏内心的涵养与对行为的控制力量。学习者顾此失彼，这的确令人深思啊！②为此，张岳设计了自己的教学方式：将《孟子》中关于存养工夫与动作规范，以及《曲礼》、《少仪》等篇章中比较容易做到的规则，贴在教室的北墙上，让学生每天观看背诵，在深刻体会的同时完全按照规矩行事。虽然这些规矩比起古人来要简单得多，但是能够去除学生身上的不正之风，使其行为收敛，为日后的学习打下深厚的基础。以此为基础读书穷理，扩充其善良本性，在日常处事应物的过程中发挥作用，③ 最终达到"涵养本原，随事精察天理而力行之"④ 的程度。然而，这些陈旧的伦理主义的教育方法，虽然有可能解决心学的空疏与理学的支离问题，但是未必能够真正扭转教育与人才培养而存在的弊端。可以说，张岳发现了理学与心学共同存在的问题，但是以他的立场和观点是无力解决的。

---

① 张岳：《答参赞司马张甫川》，《小山类稿》，第 109 页。
② 张岳：《草堂学则》，《小山类稿》，第 339 页。
③ 张岳：《草堂学则》，《小山类稿》，第 339 页。
④ 张岳：《杂言三十四条》，《小山类稿》，第 347 页。

第八章

林希元：义理非一人能尽

与张岳生活在同一个时代的林希元（1482～1567年），字茂贞，号次崖，学者称次崖先生，福建同安人，学问在明代很有声誉，对后世的影响也很大。林希元认为，为学的出发点是认识事物的本原之理，必须以程朱理学为宗祖，才不会被假学、异说所惑。有了为学的出发点和基础，然后再折中他说，加以发明。在林希元看来，历史上真正的思想家，不会把自己的学说作为凝固不变的教条叫后人来尊奉的，而是希望后人对其学说有所发展。林希元竭力反对以王阳明为首的心学派，认为王阳明故弄玄虚，标新立异，以毁正学。不过，林希元较少门户之见，对朱陆之辩有比较客观的看法，认为二者在本质上是一致的。这在朱子学派和阳明学派论争最激烈的时期，还是少见的比较科学的态度。林希元反对"六经注我"的治学方法，有从理学向经学回归的趋向，可以视为宋明理学向清代朴学过渡的一个中间环节。他强调"义理非一人之所能尽"[①]，主张发展朱子理学的固有之说，表现出怀疑前人、推进理论进步的勇气。

---

① 林希元：《同安林次崖先生文集》卷四《改正经传以乖世训疏》。

第一节 始泄天地之秘

林希元的道范畴包含了自然、因果规律、当然之则与不可知之神等复杂的含义。即使他强调"天下只是一个道理",但是其理范畴却具有自然规律、天体运行周期与社会共同利益等意义。他的太极范畴更是与传统不同,时而是作用和动力,时而是道理,时而是主宰,时而又成了过程本身。林希元的元气范畴具有自然界、个体与国家生命力的意义。他以"元"字冠称大地之物,无疑提升了物质存在的本体地位。可是他对有形之物,却没有形成一个普遍的概念,而是着重于殊相的区分,人与物的不同,显然意味着对人的生命的强调。他没有把阴阳理解为天地万物变化的动力,而是解释为天地万物的存在方式。林希元与陈琛一样,对变化的形式区别出"交易"与"变易"两种,但是林希元的解释与陈琛完全不同。陈琛从体用的角度谈变化的形式,使"交易"与"变易"有矛盾普遍性与特殊性的意义。而林希元则赋予"交易"与"变易"以量变与质变的意义。在本体与存在的关系问题上,林希元主张事与理的浑然一体,并且用近似符号学的观点解释"形而下之器"与"形而上之道"的关系,根本否认现实中有"形而下者"。他在"理气相即"观点的基础上,用"气一分殊"替代了"理一分殊",同时对此间的"理"与"气"做了异同之辨。他的太极与阴阳两对范畴之间的关系比较复杂,但是二者不可分割却是他始终坚持的观点。

一、莫非天道之自然

林希元在道范畴中表达自然规律的含义时,主要用"天道"一词,而且基本都出现在他的《易经存疑》之中。"天道"的含义也比较丰富,大致可以概括为以下五个含义:

第一，自然规律。林希元在解释"解"的含义时表达了对天道所具有的这种功能的理解。天道为阳，地气为阴，阴阳二气交和而使天地各自的郁结得以舒解，因此才会有雷电和大雨。有了雷和雨，果蔬草木于是也得到了久旱之后的舒解。正是天地之"解"而使生命得到生机。① 用"解"来解释天地的功能，是林希元的创造。郁结而遏制生命，舒解而万物复苏，这种观点的确蕴含着追求个体自由与精神解放的逻辑可能。

第二，当然之则。林希元总是将天道与人事结合起来讨论，既可以使社会规范有自然规律的支持，也使天道具有"人事之当然"② 的意义。

第三，物极必反。这种本然的天道，不仅是客观的，而且是有规律的，这种规律表现为盛极必衰、衰而复盛的周期性。所谓"天道日中则昃……世道盛极则当衰……日无常中之理"③。

第四，因果规律。林希元说："否过中矣，将济之时，则是否极而泰，天道好还之日也。"④ 林希元以"天道好还"解释"否"与"泰"之间的转化规律，这是《周易》中所没有的观点。

第五，天之神道。林希元认为，天道能够被人的感官所把握的现象，就是春、夏、秋、冬四季的变化。这种变化从来不会出差错，表现出规律性。但是，天之所以不会出差错的原因却是人所无法认识的，这就是所谓的"天之神道"。至此，人类的认识达到了极限，"天之神道"便成了林希元心目中不可知的对象。

林希元说："天下只是一个道理。"⑤ 这唯一的"道理"就是"天理"。林希元认识到日月是环绕运动的，按照自然规律运行。

---

① 林希元：《易经存疑》卷六《坎下震上》。
② 林希元：《易经存疑》卷一《乾下乾上》。
③ 林希元：《易经存疑》卷七《离下震上》。
④ 林希元：《易经存疑》卷三《坤下乾上》。
⑤ 林希元：《同安林次崖先生文集》卷十二《居官说要》。

林希元将天体的运行规律与周期都称为"天理之自然",同时,林希元又强调"以迹观之"与"以理论之"之间的不同,① 也就是经验地观察与抽象地思考之间的差别。

在林希元看来,自然之理是现实中的客观存在,是人必须面对的事实,所以是"实理";而人的"使然"就是要达到自己目的,满足自己的欲望,它是人的意愿,因此往往是虚妄和不自然的。② 林希元以自然与使然之间的对立,为天理与人欲的对立提供理论依据。林希元将"天行健,君子以自强不息"解释成君子效法天而使自己内心的"天理流行不息"③。其天理从当然之则的角度,就是社会公众的利益;从自然或本然的角度,是万物生长的规律。由此看来,人的使然和意愿如果只是根据一己私欲而产生,必然会阻碍天理之公的实现,因为它既违反当然之则,又违反必然规律。这不仅使规范更具权威性与合理性,也使主体接受规范更具可能性和现实性。

作为本体论范畴的太极,林希元在《易经存疑》中有大量的论述,其观点可概括为如下四点:

第一,太极是万物的起源与发展变化的动力。林希元认为,太极不是生天生地的根源,天地都在太极之前。天地因有了太极之后,才开始了一系列的演化过程。从动静开始,经阴阳作用,再经五行相生,以至万物包括人类的出现。观点与前人基本一致,只是更加细化了一些。其中与前人不同的观点是,林希元没有将静作为根本,更没有将静、动分为两个起始相衔接的阶段。这样一来就避免了由静到动转化的逻辑困难。

第二,太极虽然体现为阴阳两重作用,但起决定作用的终究是"一个道理"。所谓"推行于一,盖虽两个变化,总是推行一

---

① 林希元:《易经存疑》卷五《巽下震上》。

② 林希元:《易经存疑》卷四《震下乾上》。

③ 林希元:《易经存疑》卷一《乾下乾上》。

个道理尔"①。以此为基础，林希元又将太极与理直接同一。

第三，林希元独特地用"素"来解释太极。太极成为万物之本，由此理与太极又有了区别。林希元说：

> 五色始于素，文始于质。……数始于太乙。太乙，素也。理始于太极，太极，素也。素也者，万物之本也。②

色彩始于素，那么这"素"便是无色；"文始于质"，这"质"就是无形式。"太乙"就是太一，也就是一，是数的起始，那么一就是素；理始于太极，则太极也是素。由此可以得出结论：素是万物之本。理比太极晚出，太极更具本原性，因此林希元称太极为"素"。这是林希元对"素"的独到解释，可以理解为万物的根本，也可以理解为构成万物的最小单位。

二、万物生于天地间

林希元在讨论气范畴的时候，多用元气概念。但是他说的元气却并非先于天地万物而存在的宇宙的本原，而是生命的能量。表现生命现象和能量的事物，包括自然界、个体生命和国家政权。他认为"坤之元"是万物之所以产生的物质基础。万物不能自生，必须以阴之气的源头为基础。然而，仅有物质材料还不够，单一的"坤之元"也不能自生，必须有"天之施"与之交合。从天地交合产生万物这一点看，林希元的观点并无新意，其创见性表现在将坤称为"元气"，虽然它顺于"天气"，既不敢先于阳气而生，也不敢后于阳气而生。但是，它在"天气"未至之时，就已经存在了。这种将大地的物质材料称为"元"的思想，表明林希元对现实生命的重视，这是他的思想具有怀疑性和解放意义的重要前提。

---

① 林希元：《易经存疑》卷九《系辞上传》。
② 林希元：《同安林次崖先生文集》卷十一《居素说》。

林希元在讨论文章风格与标准的时候也使用元气这个概念。① 在中国古代文学发展的历史中，文章的确有几度盛衰过程。那么，文章的盛衰与宇宙之间的元气有什么关系呢？其实，这元气根本就是国家与王朝的生命力。朝代有兴衰，国运有存亡。文章则应朝代之兴而兴，随国运之亡而亡。

用元气的盛衰作为对国家政治清平程度和生命力长久与否的评价标准，这是一种比喻，源自林希元的元气范畴所包含的生命意义。因为国家的元气，实有赖于百姓的生机。前文提到林希元独创的解范畴，表达了自然界生命力量的正常要求。当林希元用解范畴关注百姓的生存状态时，"解"就有了百姓正常的生存权利的意味，就是要求解除人民身上沉重的苛税与负担。解除苛政，易之以宽大简易之策，给民众以休养生息的机会。人民的生活安定了，国家才能真正恢复元气。②

民族是由个体组成的，民族的生机源自个体生命的元气。林希元在赈灾过程中考虑得非常周到，对久饿的饥民，不能让其暴饮暴食，要先恢复元气。③ 从中我们不仅可以进一步理解林希元元气概念深刻的含义，而且看到林希元的哲学观点所具有的现实意义。

林希元物范畴是通过"与物同体"一语表达的。"仁者浑然与物同体"一语出自程颢，表达他追求道、器一体，形上与形下一致，理、气浑然，在日常生活中寻找永恒价值的思想倾向与道德境界。林希元对这句话的解释虽然更强调"仁"的意味，但我们可以通过这段话，了解他对天地间除我之外的物质性存在的认识。个体生命生存于天地之间，与所有他人构成同类，其之所以同就在于，都是父母所生，同是天地自然的产物。本来程颢讲的

---

① 林希元：《同安林次崖先生文集》卷七《古文类抄序》。
② 林希元：《易经存疑》卷六《坎下震上》。
③ 林希元：《同安林次崖先生文集》卷一《陈情辩理疏》。

"与物同体"的"物"是包含自然界与社会生活中的事事物物的，而林希元在此似乎只看到了同类之人。即使如此，我们还是初步理解到，林希元的"物"是一个类概念。

在其他语境中，林希元是不把人看作物的，而是把物看作与人对应的自然界的各类生命现象。他说："物有四等，动植飞潜。品类散殊，有万不穷。"① 人之所以与物不同，物这个概念之所以不包含人在内，就是因为人比物高贵。林希元说："父天母地，实生人物；人物并生，惟人最贵。"②

天地万物是客观的存在，但是这客观的存在必须具有特定的方式，这就是林希元所谓的"万物之情"③。这个方式，就是阴阳。天地间万物的变化形式，无非阴阳的消与长，《周易》将这种变化概括为"交易"与"变易"。天体的循环，四季的交替，大自然的变化，虽然形式有千千万万，但是概括起来无非是"阴阳消息"。圣人用八卦、六十四卦以及三百八十四爻，都是对"交易"与"变易"这两种变化形式的描摹。其目的是"通神之德"和"类万物之情"。"神明之德"便是"道"，是根本性的规律。"万物之情"则是自然界万物的存在状态。

物之情有万，就是物质的存在方式有无数，但可以概括为两种，即"交易"或"变易"。林希元以天象为例，日月、星辰、暑寒、昼夜、风雨这些都是阳性与阴性明确而稳定的自然现象，因此直接称为"阴阳"或"交易"，取其相比较而存在的意思；而日月星辰之间的此上彼下，寒暑昼夜之间的此来彼往，风雨雷露之间的此聚彼散，这些都是"消息"或"变易"，取其相对立而变化之意。④ 自然地理环境也可以分为两种状态。高山与深谷，

① 林希元：《同安林次崖先生文集》卷十二《训蒙四言》。
② 林希元：《同安林次崖先生文集》卷十二《训蒙四言》。
③ 林希元：《易经存疑》卷十一《系辞下传》。
④ 林希元：《易经存疑》卷十一《系辞下传》。

相比较而存在，阴阳性质两判，所以是"交易"；当高山化为深谷，深谷隆为高山，则是阴阳的"消息"，是天崩地坼的变化，这就是"变易"。①

三、有个理为之主宰

林希元认为，道与事是无法分离的。比如，《诗经》、《尚书》都是经典，但也记载了许多关于尧、舜、禹、商汤、周文武王等古代圣王的事迹。《周易》描摹天下万物的运动与万事的变化，这些难道不是事？《春秋》是历史书，可是它不仅记载了242年的历史事件，而且还为天下确立了"邪正"的标准，为历代帝王定下根本准则，岂不是道？所以说，要想透彻地理解经典，必须通过具体事情，读历史书必须有善恶和是非的评价。②

道不仅是历史事件中的是非、善恶评价的标准，还是生活中的自然规律与法则，它与生命过程浑然一体，人们觉不出它的存在，只是按照它的节奏生活起居。林希元认为，道的本义，就是使民得以生存，所以说"道在生民"。当然也可以理解为，道就体现在普通民众的生活之中。因此，以日用饮食的方式表现，而以此为生活基本方式的百姓并不知道自己的日常生活过程本身就是道。圣人所立之教，必须以百姓日常生活中的道为根据，也就是道德规范必须以日常生活为基础。既可以理解为，日常生活中都有规范存在；也可以解释为，规范不能与日常生活相悖。这些观点在纠正理学空疏之弊的同时，表现出与心学思想的某种一致。

林希元独具创见的观点是他在《易经存疑》中对"形而上之道"与"形而下之器"做出了与前人完全不同的解释。林希元把

---

① 林希元：《易经存疑》卷十一《系辞下传》。

② 林希元：《同安林次崖先生文集》卷七《宋元史发微序》。

乾坤成列理解为阴阳二爻的符号，并将这可见的符号理解为有形之物。而符号所表达的意思，就是"形而上之道"，而所有能够表达"形而上之道"的卦爻，便都成了"形而下之器"。"器"不是一般的物而是有用之"材"，八卦符号是有用之材，所以就是"形而下之器"。① 这样一来，"形而上之道"与"形而下之器"便只是意义与符号之间的关系，而在现实生活中，便无此区别。

关于理气关系，林希元认为，气就是构成天地万物包括鬼神等无形之物的根本的元素，所以万物在"气"上是一样的。林希元将朱熹的"理一分殊"改造成"气一分殊"②，目的是为了避免"理堕气中"的前儒之弊，避免将理实体化，从而将理与气之间的关系联系得更加紧密，甚至将二者直接同一。

理与气的关系在个体生命中则体现为人之所以为人的道理与生命现象之间的关系，这二者在林希元看来，是天然一体的，这就使其观点逸出理学走向"气论"。他说：

> 孔夫子之言曰："仁者寿。"又曰："大德者，必得其寿。"老氏则曰："无劳尔形，无摇尔精，乃可以长生。"二家之言若不同。盖孔氏主理，老氏主气。要之，理即气，气即理，其揆一也。或谓人之修短系于天，非可以人为，予窃疑焉。③

这里的理与气，不是宇宙的本原，而是人之所以为人的道理与人的生命现象。孔子认为长寿的原因是道德品性高，老子认为是休养生息得当。两家的分歧在于，孔子重道德，所以主"理"，老子重生命，所以主"气"。人之所以为人的道理，就是道德规范，这种道德规范与生命现象在原则上是统一的，在根本上是一

---

① 林希元：《易经存疑》卷十《系辞上传》。

② 林希元：《同安林次崖先生文集》卷八《赠彭石坡邑侯祷雨有应序》。

③ 林希元：《同安林次崖先生文集》卷九《贺分教玉田邓先生寿序》。

致的。所以，人后天的道德修养会延长人的寿命。林希元反对将
人的寿命长短完全归之于天而人为完全没有作用的说法，但是却
有将养生修炼等同于道德修养的可能。

对于在理学传统中被视为体用关系的太极与阴阳，林希元也
做了新的解释。

首先，林希元认为，阴阳互相对立，表现为两个完全相反的
变化方向和两种完全对立的力量，但是它们所体现的道理却是
一个。

其次，太极是阴阳之本或其根源，是从宇宙根源到万物的中
间环节。

第三，阴阳与太极一体。从天地万物起源与发展的角度看，
太极与阴阳的确是不同的。但是，从天地万物是一个整体的角度
看，太极与阴阳又是统一的。林希元说：

> 太极动静而分阴阳，太极非无为者也。况太极虽不杂乎
> 阴阳，亦不离乎阴阳。①

太极因一动一静而分阴分阳，但是太极本身却并非毫无作
为，也就是说，在阴阳二分的过程中，是阴阳与太极共同的力
量。用今天的话说就是，矛盾的对立性与统一性在事物发展过程
中同时起作用。太极分而为阴阳，阴阳一而为太极，阴阳与太极
就是对立与统一的关系。

第四，作为根源的太极是阴阳的主宰。他说：

> 阴阳之所以变化者，有个理为之主宰，理即太极也。②

前文我们讨论了林希元的阴阳范畴是事物存在形式，也就是
变化的方式，那么阴阳之所以变化的道理，便是太极。也正是因

---

① 林希元：《易经存疑》卷十《系辞上传》。
② 林希元：《易经存疑》卷十《系辞上传》。

为太极的主宰作用，使得太极与阴阳不可分割地永久统一在一起。

第二节　秉承天地之心

林希元继承了儒家传统的人本主义精神，并且在他主张的仁爱范畴中，包含了对个体生命的尊重。他的"人立天道"的说法，表现出鲜明的主体意识。他以"适用"为标准，评价社会制度、文章风格以及圣贤言语的意义等。他的理想社会的标准是"天下无愁苦之民"，他以"致时"解释历史规律和人对这种规律的认识与对道的遵循。其最终目的是追求社会和谐，其标准是所谓的"雍风"。林希元的性范畴，同时也是类概念，其"分类以辩性"的方法具有一定的科学性。他虽然确认人的天性是至善的，但又强调天性有一个逐渐展开与呈现的过程，在这个过程中会现出性格缺陷与恶性，因此人要"各正性命"，亦即将自己应该具备的天性充分地展现出来，使自己成为一个真正的具有完备天性的人。林希元认为仁心是天赋观念，是非善恶是社会标准。他对传统的"四端"说做了自己的解释，区别了四端在天赋程度上的差别。林希元的情范畴具有情的普遍意义，而这种普遍存在的情就是天地阴阳之间的感应，得出类似晚明时期"唯情论"的结论。以此为基础，林希元特别强调人之常情的重要，提醒统治者尊重人的正常情感。他以"循性而动谓之情"为标准，主张人应该有真情，并指出某些道学家的虚伪。

一、天下之治本于道

林希元将儒家的"仁"与墨家的"兼爱"结合起来，开拓出具有近代意识的人本主义精神。他认为，人是以个体的形式生存于天地之间的生命现象，所有人类成员都具有相同的生命之躯，都是天父地母所生养。然而，同生于天地父母的每一个个体，却有着不同的体貌、不同的主观意识，由此产生了人与己的区别。虽然如此，并不能改变我们同生于天地这一事实。这正是圣人面对不同的人，却一视同仁的原因。爱天下之人，就像爱自己一样，没有人与己的区别，这才是仁爱精神。①

人本主义精神还包括人的主体意识，即在大自然面前人的主导者的地位，人为天立道、为地立道、为己立道的主体性。他认为，为天制订历法，为地分划疆界，为人创立规范，这就是所谓"范围"，如果人类社会不使用"范围"，就会出现许多过失。仰望苍天一片混沌，人们不知有春夏秋冬；俯视大地一块荒土，人们不知有国州郡县；人相环视而浑浑噩噩，不知有君臣父子，这就是没有"范围"的过失。圣人制订历法而天道成，划分疆界而地道平，创立伦理而人道立。这天道、地道与人道都是人制订的，大有"为自然立法"并且"是范围而不使过也"的主体精神。②

在林希元看来，国家管理与社会秩序的模式，不同的时代是不一样的，因此统治者需要顺应时代变化而做出相应的调整，就像周代的诸侯，在明朝变成郡守一样。③ 这种观点并不新鲜，然而，有明一代的文坛一直存在着复古主义，并且与理学的"道统说"相互呼应，作为理学家的林希元表达了与心学左派观点一致的反对复古主义的立场，显得尤为难能可贵。林希元认为文章好坏的标准不在于古人，而在于是否适用现实的需要。

基于这一原则，林希元对朱熹等先圣的观点提出质疑，大胆地说出"义理之微非一人所能知，而天地之秘不一时而尽泄"④

---

① 林希元：《同安林次崖先生文集》卷十一《罗子号推吾说》。
② 林希元：《易经存疑》卷三《乾下坤上》。
③ 林希元：《同安林次崖先生文集》卷九《赠郡侯西川方公朝觐序》。
④ 林希元：《易经存疑》卷十《系辞上传》。

的话。古代圣贤固然高明，但他们的观点都是有针对性和具体语境的。历史条件改变，思考对象发生变化，语言失去了针对性，即使相同的话语，其适用性也大不一样了。就像医生开的药方，病人不同，病情各异，处方自然有差别。"适用"原则虽然具有实用主义的色彩，但是却使理学更具有现实意义，这与林希元纠正理学的概念的努力是一致的。

儒家追求的"道"就社会层面理解，是理想的社会制度，无论是"三代"，还是"仁政"，都包含了社会意义的善和对每个社会成员的公正。林希元对儒家的社会之道也做了自己的解释。他认为，治理天下的根本道理当然要通过学习才能掌握，但是帝王们的学习却并不一定与社会之道有关。在林希元看来，汉武、唐宗和宋祖，都没有学习真正的治理天下之道，所以汉、唐和宋虽然出现过盛世，却不符合他心目中理想社会的标准。在林希元对儒家的社会之道所做的诠释中，"致时"与"雍风"的标准，确是其创见。

所谓"致时"就是顺应历史，抓住机遇，其中包含了林希元对历史规律的解释。他认为，一盛一衰，一乱一治，是历史规律，如果一个人生活在由盛转衰的时代，那就是命运不济，生不逢时。如果恰巧生活在由衰转盛的时期，这便是历史的机遇，就需要人有敏锐的眼光和足够的智慧抓住机遇，这就是"致时"。如果历史没有提供这种机遇，人的主观努力无济于事。但是机遇来临时，人没有足够的智慧和能力也不行。可见，"致时"表示的是主观努力与历史规律相适应的范畴。

"雍"者和谐也，此"雍"用做使动，所以"雍风"便具有使社会矛盾和解、使社会风气和谐的意思。那么这就有两重任务，一是为民兴利除害，二是对民进行道德教化。这两条可以看做是林希元追求的社会之道，或者是通向理想社会的路径。他说：

> 兴利除害则所欲与聚，所恶与去，天下无愁苦之民而王
> 道成矣。①

林希元对"兴利除害"的解释是，让百姓满足愿望，却除百姓之所憎恶。一旦天下没有了"愁苦之民"，也就实现了儒家的"王道"理想。简单的一句话，却包含了对百姓的深切关怀。然而，明朝中晚期，天下愁苦之民何其多啊！如何才能使天下没有愁苦之民呢？林希元说：

> 牧民如树蔬果，违其性则颠，伤其气则瘁，培养亏则弗
> 荣，静以康之，仁以生之，政以惠养之。牧之道无它矣。②

管理百姓就像种树，违背其本性就会错乱，伤害其元气就会憔悴，培养不足就不会繁荣。不要打扰生命自然的过程，以使正常发展。同时，还要呵护它，使其顺利生长；为它创造各种条件，使其得到更多的好处。管理百姓没有比这更好的办法。

二、人所以为人之理

林希元不再简单重复前人所谓"在天为道，在人为性"的观点，而是对性范畴做了详尽的解释。他认为，人与物的产生都有一定的依据，这就是理，人之所以为人的道理与物之所以为物的道理是不一样的，所以才会有人与物的不同，也就是人与物各有自己的性。③ 林希元的"理"，是天下万物之所以为天下万物的道理，具有普遍性；其"性"则是某一类事物之所以成为这一类事物的道理，具有特殊性。

性范畴又具有"类"的含义。主张适用原则的林希元，他讨论性与类并非纯粹的思维兴趣，而是为了使天下之物各得其所，

---

① 林希元：《同安林次崖先生文集》卷二《王政附言疏》。
② 林希元：《同安林次崖先生文集》卷八《赠陆子知邹序》。
③ 林希元：《易经存疑》卷九《系辞上传》。

各适其用。辨谷物的品性是为了农业生产，辨药物的品性是为了治病，辨牛马的品性是为了使用的方便，辨各类动物的品性，是为了烹饪祭祀，辨各类金属的品性，是为了手工业生产。总之，辨物就是为了使物充分发挥性能与作用。① 这种分类辨性的认识事物的方法就是科学的认识方法。

辨别万物之性是为了致用，辨别人之性是为了使人与禽兽相区别。而人与禽兽先天的区别不是我们今天所理解的"道德"，而是人之所以为人的"本性"，或者"天性"。在林希元看来，人的先天本性是有善而无恶的，那么现实中人的恶性是从何而来的呢？林希元没有办法回答，只说"分性所无"。因此，要努力遏止这恶性，不要使其"无中生有"。②

在现实社会中，恶性充盈，人欲横流，思想家必须回答恶的源头问题。林希元认为，人的外形、本性和生理需求都一样，却表现出善恶的不同，其原因就在于人有不同的志向。为什么会有不同的志向呢？在林希元看来，人之所以为人的道理来自上天，所以人在天性上具有共同点，然而，人的天性只解决了人之所以为人的道理，只提供了人之所以为人的可能性，人要成为生命的现实，必须具有物质形式，也就是"阴阳五气"。物质的形式总是有限的，而且会参差不齐。本性改变会由清而浊，天性浑浊的是动物；气质的改变会由偏而杂，杂而失去生命的是土石。因此，天性是善的，但是禀赋的气质却有偏和不齐，这就是性格区别的原因，也是恶性的源头。圣贤的德性好，也不过是先天善的比例高而已。这种气禀的偏急，又具有潜伏性，平时难以觉察，在关键时刻或者特定环境中，会突然发作，令人后悔不已。

林希元又以植物为例说明性偏而不全的原因：万物都有自身

---

① 林希元：《易经存疑》卷三《离下乾上》。
② 林希元：《易经存疑》卷三《乾下离上》。

的道理，这就是性命，由此而与他物相区别。黍与稻不同，柑与橘有别，原因就在于此。但是，它们的性命有一个逐渐呈现的过程。在其刚绽放枝叶、初吐露花蕊之时，谁又知道它们将长出什么样的果实呢？只有到了秋收季节，果实成熟，其自身的天性才得到充分的展现，此时才是它们的本来面目。只有在某一物到了成熟圆满期，才能够与他物完全区别开来，才能充分证实自己的天性，才称得上是"各正性命"。

说到"各正性命"，就产生了一个问题：这"性命"既然是物之所以为物的道理，那么它在赋予此物之前就是完全的呢？还是此物在不断生长的过程逐渐获得而使之完全的呢？抑或是不断展现着本已有的道理呢？林希元把乾道变化看做是一个总体的过程，共分为元、亨、利、贞四个阶段。他没有按照《易经》的观点解释为春夏秋冬，而理解为道理赋之于物、物秉承性命的成长过程。元是资始，亦即可能性向现实转化的起点；亨是赋予某物以形态；利则是由雏形到成熟的过程，也就是"各正性命"的过程；贞是物的完全成熟期，即"保合太和"。① "各正性命"作为过程理解，就是生命成长的过程，实际上就是"太和"之气由起始到"保合"的过程。在这个过程中，"各正性命"的时期，"太和"之气只是没有"保合"，性命之所以为性命的道理还不完全，而并非没有。②

所谓"正"是一个过程，一个逐渐展开与呈现的过程。其间，物之所应得的那份天理有一个由不完全到完全的过程。就如同黍稻柑橘这些植物一样，当它们的果实还没有饱满，色彩还没有充分，味道还没有具备，食用时自然不会甘美，因为自身的道理还没有完全获得。等到它们的果实饱满，色彩充分，味道具

---

① 林希元：《易经存疑》卷一《乾下乾上》。
② 林希元：《易经存疑》卷一《乾下乾上》。

备，食用时自然会甘美，此时其自身的道理完全获得了。作为人而言，从初生到成熟是一个过程，一个天性逐渐具备完全的过程，由此，性格的缺陷与道德的恶性都可以由天性之理不全而解释了。[①] 更重要的是，如此解释"正性命"，实际上表明人之所以为人的道理，虽然前于生命的存在，但是此理充分而完全地展现出来，却与整个生命的成熟过程相一致，这就为后天成就完整人性提供了理论依据。

三、循性而动谓之情

关于"心本体"，林希元认为，作为本体的心，不是心之所以为心的道理，而是心中具有的判断善恶与是非的标准。当一件事情还没有做，是善是恶的结果还没有表现出来，但是判断善恶与是非的标准，已经作为人的精神内容而存在了。如果以善恶、是非之理定义本心，就会隐含着这样的逻辑结论：心之所以为心的道理不是先天的。

林希元在寻找善恶、是非标准的源头，对孟子的"四端"做出解释。他首先将"四端"的顺序做了调整，将"义"放在第一位，且认为这"四端"不是都源自天生。他指出，义是喜善憎恶的情感，礼是待人接物的规范，智是判断是非的理性。这些都不会是天赋的道德情感，尤其是他称之为"知"的是非与善恶的辨别能力，这当然是后天获得的知识和智慧。只有仁是恻隐之心的具体体现，是天性。

关于仁的源头，林希元认为，人之心源自于天地之心。天地以生物为心，因此人之心不仅自身生意盎然，对所有生命都有着无限的恻隐之情，慈祥悲悯。其他三种德性与之相比，自然次一等，因此仁是心体的总管。林希元将此"四端"分开讨论，表明

---

① 林希元：《易经存疑》卷一《乾下乾上》。

他看到了是非、善恶与辞让等道德规范的后天性。虽然"一时同赋，然比仁为人之生道差缓"，既然"差缓"，其天赋性就打了折扣。

在林希元的话语里，天地不仅有心，而且有情。林希元将"中"理解为"体"，是不偏不倚的标准；将"正"理解为"用"，体现为无过与不及的效果。在不偏不倚的标准掌握之下的无过与不及，就是"正大"，就是"天地之情"。"天地之情"就是天地之心所创造的一切，是万物存在的形式，是人类赖以生存的环境，是有益于人的一切价值。

林希元看到了人的情感的合理性。一散一聚，正是天地万物变化的两种基本形态，林希元将其解释为"天地之情"的具体表现。天地阴阳之间的交通与感应，是"天地之情"的"聚"。天地都能够以情相聚，人与人以情相聚就再自然不过了。父子、兄弟、夫妇聚于家，但是各自的感情不同。君臣与朋友虽不是一类，但却有相通之处，君以臣为师友，这是儒家追求的最完美的君臣关系。农民聚于田野是为了生产，商贾聚于市场是为了利润。情之所以存在，在于人与人之间沟通与交流的需要，这就是情的普遍性。

情是普遍存在，证明其有合理性与正当性，这种正当与合理，便是"人情之常"。统治者治理国家时，必须尊重这种"人情之常"。为此，林希元概括出五种"人情之常"。

第一，"好逸恶劳"。林希元并没有批判好逸恶劳，只是告诫统治者，违反人之常情的劳民之事，是百姓所不愿意的。尤其是建造那些既不紧急，又与百姓的生活毫无关系的劳务，像秦始皇修长城一类，必然会引起百姓的强烈反抗。

第二，"好生恶死"。好生恶死是人之常情，但是一些帝王好大喜功，比如秦始皇、汉武帝，他们北击匈奴，南伐百越，致使几十万的生命死在北方沙漠与南方瘴疠之地。人出于好生恶死的本能，自然会对这种帝王之举产生惊惧、仇恨和怨愤！

第三，"安土重迁"。农业经济、血缘亲情，使安土重迁成为中国人特有的天性和人之常情。明代军人经常要到千里之外的地方戍边，长年在外，远离亲人，而且没有时间回乡祭祀扫墓，甚至没有返乡之期，这种违反人情的事，谁又能高兴呢？①

第四，"趋利避害"。人之常情是可以合理地加以利用的，这是法家思想。正是因为人有贪生怕死之情，大辟之死才会对犯罪有震慑作用。正是因为人有趋利避害之情，赏罚才能有效果。否则，就没人肯勇敢作战、杀敌立功了。②

第五，"承顺则喜"。小人能够屈己奉迎，所以受人喜欢；君子总是坦诚耿直，因此总是令人不敢亲近。根据人喜欢承顺的常情，用巧妙的承顺方法，一次也许打动不了他，事事承顺，必然为之感动；人都不喜欢违拂，如果用直白的方式，说人不爱听的话，一次还可勉强接受，次次如此，谁也受不了，一定会发怒的。林希元这番话是说给皇帝听的，分析历史上为什么皇帝身边总是小人多于君子，就是这个原因。皇帝也是人，也有人之常情。③

正是基于对情的普遍性的认识和对真情的推崇，林希元才会说："所谓道学者，皆虚伪不情，未必有克己反躬之实。"这可与李贽批判假道学的观点不谋而合。林希元的"天下之人，循性而动者谓之情，拂性而动者谓之伪"④ 的观点，更是对真情的追求，与晚明"唯情论"的观点达成共识，既表明明朝末年社会风气虚伪成风，也表明当时的思想解放思潮，不可避免地影响了林希元。

---

① 林希元：《同安林次崖先生文集》卷三《陈愚见以图补报疏》。
② 林希元：《同安林次崖先生文集》卷三《陈愚见以图补报疏》。
③ 林希元：《同安林次崖先生文集》卷一《新政八要疏》。
④ 林希元：《易经存疑》卷十《系辞上传》。

第三节　穷理尽性至命

"义命"是林希元的独创，其核心内容就是将天命解释为"当然之理"，并且与"义"相结合，在生命意义的"命"与道德意义的"义"发生冲突的时候，舍生取义便是顺应天命。平常的时候，顺命表现为安命。而安命的前提是知命，知命是为了无忧。林希元主张的"无忧"绝不是无可奈何，也不是不动心的无情无义，而是将自己的命运与天下国家的命运结合起来。这样就会使人在保持心胸洒落的安命的同时，不失仁爱之心，并时刻准备，一旦有时机，为万民建功立业，以体现出"人力亦可回天"的豪气。人的命运是客观的，人的富贵和长寿也不由人的意志决定，但是成就圣贤人格却是主体的自由选择，在这个领域更加显示出人的主观能动性。"天人感应"虽然属于天与人的关系，但如果将天视为外物，而人以心感受天这一外物的话，也可以从心、物关系的角度讨论"天人感应说"。正是因为将天视为物，所以林希元在与王阳明的心学观点争论的过程中，表明了自己对心与物、心与理之间关系的认识，在批判心学观点的同时，捍卫了朱子理学的立场。心与道的关系虽然可以归入心与理的讨论，但林希元从心与道关系问题的角度，对心学观点辨析得独到而细腻，表达了他对人的精神现象的理解。林希元在解释"格物"时，增加了物范畴的内容，同时也扩大了"格物穷理"之学的范围。林希元坚持"知行统一论"，强调"知"不是一般的闻见知识，本身就是一种实践能力的获得，这样的知当然离不开行。其行范畴的内容除了道德修养之外，还包括行政、经济、军事、农业、工商等领域，是其从政经验的理论总结。最后，林希元将"穷理"的目标指向"尽性"，最终达到"至命"的境界，从而使他的知行观与人生终极意义的追求联系在一起。

一、人知天命可回天

在力命关系问题上，林希元首先对"命"做出解释，在不同的语境中，其含义比较复杂。大致有几层意思。

第一，"天命即理"。林希元认为，理之有无是有条件的。有条件且有理，行动就是"顺天命"。条件不具备而勉强行之，就不是顺理，就会被"时"所败。[①] 林希元在"致时"概念中表达的对历史规律的认识，可进一步表述为："时者，天理之当然也。"因此，"时"也就是天命的不同名称了。对于个人而言，历史规律就是命运。

第二，"天命所当然"。林希元还将天命与人心结合起来讨论，表达了他对天命中包含的道德义务的理解。同时，又将义、利范畴引入讨论，以表示在天命面前，人具有主体选择的可能。所谓"人心不容己"，就是不能以自己的欲望决定自己的行为，必须遵从"天命所当然"。"当止"就是行为根据当然之则加以限制，容不得一己私欲从中干扰。可是人的欲望却是由于肉体之身决定的，由此而生成的私情，便是一己之利，它与义形成了鲜明的对立。二者相比较，义比利更重，因此决定个人的抉择和取舍。[②]

第三，"义命"。在生命之命与社会道德之义之间发生冲突时，何以证明义比生命更高贵，舍生取义的合理性何在呢？林希元将天命与义联系起来，并形成了"义命"的概念。孔子与孟子，均生不逢时，但是他们都"知其不可而为之"，从不放弃自己的信念。这就是对"安于义命"的最好注脚。

在林希元看来，真正知道死生贫富与贵贱的道理之后，就能

---

① 林希元：《易经存疑》卷六《坤下兑上》。

② 林希元：《易经存疑》卷七《艮下艮上》。

心态平静地接受，而不像庄子那样无可奈何。林希元认为，庄子的"齐物我一生死"就像告子的"不动心"一样是一种强制，与圣人的知命不同。真正的知命是一种乐天精神，是明白了天理之后，对一己私欲的超越，这时人的精神不仅平静安恬而且充实。这种乐天就是"不忧"，知道生命无论长短，死是必然，却依然修养德性，平静地等待死亡的到来。做到不忧不容易，在天地通畅、社会昌明的时候，享受富贵；在天地壅塞、社会昏乱的时候，甘于贫贱；视生命的生与死，有如面对自然的变化。

儒家的"知天命"之所以与庄子"不可奈何"和告子"不动心"不同，还在于无忧的同时不忘道德责任，不是静等着必死的结局，也不是完全放弃个人的努力，而是"修身以俟命"。不仅心安理得地面对自己命运的多舛，更要在追求自我的道德完善的过程走向自己生命的终点。

在命运的安排面前，人们只是乐天无忧是不够的。林希元认为，还要遵循客观规律，视情况与条件决定自己的行为。明白了这个道理，就可以随时而顺，时当潜则潜，时当现则现，时当惕则终日谨慎从事；时当跃则跃，时当飞则飞，时当亢却不与之俱亢。"亢龙有悔"，便由盛转衰。顺应规律无非就是把握时机。时机的背后，就是天道所在。各种条件具备，人能够把握住它，就是"御天"，即充分发挥人的主体力量。行为一定要准确把握时机，这需要人们在无数现象的背后敏锐地识别出它，并加以运用。一旦行为合乎天道，上天隐于事物背后的机遇，便因我的努力而显现出来。通过主观努力把握命运，是自我力量张显的最高境界，也是林希元所谓的"至命"。"至命"就是与天命完全一致。具体表现就是，深切体会天地之化的范围，利用自然规律达到人的目的，经过艰难的努力而促进事物成长。[1]

---

① 林希元：《易经存疑》卷九《系辞上传》。

林希元并不是一个宿命论者，他相信人的力量是可以改变命运。聪明、富贵与长寿是每个人都渴望拥有的东西，却难以并存于一人。颜回德性高尚，却命运坎坷，英年早逝；跖是强盗，却横行一世，高寿而终。品德名声与高寿都能获得的人实属罕见，世上有这样的人，或者是天赋条件极好，或者是后天修养功夫积累，绝不会出于偶然。林希元不同意将人的寿命长短完全归于天的观点。烛火放在密室里，会燃烧较长的时间，如果置于风大的地方，便立刻被吹灭；水积于石上会长久保存，流入干土，便立即渗没。林希元因此得出结论：人可回天。不过，他并未因此而接受道教成仙的观点，虽然他说"修炼家有延年接命之说，不可谓妄"，但是，他更主张"与其炼神养气而为神仙，不如修身养性而为圣贤"。① 因为，在成就圣贤人格方面，人的主观能动性会有更加广阔的自由空间。

二、心物与天人之间

林希元虽然主张天人感应，但其"天"以元气为基础，是物质性存在而不是精神性本体。因此，其天人关系可以从心物关系的角度讨论。他认为，人之所以能够与天地、万物、山川、鬼神相互感通，原因就是在气上的一致性，也就是天地万物最基本的元素是一样的，这就为它们之间的感应与沟通奠定了基础。这是他"气一分殊"观点的运用。由于万物根本的一致，决定其殊类之间可以相互感应。从物与物之间存在相互作用这一点理解，林希元的观点有道理的。

根据天人感应的观点，天人之间的感应与相通有两种表现，一是天对人的行为不满而降灾祸于人间；二是人的道德行为与虔诚祈祷会感动上苍而改变自然现象。对于前一种感应关系，林希

---

① 　林希元：《同安林次崖先生文集》卷九《贺分教玉田邓先生寿序》。

元确信不疑，并且认为天对人的影响是非常快捷的，人的行为一旦违反规矩，上天会立刻做出反应。上天距人间如此遥远，虽然人难以知道上天的真实意愿，但是，人间一切不当的行为，都会引起灾难性的后果，这却是不容怀疑的。

天人感应的第二种表现是人的祈祷会改变自然现象。对此，林希元却半信半疑。林希元曾在钦州参与祈雨，当人们将降雨说成当地官员的诚心所致，林希元不以为然地说："或偶然耳已。"①表明林希元在天人感应问题上，始终保持着理性态度。只是这种理性的态度与其用上天监督皇权的观点产生矛盾，却也表明"天人感应说"的意识形态性。

林希元也有专门讨论心物关系的言论，主要是针对其友马宗孔所谓"物外求心总是痴"一语展开的。如果说心不从物外求的话，那就是从行为中求心。然而，心是我的心，物是我身外之物。物的道理存在于我心，人应该根据心中对道理的理解去求物，怎么可能根据外物的道理来求心呢？这就好比，通过禽兽、草木去了解人心一样的不可理解。如果把"物"和"外"两个字分开，从物或从外求心，似乎说得通。但是把这两个字连在一起，就成了"物外"，即物的外头，看起来更是勉强。林希元对好友"物外求心总是痴"一语做了分析之后，明确表示他不同意这种观点。

林希元指出这一观点出自王阳明对朱熹的非议。朱熹将《大学》中"止至善"解释为"事理当然之极"，王阳明认为"至善是心之理"，如果把"至善"解释为"事理当然之极"，就是将"义"与"当然"分离。林希元认为，如果根据王阳明至善之理在心的观点而认为"事理当然之极是义外"的话，就是批评朱熹

---

① 林希元：《同安林次崖先生文集》卷十二《题高明朱尹祈雨有应册》。

将心中之理认作外物了。王阳明的观点是荒谬的，这位朋友的观点就更加不通了。林希元指出，王阳明批评朱熹"认心理为外物"，对此需要细心辨析。万物之理虽然是思维的产物，存在于内心，但必须通过研究外物而得来。把外物的道理和规律研究通了，思维或心才能够通。所以说，致知在于格物，对外物研究之后才能得到知识。"至善"是事物的当然之理的最极致，这一道理存在于内心而非外物。

林希元通过对心与道关系问题讨论，表达了他对人的思维能够把握客观真理这一认识论的重大问题的观点。在他看来，心是人的精神世界，是整个身体的主宰；道是人应该遵循的道理，是精神的内容。精神是精神，道理是道理，当然不是一回事。孔子说：颜回的心三个月不违反仁的标准。又说：理和义使我的心感到快乐。可见仁与心，理义与心不是一回事。人的心是有善有恶的，而道理本身是无善无恶的。心可能会放纵，而道理在心却会使心免于放纵。《大学》"正心"，是因为心中有恶，所以才需要正；《孟子》"求放心"，正是因为心会放纵，所以才会去找回被放纵掉的心。如果说"心即道"能够成立，那么"正道"或者"求放道"能说得通吗？孟子说"心之官则思，思则得之"，能改成"道之官则思"吗？《周易》说"圣人感人心而天下和平"，能说成是"圣人感人道"吗？此类例子不胜枚举，足以证明心与道不是一回事。① 林希元的论证是有道理，对心学的批判可谓一针见血。虽然，林希元论证了心与道的区别，但同时也承认心可以把握道，人的逻辑思维可以把握客观真理。

三、致知即力行工夫

林希元在专门讨论物范畴时，其内容主要是包括人在内的所

---

① 林希元：《同安林次崖先生文集》卷五《彭城复马宗孔同年书》。

有造化之物。然而，将其物范畴置于"格物致知"的命题中再做考察时会发现，物的含义发生了很大的变化。同时，林希元的知范畴也相应地发生了变化。林希元在给林国博的信中讨论格物的含义。林国博将朱熹的学问思辨之事中的"克己"理解为"扞物"，并且认为比较通顺，如果将"格物"理解为"扞物"，就有矛盾之处。林希元对林国博的观点表示赞同。所谓"扞物"是将物理解为物质性的实体，用手操作对象之意。"格物致知"中的"格物"当然不能这样狭隘地理解。因为所格之物，并非都是实体性的物质。林希元进一步解释道：之所以认为"格物"不是"扞外物"，其理由就是所格之物，无论在内容还是形态上，都是非常丰富的，包括寡欲、无欲、博学、详说、知、集义等许多事。林希元提醒他的朋友，不能对圣贤的言语做教条式的理解，一定要注意言语的针对性和出处，也就是今天所说的语境。同样一句话，在不同的语境中，意义会有变化，不能强求其同，否则只会给自己带来疑惑。在林希元看来，"格物穷理"之学的内容是很广泛的，除了道德知识与践行之外，回答历史问题，寻找历史教训，"是亦格物穷理之学也"①。正是由于扩大了物范畴的内容，这"格物"具有今日所谓"研究"的意思。

　　林希元基本上不讨论纯粹的知识，而总是将见闻与践行结合起来，也就是将知、行统一在一起进行讨论，无论是"致知"还是"力行"均如此。关于"闻见"，林希元对蔡清的《易学蒙引》中的观点提出质疑。蔡清对忠信的理解，对德的理解，都是从知识和精神的角度出发的，甚至局限于知识与心而脱离具体事情。即使蔡清引用朱熹的话，林希元也不敢苟同，他认为，道理必须体现在事实之中，如果道德水平只能通过语言表达，那就是重知识而轻实践。林希元引用《周易·文言·乾卦》中的观点，认为

————————
①　林希元：《同安林次崖先生文集》卷十二《李考诸生策问三道》。

讨论学问，必须从"力行"上说起。"忠信"就是《大学》中的"诚意"，这是"格物致知"之后的事情，把"忠信"归为知，并且以"进德"为知，林希元认为古代圣人从来没有如此解释。道理必须通过事实体现出来，但应该是在躬行实践的过程中的内心体验，而不是听见和看见。这样理解知，就使知、行完全统一了。

难能可贵的是，林希元能够摆脱理学传统，将知与行关系的讨论扩大到道德领域之外。如其所言："事之当需者，如为学为治，以至凡百事务，皆有之为学者，致知力行工夫。"[①] 林希元毕竟为官多年，不可能将"致知力行"的着眼点完全集中在道德领域，从政、为民等等事务，都会进入他的视野。在他看来，行政、教育、军事和刑法，这些都属于王道，当然都是要为民兴利除害的有志者应该学习和掌握的。也是为官一方的从政者，必须学习和精熟的。道德教育是长远的事，不可操之过急。但是，为民兴利除害的事必须求速效，除害尤其如此。[②] 林希元说："民有三害有四利。三害曰：里甲也、奸吏也、豪侠也，四利：农桑也、储积也、工商也、学校也。"[③] 林希元将工商提升为四利之一，表明晚明时期商品经济发展对林希元的影响，而他自己家族也是闽南沿海一带经营外贸的大商户。[④]

知的最终目标是"至"，到了这个境界，当然不再是普通的知识，也不是一般的实践行为，而是与人生最高追求和终极关怀

① 林希元：《易经存疑》卷二《乾下坎上》。

② 林希元：《同安林次崖先生文集》卷八《赠邑侯王青岗奖励序》。

③ 林希元：《同安林次崖先生文集》卷七《贺朱平川节判擢知高明县序》。

④ 嘉靖时，林希元"沽势恃强，专通番国，以豺虎之豪奴，驾重桅之巨航，一号林府，官军亦置而不问"。（朱纨：《甓余杂集》卷二《阅视海防事》）

有关了。林希元把"知至"与"知终"联系在一起，最高境界是对人生终极目标的确认。[①]这些终极目标在日常生活中的体现就是道德修养的"明善诚身"，就是"穷理尽性以至命"。关于"穷理尽性以至命"林希元解释说：知道吉凶，便知道如何作为；了解消长，便懂得何时存亡，这就是穷理。根据这些穷究的至理而进行的实践，就是尽性，也就是能够将事物的功能与属性都充分地发挥出来，当然也包括发挥实践者自己所有天赋的可能性。自己的行为完全与天道相吻合，最终达到了自己的目的，无论是对外建功立业的目的，还是向内完善自身人格的目的，这就是"至命"，[②]人的价值得到了充分的实现。

---

①　林希元：《易经存疑》卷一《乾下乾上》。
②　林希元：《易经存疑》卷十二《说卦传》。

第九章

李光地：理学复兴的中坚

清朝建立初期，统治者在残酷镇压民族反抗的同时，在文化教育和学术思想领域实行高压和利诱并用的政策。他们禁锢一切具有自由倾向的思想。王阳明的心学不仅遭到当局的禁止，而且一些明末思想家将明朝灭亡的责任归咎于心学，心学在晚明时期的显学地位彻底没落，晚明时期思想领域的自由解放思潮被打断。可是，清朝统治者虽然认识到程朱理学对于统治的作用，开始倡导朱子理学，但是对其中的民族大义又十分害怕，便大兴"文字狱"，残酷屠杀并株连具有民族大义的思想家。在此基础上，设立博学鸿词科来招揽明朝遗留下来的名士，恢复明代八股取士，引诱热衷于功名利禄的士子，使其醉心于仕途；并以"寓禁书于修书"的方式，大规模编纂书籍，使得许多有才华的知识分子，忙于编纂古代文献而无暇顾及政治，从而达到了清初思想领域的相对稳定。朱子学就是在这样的背景下复兴的。

李光地（1641～1718 年），字晋卿，号厚庵，福建安溪人，是清朝初期朱子学复兴的代表人物。他是朱熹的崇拜者，把朱子与孔子相提并论。他把各家学说与朱子学作了对比之后，得出朱子学高明无弊的结论。他认为朱子即当今之孔子，为宣扬朱子学不遗余力，因此被人们认为是清初主持"正学"的中坚人物。李光地作为清初名臣，一生致力于朱子学，为振兴朱子学作了不懈的努力，但是，在特定的历史条件下，朱子学的所谓"复兴"却表现为向朱子传统的回归，整个明代与心学争辩过程中理学自身得到的发展基本被否定。朱子学本身越来越具有经学的特征，学者们对朱熹的著作，尤其是《四书章句集注》的讨论，更多地关注字句的训诂和解释，而义理的发挥因顾及"文字狱"而受到极大的限制。这样的回归传统，实际上是中国哲学思想发展进程的倒退。然而，回归传统总比中断历史要好，考虑到特殊的历史环境，应该承认李光地还是功不可没的。

第一节　重建精神性本体

李光地重建独立的精神性本体的努力主要体现在对道、理和太极范畴的重新解释上。这三大范畴在他看来，就是天地万物的根源、主宰和标准。当然，这三大范畴的地位也略有不同。因为"太极"范畴中，又同时具有道、理和性的含义，从而形成其理论体系的最高范畴。李光地的物质性范畴虽然具有根源的意义，但在其上却有更高的主宰力量，因此他的元气范畴不是事物的"始基"，而更多指生命现象。他的"太和"之气表现出恭而安的状态，对应着为臣之道。他的象范畴具有物质范畴的意义。在李光地看来，天、神与气，均不外在于道，总是一实理。然而，这理先于气而存在，它又被称作"乾元"，它是杂乎于阴阳的独立的精神性本体。可见，李光地重建独立精神性本体的意图表现得非常明显，他一再强调理先于气，将朱子理学的精神性本体进一步推向独立与虚化的极端。

一、天地之道是本体

李光地重建精神本体的努力在对道范畴的解释方面，是将道理解为主宰者而不仅仅是过程。他将《中庸》中的"生物不测"和《诗经》中的"于穆不已"结合起来解释道，使之成为天之所以为天的依据，也是天命的主宰力量。① 在解释元亨利贞的作用时，进一步阐明天道的主宰作用。《周易》讲元亨利贞，强调的是一年四季的变化过程，而李光地却用"赋"、"发"、"著事"和"成效"等概念，将本来体现为四季的元亨利贞之天道，解释为主宰性的本体。仁义礼智，喜怒哀乐，吉凶悔吝与治盛乱衰，都成了元亨利贞的外在表现。就好比喜乐怒哀是外在的表现，其根源则是爱欲恶惧一样。② 正所谓："以贞下起元之道言之，都在黑漆漆里那一点为造化之根。"③ 这"根"既是本原，又是主宰。李光地对主宰力量的强调，显然使其思想更具有意识形态特征。

李光地还利用他掌握的自然科学知识解释"天道"。康熙皇帝问，先天卦图与后天卦图道理是否一样。李光地回答，道理是一个，但就其具体情况看，却表现出不同。康熙说，那先天是自然，后天像是安排出来。李光地回答，凡天下物事，头一个都是自然的，第二个便要略加安排。儒家圣人的道理说起来都自然而没有一丝勉强，但具体要做实事，面对许多实际问题，便需要种种安排。圣人如此，天地更是如此。赤道是自然的，因为是人对地球运行规律的认识相对比较接近事实，而所谓"黄道"，则更多是人的解释，所以显得像是经过安排了一样。李光地接触了一些西方的天文学知识，意识到中国古代天文学在解释天象运行规律方面存在问题。但是，他并没有因此否定中国古代天文学理论，却在皇帝面前以近似调侃的口吻，将天道的"略加安排"视为正常。④ 隐隐地流露出，天道实际上是人对自然的解释的观点。

---

① 李光地：《榕村语录 榕村续语录》，中华书局，1995，第139页。

② 李光地：《榕村语录 榕村续语录》，第453页。

③ 李光地：《榕村语录 榕村续语录》，第162页。

④ 李光地：《榕村语录 榕村续语录》，第204页。

对天道可以"略加安排",那么对人道岂不可以更加随意?以李光地的地位及影响和效命的对象而言,如此解释天道,其用意昭然若揭。

李光地的理范畴更具独立的精神性本体的意味。在李光地看来,理是独立的精神实体,既在空间上无边际,又在时间上无止境,其永恒性超越宇宙。宇宙未存在时,它已然存在;宇宙毁灭了,它依然存在。这种永恒的存在之理,在现实世界中表现为圣人的"中庸之道"。不符合中庸标准的便是"隐怪",亦即那些不与清廷合作的隐士。[①] 他显然是在为自己的政治选择作辩护。

这种无边无际、永恒的存在,是不偏不倚、无过与不及的独立的精神性本体,被李光地称为"实理"。其标准十分苛刻,只要一件没有就是无,只要一毫不坚实就是虚。完全具有,整体存在,便是"实理"。总之,"诚即实理","实理"就是形而上之道。在它面前,天、神和气都是"形而下之器"。虽然他强调道、器实际上不可分,但是他分辨道、器之间的不同的用意很明确。他并非不得不如此,实在是要特别强调这个"实理"的存在与至高无上性。在使精神性本体绝对独立这一点上,他比朱熹走得更远,不能不让人觉得在字里行间有一种御用的味道。

指称至高无上的精神性本体,李光地更喜欢用太极范畴。他把《诗经·文王》的"上天之载,无声无臭"中的"载",解释为"始",[②] 并且认为这"上天之载"的起点就是太极,这与他重建独立的宇宙本体的立场是一致的。他认为太极是最圆满的,它将道、理、性全部囊括在内。[③] 他说:

> 以形言则天,以主宰言则帝,以妙用言则神;专言之则

① 李光地:《榕村语录 榕村续语录》,第 410 页。

② 李光地:《榕村语录 榕村续语录》,第 623 页。

③ 李光地:《榕村语录 榕村续语录》,第 309 页。

道，道即太极也。①

为了进一步说明太极的主宰作用，李光地将"极"解释为"中间透顶处"，也就是中心与无限相统一的意思，象征着中央集权的至高无上而又无限，反对将其解释为"边际"。② 也正是在这个意义上，李光地将太极解为"枢纽"、"根柢"和"标准"。他说：

> 极者，造化之枢纽，品汇之根柢。枢纽，自其生物之旋运有主处言，如户之阖辟无端，而扉柱不移，故运行不已，而其生不穷也。根柢，自所生之物归根复命处言，如草木之种入地，干、枝、华、叶，而结果如种，故物之形，千态万状，而无一不全其天也。……极者，至极之义，即枢纽之说。标准之名，即根柢之说。③

就造化的过程而言，"极"是其中不变的主宰，是变化之所以产生的依据，是最根本的原因，是动中之静，是质的稳定性，决定着事物作为其自身而存在。就造化之物而言，"极"是物类之所以为自身的依据，也就是物的内在规定性，也就是标准。可见，太极的主宰作用是无处不在的。

二、物之所以成始终

李光地在"元气"前冠以"太和"，表明他所说的元气是自然界的生命之气，是造化万物尤其是生命的根源之气。前文我们讲到，李光地将太极也称为"太和"，可见，这元气之于天地万物具有与太极同等重要的地位。不过，元气与太极毕竟不同，元气是生命活力的流动过程，而太极则是过程的根源与起点，是过

---

① 李光地：《榕村语录 榕村续语录》，第591页。
② 李光地：《榕村语录 榕村续语录》，第9页。
③ 李光地：《榕村语录 榕村续语录》，第456页。

程的主宰。这"太和"与"元气"结合在一起,不仅构成天地的根源和本体,更是产生生命现象的恰到好处的状态或者条件。并且引申为人的道德与精神状态的主宰者。因此,李光地将人的精神面貌的三种状态,对应春、夏和秋冬三个不同的季节,强调有一团生意贯穿始终。他又用温、良、恭、俭四种伦理规范对应春、夏、秋、冬四个季节,将"让"流行于这四德之中,并且与贯穿于四季的"太和元气"相对应。孔子提倡的"温而厉"与春夏对应,"威而不猛"与秋冬对应。这两种公允的态度就如同"太和元气"贯穿天地化育万物的过程一样,贯穿着人类的全部美德。可见,李光地最重视的规范就是"让"与"恭而安"。然而,无对象便无所谓"让"与"恭而安",如果说"太和元气"的"恭而安"和"让"的对象是天地的主宰者、独立的精神性本体的话,那么"恭而安"与"让"作为臣子的道德规范,其对象便不言而喻,并且有着天地自然律的支持,具有合理性的外衣。①

李光地说:"物,事即物也。"② 这里的"物"是物和事,二者可以统称为"物",表明李光地的物范畴包括我们今天理解的"物"与"事"两项内容。其物范畴有时也包括人。李光地认为,如果是天道之诚,那么所成之物便是万物与人;如果是人道之诚,所成之物就是事。所以,"成己成物"之"物",是包括"事"与"物"的。但是,"事"是由人与物或者人与人等多重项素共同构成的,其每一个单项都可以称为"物",其自身亦可称为"物"。因此,这"物"便具有了哲学范畴的意义,正所谓"此物字兼人物说"。③

李光地的物范畴所包含的内容不仅仅是有形之物,还有无形之物。他认为,在最微细的气中,有物存在;在最静寂的所在,

① 李光地:《榕村语录　榕村续语录》,第21页。
② 李光地:《榕村语录　榕村续语录》,第9页。
③ 李光地:《榕村语录　榕村续语录》,第132页。

也有物存在。那么这物是什么呢？李光地的回答是"鬼神"。[①] 也就是超越人的感知能力的自然作用，是冥冥中不可知的力量。人的感官虽然不能把握它，但却可以根据事物的变化推测和论证其存在。这种无形的存在，不仅仅是鬼神，还有其他未知的东西。李光地说，天地间都是气，聚而生物。阳光作为一种精气的照射是阳气的四处运行，而这种阳光的照射并非有"一物推之始行"[②]。这里的"一物"是指阳气运行的先在动力。李光地虽然是在否定它的存在，但是他以"物"的概念表示可以指代任何对象。这个"一物"虽然有名无实，但其所指，作为思维的对象是存在的。当然，只有气聚之后生的物，才是真正意义的物。正所谓"天之精气凝实处，天凝实在中间，故万物象之"。这个"象"既可以作为有形之物的形成，同时也可以作为把握天地的有形之物的范畴。

物质性的世界，是一个动态的过程，这对每一位儒家而言都是不言而喻的，并且基本上都认为，这个动态过程的动力就是阴阳间的作用。当进一步追问为什么有阴阳之间的作用时，儒家将其归之为"神"。李光地对阴阳范畴的解释则与之相反，体现着他重建独立精神性本体的意图。他将《太极图说》与《周易》进行比较之后，对阴阳的所指提出质疑，提出周敦颐思想中的道教成分。李光地不同意以"二气"也就是阴阳交感来解释万物化生的原因。李光地主张"乾知大始"，即以乾阳为宇宙起点。[③] 这与程颐追问"所以一阴一阳"之道的哲学思辨水平相比，显然是严重的倒退。而这种倒退恰恰表明，理学的意识形态或政治化的倾向。这让人不由地又想起李贽对理学的批判，其出发点就是对

---

① 李光地：《榕村语录　榕村续语录》，第 464 页。
② 李光地：《榕村语录　榕村续语录》，第 324 页。
③ 李光地：《榕村语录　榕村续语录》，第 311 页。

"一"和"理"的否定，认为万物生于"二"而不生于"一"，并且因此得出"夫妇乃万物之造端"的结论，对"唯情论"和晚明思想解放思潮产生了极大的影响。而李光地虽然没有针对李贽的观点进行批判，但是他对阴阳之间感应性的本体意义的否认，表明他再一次将"一"和"太极"重建为独立的主宰力量，并且还有将"一"与"太极"等同于"乾阳"的意图，使其哲学的御用性更趋明显了。

李光地之所以否认阴阳的本体地位，就在于他将阴阳视为物质现象。他说，"万事万物，不外阴阳五行"，这"阴阳五行"显然成了物质存在的形式或万物的构成因素。在他看来，"命"、"性"与"理"，这些最高的精神性本体，处在上一层，而阴阳五行是物质性的气，因此处于中间一层，下一层才是具体的物和人。它们虽然在理上是相通，并且都受理的主宰，但却存在着层次的差别，最高层次的精神性本体，永远是物质性存在的主宰者。①

三、太极者天地之性

程颢有所谓"器亦道，道亦器"的说法，将"道"与"器"混而为一，不加区别，被后来进一步发展程门学术的程颐所否定。程朱理学自然是不同意这种观点的。以重归朱子理学正统为己任的李光地自然也不会同意这种观点。但是，一般的理学家并没有对程颢和程颐做出区别，面对程门观点，李光地委婉地提出不同意见。他说：

> 此条以"诚"字为主，以"天"字为客，忠信进德，即是对越上天。何者？天之所以为天，诚而已矣。"其体谓之

① 李光地：《榕村语录　榕村续语录》，第 440 页。

易，其理谓之道，而其用即谓之神”，神不在道之外也。①

“诚”是精神性本体，也可以称之为“易”。天之所以为天的道理为“主”，天则成了“客”。这里的“主”与“客”不是我们今天说的主观与客观，而是本质与现象、体与用的关系。体用虽然不二，但体却具有主宰作用。所以，这“神不外于道”，不仅是神与道不分离，更重要的是神不能脱离道的控制。以人的“忠信”品德为例，对君如对天，君臣也成了主与客、体与用的关系。他又以《中庸》的话为例，进一步解释本质与现象的不分，他认为，天、神和气，都是作为现象而存在的，它们都不能外在于道，不能脱离道的主宰和控制。这种主宰作用体现为阴阳二气的感应，表现为鬼神的功能。它充塞于天地之间，却都是“诚”的表现。神与气不过是道的妙合之力量，正所谓：“彻上彻下，总一实理而已，岂有他物哉！”②

朱熹“理先于气”的观点，不仅遭到心学的攻击，也受到朱子后学委婉的质疑。我们在前几章中提到的各位闽南理学家们，均不主张“理先于气”的观点。李光地自己也承认，他在51岁之前也怀疑朱子此说的正确性，并且把“理”解释为“气”中的条理，这也是气论派的观点。而罗钦顺是明中后期著名的元气论主张者，他对理、气关系的解释与朱熹不同，将“理”仅仅理解为自然规律。蔡清的观点也大致相同。51岁之后，李光地开始对自己以及明代理学家的观点产生怀疑，最终明白“理即性”的意思。它是天地之所以为天地、气之所以为气、四季之所以变化的依据或道理，它先于天地、气与四季存在，即“未感事物之先”。所谓“未感事物之先”有两个解释，一是人没有感受到某物的存在之前，某物已经存在了；二是某物没有成为某物之先，某物之

---

① 李光地：《榕村语录 榕村续语录》，第316页。
② 李光地：《榕村语录 榕村续语录》，第316页。

所以为某物的道理已经存在了。如果孤立地看此句，应该是第一种解释。但是结合其所举之例，显然是第二种意思。春夏秋冬之所以为春夏秋冬的道理，是先于春夏秋冬而存在的，从而使春夏秋冬不得不为春夏秋冬，"皆因其理之必如是，不能不如是"①。

当李光地终于明白了理在气先的道理之后，便展开了对明代理学家的批评。李光地明确地意识到有明一代的理学家对理、气关系的理解离开了朱熹原创之说，其中的共同点就是不明白理先气后的关系，将二者混作一团。不过，李光地对理先气后的解释，比朱熹的观点更精致些。他既把理、气二者之间的关系解释为共时性的关系，也就是抽象与具体的层次上的差别；又把二者之间的关系解释为历时性的关系，即生与被生是不可逆的。所谓"毕竟理在先，气在后。理能生气，气不能生理"②。不过，理与气之间的抽象与具体的逻辑层次之别是存在的，其间的生与被生的关系则纯粹是虚构的了。

李光地形容太极与万物的关系时，有一句很生动而且最能表达他对太极与万物关系的思想的话："太极是万物的样子。""样子"就是形式，就是标准。那么要问，之于万物而言，是自己的"样子"和标准在先，还是万物在先呢？这的确是一个不好回答的问题。如果是人创造的器物，当然是先有"样子"，即此器物之蓝图，然后才有器物。那么自然界中的万物，难道也会是先有"样子"和标准吗？李光地虽然没有直接回答这个问题，但是在他心目中，太极作为万物的"样子"，一定先于万物存在。他从根本属性的角度立论，而"天地之性"就是天地之所以为天地的依据。所以，有了太极，才能够有天地的出现，这天地便是阴阳。太极与天地之间的关系与理和气的关系一样，是不可逆的。

---

① 李光地：《榕村语录　榕村续语录》，第 794 页。
② 李光地：《榕村语录　榕村续语录》，第 455 页。

所以说，有太极自然会产生阴阳，却不能说有了阴阳才有太极。就如同一个人的性情，人的本性是人的情感的依据，不能说人的情感是人的本性的依据。这个先后关系非常重要，是不能颠倒的。所以说"太极者，天地之性也"①。

强调太极先阴阳与主张理先于气，都是为了重建被朱子后学所否定了的独立的精神性本体。理和性，在李光地处成了实有的本体，而且被称为"乾之元"，并且是人之性。它主宰着天地、万物、社会和人。它是天地一动一静的根由。朱熹将太极与阴阳解释为本体与现象的关系，二者虽然相"即"，但却不相杂，这个"即"不是等同的意思，而是"不即不离"之"即"。② 李光地极其赞赏朱熹的这个解释，表明自己的观点与朱熹完全相同。但是，李光地对朱熹思想的改造也是明显的，主要表现为他将"理"与"乾阳"置于等同地位，并且使其成为独立的精神性本体。

第二节 构建心灵家园

李光地的"人道观"包含着他的人生观和生死观，是他的终极关怀。他将人道与天道联系起来，为自己的人生确立永恒的意义。然而，人生的意义与价值不仅是理论问题，更是现实问题。对李光地而言，最现实的问题就是出仕与求道之间的矛盾。在李光地所处的朝代，这已经不再是宋明时代科举之业与成圣贤之间的矛盾，而是隐含着更深刻的民族矛盾以及人格的冲突。现实社会使李光地只能回避这些问题，以默认甚至辩护的方式，为当朝政治与道义求得一致，从而在理论上为缓解内心冲突提供了支

---

① 李光地：《榕村语录 榕村续语录》，第 456 页。
② 李光地：《榕村语录 榕村续语录》，第 457 页。

持。默认当朝政治与道义相符，并不影响李光地提出"道理是公共的"这一隐含社会正义思想的命题，并以"仁民爱物"为标准，再一次重申了儒家的仁政理想。而默认以至于辩护执政者的合理性，也为其提出儒家的政治理想提供了前提。李光地对"成己成物"的观点做了自己的发挥，认为这是一个尽自己天性的过程。在继承晚明时期主体性哲学成果的基础上，李光地十分尊重人的生命，因此对孟子的观点提出质疑，认为人在生命的知觉与运动方面高于动物，不能将本能简单地等同于动物性。了解人性才能加深对人生意义的理解，尊重生命才能真正尊重人的价值。因此，"尽性践形"就不再是圣人的特权，而是每一个人都应该而且能够做到的，此说意在追求人性的丰富和全面发展。李光地的本心范畴是心之所以为心的道理，但是他又不同意将心直接等同于理。他用"神"概念描述人的精神现象，表达了他对心的各种不同功能的认识。在情范畴中，他认为人的"四端"都是情，并且将仁、义、礼、智等道德品质与喜、怒、哀、乐等情感内容结合起来。在情感的表达方面，李光地对《尚书·尧典》中的"诗言志"与"声依永"做了创造性的发挥，阐述了自己的音乐美学思想，但是这种美学思想却无法摆脱为政治服务的功利目的。

一、道理原是公共的

李光地重建精神性本体的同时，也在寻找人生的意义与价值。在李光地看来，人就应该像颜回一样：境遇不顺，志向不遂，生活困苦，命运不济，常常会有无名怒火，但是不能迁怒于他人；人不可能不犯错误，但是同样的错误绝不能犯两次；不是根本没有情欲，而是有情欲却不因欲望无法满足而苦恼，更不受情欲支配。如此才能做到屡遭命运打击，依然不改平静而无忧的心态。从不为自己的困苦境遇而烦恼。当一个人达到这种境界的时候，就证明他内心与道是一体的。① 做一个有理想的人，不会因自己一时的命运之困而放弃理想追求，这就是儒家著名的"安贫乐道"。在混乱昏暗的年代，正直的人的贫困是不可避免的，如果不安于贫困而意欲摆脱之，就有可能丧失做人的准则。那么，在无道的时代，如何安贫呢？关键在于"乐道"，就是追求理想，守护心灵的家园。

人都是有理想的，区别在于理想的内容不同。所以要追问"安贫乐道"之"道"是什么内容。在李光地看来，每个人都要面对死亡，如何死得有尊严，关键在于生得有尊严。所以，死不外乎生。人之道，既是人之所以为人的道理，也是人之所以为人的价值。李光地将其与天地之道联系起来，就在于为人生的价值与意义寻找一个永恒的载体，而不至于在多变动荡的社会，被无常的生活与变故汩没。没有理想和价值承担的心灵是痛苦的。为解除这种痛苦，就必须如《周易·系辞传》所说，"原始反终，故知死生之说"。李光地解释这"原"体现在人之所以为人之始，这"反"体现在人的生命走向终结之时。生命不能虚度，死亡更是大事。应该像孔子"朝闻道夕死可矣"那样，才是一个完全的人，"心中帖然，吾事都毕"②。

这安顿心灵的"道"究竟是什么内容呢？在李光地看来，"性即天道，教即人道，而圣人则能尽其性，贤人则由教而入也"③。可见，这"道"就是使自己成为一个真正的人的过程。这种成就个人德性的过程又被李光地称之为"尽道"。"道"无始无终，但人的道德修养是有起点的，它就在自己的日常生活之中。一个人要成为君子，必须从自己身边的小事做起，从家庭伦理最基本的规范做起，处理好夫妇关系，教育好子女，孝敬好父母。

---

① 李光地：《榕村语录　榕村续语录》，第 26 页。

② 李光地：《榕村语录　榕村续语录》，第 312 页。

③ 李光地：《榕村语录　榕村续语录》，第 131 页。

而向外达到"事天明，事地察"，也就是认识客观规律，掌握创造价值的能力，如此才能够为国家和民众效力。可见，这君子之道就不仅仅是道德修养了。①

　　理想必须化为现实才有意义，志向必须服务社会才有价值。在李光地所处的时代，如何才能够实现"志于道"的理想，如何才能以志向服务于现实呢？这就涉及出仕与行道之间的关系。在李光地的时代或略早些时候，出仕抑或行道的问题对每一个汉族士子，都是一个非常尖锐的问题。汉族士子出仕为官，必须为自己寻找一个充分的理由，来解决内心的矛盾。李光地虽然没有经历明清之际反清复明的斗争，但他与顾炎武这样誓死不与清政府合作的明朝遗老有过交往，表明他内心不会完全没有这种矛盾。对这个问题他通过批驳"行义只是求做官"②一语加以表达。他认为，行义就是行道，行道才能达道。至于隐居者，他们的志向是什么呢？不能行义，不出仕为官，又如何能够实现他们所追求的理想呢？能够行义达道的圣贤，并不是胸中已经做好一切准备，只等有君王赏识，便立刻全部都实施出来。其实，行义与达道，只是一种愿望，都是在为官的过程中不断获得的。没有从政的实践，如何行义，又如何达道？如此解释，便使李光地自己得到了心理上的平衡，为官与求道，为现政权服务与民族气节之间，取得了理论上的一致。③

　　讨论出仕与行义的关系时，李光地立论的基础是出仕、行义与达道完全一致，他显然不可能讨论其所处时代的出仕与行义之间的矛盾，只能默认二者之间的统一。即使我们接受他的观点，那么这与从政完全一致的所欲达之道，究竟是什么内容，这关系到是否能够解决内心冲突的重大问题。为此他提出"道理是公共

---

①　李光地：《榕村语录　榕村续语录》，第 120 页。

②　李光地：《榕村语录　榕村续语录》，第 68 页。

③　李光地：《榕村语录　榕村续语录》，第 68 页。

的，不是一己的"① 命题。这个"公共"的道理包括自然规律、行为规范以及人与人之间平等相待的原则。在公共的道理面前，人人是平等的。

道理的公共性，标准的一致性，其前提是人与人之间的平等关系。这是社会正义最起码的条件，平等观念也是社会正义观念的依据。虽然，李光地没有也不可能有社会主义的观念，但是他的"公理"概念的确包含了社会正义的要求。他认为，自己的行为究竟是不是与仁的标准一致，要看是否合乎公理。② 李光地虽然没有解释公理的内容，但是其"道理是公共的"一语，可以将公理解释为符合公众的利益，得到众人认可的道理。

李光地将道理与义统一起来，并都归之于仁，仁与义成为普遍适用的道理。然而，这仁不是一个抽象的概念，而是以孝为出发点的爱民，不仅爱民而且爱物，因为物是民赖以生存的条件。③

二、尽性践形的统一

李光地特别强调"性"与"理"的同位意义，并且对"理即性"与"性即理"做了区别。李光地认为"理即性"，原因在于人们对性不能够准确把握，会将后天的习惯也理解为性，从而分不清什么是善什么是恶。理解了"性即理"，就知道我们的生命是有依据的，我们的命运具有必然性；懂得了"理即性"，就知道天下万事万物都有自己的依据，都有自己的道理在。④

体现在我身上的本性，不是习性而是人之所以为人的道理、我之所以为我的依据，也可以用"道"来表示。社会规范、音乐舞蹈、名词概念和世间万物，都有自己存在的依据，所谓"由性

---

① 李光地：《榕村语录　榕村续语录》，第 413 页。
② 李光地：《榕村语录　榕村续语录》，第 52 页。
③ 李光地：《榕村语录　榕村续语录》，第 301 页。
④ 李光地：《榕村语录　榕村续语录》，第 457 页。

而出"；听觉、视觉、经验与知识，都是人把握物质世界的方式，也是人的最基本的能力，它们都由人心控制，是人的精神世界中的内容。一切皆有本，而人之本就是性，也是天道。因为，"天道"、"天理"与"天性"就是同义的。

从共源于天地这个角度，人与物是一样的，但是同具天性的人与动物在生命自然方面却并不一致。李光地认为，与禽兽一样的性，指人的生物性和自然本能。它本自天性，当然无所谓善恶，甚至是至善的。人的本性与动物的本能并不完全一致，因为动物的活动完全出自本能，受自然规律控制，没有生命本能需要之外的欲望，所以比人更"专笃"。相比之下，人因对财富、权势与美色的占有欲，显得比动物更加贪婪，因为这些欲望已经远远地超过了生存需要。① 正是看到了人与动物之间的根本不同，李光地对朱熹关于人性的观点提出了质疑。李光地认为，人的生命与动物的生命也是不同的，人与动物不仅理不同，气也不一样。同样是知觉运动，狗与牛都不同，人与动物怎么会相同？同样是运动，动物横生，四足而立；人竖长，头向上而行，又怎么能够一样？② 在生命层面上区别人与动物，意义有二：其一，对人的生命的肯定，不能将人的生命本能和欲望完全等同于动物性，这是对人的尊重，对人的生命的尊重；其二，结合"或止一节，比人更专笃"一语，说明李光地看到人的欲望已经超出自然生命本能的范围，它可以是对财富、权势与美色的占有，也可以是对无限的精神意义的追求。无论是哪层意思，都表明李光地是从自然本能的角度理解天性的，这与朱熹理学的观点相去甚远。对此可以解释为向原始儒家的回归，或者体现了时代的进步与晚明人本主义思潮余绪未尽。

① 李光地：《榕村语录　榕村续语录》，第 11 页。
② 李光地：《榕村语录　榕村续语录》，第 99 页。

人与动物的区别关键在于道德品性，这是原始儒家与传统理学的共同主张，他们甚至将仁、义、礼、智看作是天赋的四种德性。李光地虽然不会反对这种观点，但他却在仁、义、礼、智四性之后，将本来被认作是七情之一的乐，列为第五种性。李光地之所以用仁、义、礼、智形容性，就是为了使"虚而难见"的"性之理"变得"实而可循"，使天赋道德转化为伦理行为，"性在内，道在外"的区别也因此而生。这里的"实"的反义词是"虚"而不是"华"，就在于有一个"乐"字，人们不敢用它来指代性，却将性与道的区别颠倒过来，把本来内在于人的性变成约束人的行为规范，这当然是"倒说"。周朝以降，礼与乐总是相连的，李光地甚至认为是一件事。那么，礼可以指代性，乐同样可以。① 将乐列入人性之一，意在追求人性的丰富和全面发展，尤其是审美精神在丰富人性中的作用。

明白人性的内容，目的在于此生必尽人性，方可以称为圆满的人生，这就将对人生意义的理解和对人的本性的理解结合在一起了。了解人性与知晓人的生命价值本来也是一个问题的两个方面。诚如李光地所言，无一己之私念，真正把握天理，全面展现自己的天赋，了解身边的环境，知晓自己的命运，把握客观规律，创造物质财富。而这一切都不放在心上，这样的境界只能是圣人。② 没有人见过圣人，但是人们都希望能够通过后天的努力，成就自己的理想人格，这就是所谓"践形尽性"。此语源自《孟子》"形色，天性也。惟圣人然后可以践形"。"践形"的前提是"尽性"，即达到圣人的人格标准，否则就会被生命的欲望驱使，所践之形就有可能违反道德规范。李光地不同意孟子的主张，认为践形的过程，就是尽性而成就圣人的过程。

----

① 李光地：《榕村语录 榕村续语录》，第91页。
② 李光地：《榕村语录 榕村续语录》，第33页。

　　李光地从生命的角度区别动物和人，目的就在于指出人的生命本身的高贵，以及与性的一致。他认为人性是体现在生命之中的，生命不是性。生命中的光亮部分，是人的精神现象，是人的主体意识，通过它的觉醒才能够认识到自己的本性，所以"尽心"才能"知性"。既然通身都是性，那么践形也就与尽性一致了。这种对生命本身价值的承认和肯定，的确与朱熹理学不同。更为可贵的是，李光地看到"践形"不仅仅是道德践履，还包括审美活动。音乐、绘画、歌咏与舞蹈，由于自身包含着节律与规范，所以掌握这些艺术手段，也对人性有修养作用，同时也是人性的丰富过程。

三、本心的流行发用

　　李光地在讨论人的精神之心时，引入了理、神、气、形等四个概念，并对它们做了自己的辨析。所谓形，就是人的肉体，气是生命现象，神是生命的最高形式，而人的精神现象是依据于一定的道理而存在的，这就是理。

　　在李光地看来，神还不是"本心"，因为神的背后还有神之所以为神的依据，神只是人心的发用，并不是理。心的活动过程与心之所以为心的道理，在李光地看来并不是一回事。而心之所以为心的理就是"心之本来面目"。李光地以绘画为例：没有色彩的素绢便是未发之心，不观不闻的本然状态，就是心之所以为心的道理，是心或人的精神无限可能性。色彩与闻睹，都是意识的活动过程与内容，素绢就是"心之本来面目"，是意识活动之所以可能的全部依据。①

　　李光地对心的各种功能和作用做了区别：心之本体就是"性"，也就是"理"，它既是人心之所以为心的依据，也是人的

---

　　①　李光地：《榕村语录　榕村续语录》，第 167 页。

精神的全部乃至无限可能性。心是生命过程中的现象，它一定是活动过程，所以必须"发见"，也就是表现为现象，这就是"情"。情是整个精神世界的一部分，所以由心统之。精神活动的最初状态是"念"，延续一段过程便是"思"，有一定的结果才是"虑"。过程当然比起点长，结果当然比过程深刻。精神的主宰力量是"意"，包含意志与意愿两重含义。意识指向明确的目的，便是"志"，既是志向，也是动机。①

上述九个概念可以分为两大类：理、性、心属于心之本体，而情、念、思、虑、意和志属于心之发用。在各种发用的功能中，情最重要，它贯穿全部心之功用。在李光地看来，人的四种本性，发用为四种道德品行。恻隐是仁之发用，羞恶是义之发用，辞让是礼之发用，是非是智之发用。情也有四种根源，发用为四种表现，喜是爱之发用，乐是欲之发用，怒是恶之发用，哀是惧之发用。②

讨论情范畴，是不能不涉及艺术创作与审美追求的。艺术与审美与人性有关，更与人的情感有关。艺术是人的情感的表达，审美又是人性修养必不可少的方式。然而，作为理学复兴重镇的李光地，限于儒家经学的制约，对艺术形式的运用仅限于诗歌和礼乐，而且，恪守着"中和"的审美标准。《诗经》三百多篇作品中，的确没有一篇是纯粹写景的。但是，李光地不说诗以情为主，却说以性情为主，表明他主张诗中的情是合乎道德规范的"中节之情"。③ 而且这诗还得表达义理，也就是思想，当然是与道德教化有关的思想。不过，李光地在讨论孔子的"诗言志"一语时，却只谈诗与情的关系。他认为，无论是什么人，只要随意言自己心中的情感，就是诗。这说的是广义的诗。具体到诗歌而

---

① 李光地：《榕村语录　榕村续语录》，第 554 页。
② 李光地：《榕村语录　榕村续语录》，第 451 页。
③ 李光地：《榕村语录　榕村续语录》，第 531 页。

言，就不那么简单了。诗句讲求精练，而且每一字，每一句，都在音调上有所拉长，便是咏。音调有了高低变化和节奏不同，便成为歌。①

李光地接着对"声依永"作出解释，表达了他对音乐形式美的认识，以及这种美对人性培养的作用。他先对"永"作了解释。中国古代通行五声音阶，这五个声调本来是纯声音形式，虽然本身没有具体含义，但是其音调与节奏等形式与一些特定的内容存在某种联系。也就是说，五种音调可以分别表达五种不同的内容和情感。但是，李光地将宫商角徵羽与君臣民事物，一一对应地结合在一起，未免有些牵强。②

"永"是音乐学揭示的规律，即固定的声音形式与特定的情感内容之间的联系。说明了"永"的含义之后，李光地通过对具体音乐作品使用的音调加以分析，说明"依"的意思。我们现在无法听到这些作品的声音，但是从题目上大致可以看出其内容的不同，与五音自身的特点具有某种契合之处，这种用声调表达诗歌的特定内容，就是"依"，亦即为诗词谱曲时必须遵循的音律学的规律。③

在李光地看来，仅仅掌握了音律与歌词之间这种"依"的关系还不够，诗歌与音乐创作还必须符合"和"的审美标准。古代诗歌都是歌词，所以音乐的五声与语言韵律的声调存在着一致性。音乐和谐之美，也就同样适于语音的韵之美。人声过大或过细都不美，必须用音律调谐使之和谐。当然，字字合乎十二律是不可能的，也没有必要。根据字的声调配合以适当的曲调，使音乐与人声相和谐，就会达到音乐之美的标准。这样的音乐用于祭祀大典，会取得人与神之间的和谐；演奏给人听，就会使人与人

---

① 李光地：《榕村语录　榕村续语录》，第 209 页。
② 李光地：《榕村语录　榕村续语录》，第 210 页。
③ 李光地：《榕村语录　榕村续语录》，第 210 页。

之间和谐。① 这样的音乐美学与其哲学思想有着本质上的一致，即为政治服务，这正是儒家和理学的传统。

第三节　立志要与道合

李光地不仅主张天人合一，而且相信天神与人鬼的存在，并且将神明与其精神性本体相结合，使其永恒本体具有神圣的意味。在李光地看来，这存在于天命背后的永恒本体，是天之所以为天的道理，它不仅决定着天命的流行和万物的化育，而且是人的命运的主宰者，表现出李光地的观点有宿命论色彩。在心、物关系方面，李光地看到了人的认识能力具有无限可能性，同时又在心、物关系的价值层面追求"超然万物之上"的态度。他追问"诚"背后的理，在"恕"原则中强调"于穆不已"，使其本体论完全局限于伦理学的范围。李光地对"格物致知"的解释，虽然以道德为主要内容，但其"格"字本身就具有行的意义。他将知与穷理过程相结合，追求知行合一、学说与人格的统一。这些观点虽然不无创见，但是在 18 世纪初，就不免有些陈旧了。李光地相信神明的存在，并且将神明与独立的精神性本体结合在一起，共同构成神秘的天命。李光地认为，天人合一就是人的道德行为格天神、飨鬼神。最具特色的哲学发现是，李光地把从天理到五行再到人的感知的发展过程，看作相续的三个阶段，类似黑格尔从"绝对精神"到"自然界"再到"自我意识"的正、反、合三段论的意味，并且看到了这三个阶段是必然与偶然的统一。在力命关系问题上，李光地在"君子不谓命"与宿命论之间徘徊。在心物关系问题上，李光地坚持认为人具有无限的认识能力，只要方法得当，就可以正确地认识自然和历史。理学对心、物关系的

---

① 李光地：《榕村语录　榕村续语录》，第 210 页。

讨论，更多是从价值论角度展开，而不是纯粹的认识论问题。李光地追求一种"超然万物之上"的态度，达到"成己成物"的境界，依然是一种对心物间价值关系的超越。他在诚范畴中强调理的依据，从而使心、物关系的讨论与他重建精神性本体的努力联系起来。李光地对"格物"和"格事"做了区别。"格事"是道德实践，其"至"以修身为标准；"格物"具有认识客观自然的意义，其"至"以贯通为标准。其"致知"并非认识的极致，而是人类认知能力的边界。可惜的是，由于他的认识论局限于道德领域，所以根本无法彻底超越"知行合一"的结论。

一、致命遂志通神明

在李光地看来，天与人之间是一种继承关系。天是授予，就像父亲将家业交给儿子；人是接受，如同儿子承继父亲的家业。[①]天与人之间，不仅有本性上的继承关系，而且还存在感应关系。李光地甚至相信神明存在，人的行为神明能够知晓，人的祭祀鬼神能够接受。不过神明与鬼神不同：鬼神是死去了的祖先，又称"人鬼"，它与造化无关，只是祭祀的对象；神明与独立的精神性本体和造化有关，所以又称"天神"。行事通神明，就是行为合乎道德伦常。当然，天神与人鬼之间有一致性，就是对道德行为的要求。只要恪守纲常规范，既是在郊外祭天神，也是在家庙祀人鬼。所谓"庙焉人鬼飨，皆实理实事"[②]。

李光地既信仰上天神明，也相信人鬼的存在，已经不再是传统儒家"祭如在"的理性态度。当学生问"天有没有心"时，李光地回答：心有两层意思，一是意识或知觉，二是意愿或主观故意。偶然形成的人都会有知觉，永恒存在的天怎么会没有知觉？

---

① 李光地：《榕村语录　榕村续语录》，第 312～313 页。
② 李光地：《榕村语录　榕村续语录》，第 121 页。

天心好比血缘亲情与两性感情，都是生命自然所具有的，不可故意为之，所以是"无心"的。李光地认为天有知觉但无目的或主观故意。为了论证天有知觉之心，李光地接受了民间的雷公、电母的神话，甚至认为"天地总是一气塞满，有气便有象，有象便有神"①。

天之于人而言就具有主宰和支配力量，这就是"天命"。正如李光地所言："性即理也，是天命之无妄也。"这种天命，构成人不可逾越的规范。所谓"天命便是矩，知之者知命也，不踰之者至命也"。不过，天命之于人而言，只是具体产生作用的力量，它的背后还有更深的依据，就是永恒的精神性本体。

李光地把上天通过命赋予人和物这个过程，分成几层。天之所以为天的道理，构成天命的最高层。从这一点到个体生命，李光地为我们构建了中国式的"正反合三段论"，并且体现着必然与偶然的辩证统一。他说：

> "命"字最上一层，是"天命之谓性"，纯以理言。中一层，是阴阳五行，便自不同，是以气言。后一层，却以人自感召为主，又以理言。合而言之，总是一理。中间气数之不同。孟子说得妙："君子不谓命也。"②

天命最根本之处，是天命之性，是纯粹的"理"，经过中间层次的阴阳五行等，构成万物与人的生命，这就是"气"；最后形成个体生命，都有自己的感觉和意识，并体现或把握着道理。这不由得让我们想起黑格尔的"三段论"："绝对精神"相当于"纯以理言"；自然界相当于阴阳五行；"自我意识"相当于"感召为主，又以理言"。这三个阶段，似乎也构成了一个"正反合"的逻辑圆圈，并且是必然规律的体现。因为"合而言之，总是一

---

① 李光地：《榕村语录 榕村续语录》，第463～464页。
② 李光地：《榕村语录 榕村续语录》，第440页。

理"。但是，这必然的过程中的"便自不同"，则表现出偶然性，这就为人们改变自己的命运提供了可能，因此李光地称赞孟子的"君子不谓命"之语说得妙。

从本体的天命转论及个体的生命，这意味着对个体生命的重视。虽然李光地主张"君子不谓命"，但是在严酷的政治现实中，往往又表现出宿命论的观点。这种矛盾心态，表现在他对"致命遂志"一语的解释中。他说：

> "致命遂志"，致吾之祸福寿夭于命，而必求遂吾志也。如"致其身"，亦是利害生死，悉置度外，非以殉身为致也。古人说"命"字，都是指天命，今以属人，如身字一般。经书中无是也。①

《周易·困卦·象辞》曰："泽无水，困；君子以致命遂志。"人处在无水般的困境中时，应当怎么办呢？"致命遂志"是最佳选择。对"致命遂志"可以有两种解释，一种是豁出性命，实现自己的愿望。当生命与志向发生冲突，二者不可得兼的时候，宁可牺牲性命，也要实现理想，这是传统的解释。另一种是李光地的解释，他把"致命遂志"解释为将自己的祸福和寿夭都归之于命运，在命运允许的条件下实现志愿。"致命"是将利害生死置之度外，而不是牺牲性命。并且认为古人的"命"都是指命运，而不是指个体生命，个体生命是以"身"来表达的，因此不能解"致命"为"殉身赴死"。朱熹曾经对"命"的两重意义有过区别，一个熟知朱熹思想的人是不会不知道的。② 李光地不同意用个体生命解释"命"，以证明他的"致命遂志"不是以生命为代

---

① 李光地：《榕村语录　榕村续语录》，第 359 页。

② 问："天命谓性之命与死生有命之命不同，何也？"曰："死生命之命，是带气言之，气便有禀得多少厚薄之不同。天命谓性之命，是纯乎理言之，然天之所命毕竟皆不离乎气。"（《朱子语类》卷四《性理一》）

价追求理想或道义，既表达了他对个体生命价值的重视，也曲折地表明他是在为自己的政治生涯作辩护。

二、立心体天地万物

心与物关系的讨论，首先要解决的是谁先谁后的问题，这个问题对儒家来说自然不成问题。有物才会有物在心中的印象。李光地也这样认为，人一生有许多事是终身不忘的，无论是好事还是坏事，忘掉的只是因为它不重要。其实也不是忘，只是记不起来了，说不定哪一天会突然想起。因为这些印象都是对曾经发生的事情的记忆，正所谓"天地间无此物无此影象，有此物便有此影象"①。

这是生活常识，不会有人否认这一点的。然而，人的意识是具有主观性的，人的感官也会出现偏差和不准确，因此妨碍正确认识事物。李光地以水能鉴物的关系为例，讨论感官与对象的关系。静止之水不一定清，就像池塘和沟渠中的死水，不清自然不能鉴物；清泠之水也不一定静，如同江河之水，虽然清但湍急的水面同样不能鉴物。人对事物的认识同样是这个道理。对于人而言，"静"就是平常的修养，保持平和的心态；"清"则是清晰的思维，透彻的洞察力，当然包括正常而敏锐的感知能力。清以静为条件，人的思维与洞察力都有赖于平日身心的修养。因为水不清是可以澄清的，思不精是可以培养的。如果本身具有清晰的思维能力，也有敏锐的感受力和正常的感官，但是心态不平静，有过多的个人欲望和成见，那也会影响他的观察、判断和思考，导致不能够正确地认识事物。②

李光地对人的认识能力确信无疑，认为只要方法得当，人的

---

① 李光地：《榕村语录 榕村续语录》，第 465 页。
② 李光地：《榕村语录 榕村续语录》，第 774 页。

认识能力是无限的。他说：

> 人通身皆心也，心所不能通处，便不是正理，若是理之所在，心无不通。岂止一身，凡天地、日月、星辰之可窥测，往古来今之可推求者，皆是心之所到。通天地古今，止是一心。①

这里的"心"有两层意义："通身皆心"之"心"是感性知觉；"心无不通"之"心"是理性思维。二者虽然统一于一身，但区别还是存在的。李光地以二者的一致性论证人的感知与认知的能力，表明他对人的精神能力的信念。在他看来，只要方法得当，人没有认识不了的事物。无论是天地、日月星辰等自然现象，还是古往今来的历史过程，人的思维都能够把握。人的精神世界是无限的。

心、物之间的价值关系，也是李光地讨论的话题，他追求所谓"以心应物之正"，也就是正确处理心与物的关系。他说：

> 将迎、偏倚、留滞，虽有事先、事至、事后三节，然合而言之，皆不得其正耳。盖以心应物之正，本不当如此也。不可以将迎、留滞为有所，而以偏倚为不得其正；又不可以将迎、偏倚、留滞通为有所，而以应物失宜处为不得其正。②

孤立地看这段话，似乎是抽象地讨论人在事情未发生、正在进行和已经结束这三个阶段所应该采取的态度。事先将迎，事至偏倚，事后留滞，这三种态度都是"不得其正"。按照正确处理心、物之间价值关系的标准衡量，这些都是不应该的。事物未至，就有先入为主的意愿，这就是"将迎"，当然不对；事物已至，却不能够做到不偏不倚，当然更不对；事情已经过去，因为

---

① 李光地：《榕村语录　榕村续语录》，第450页。
② 李光地：《榕村语录　榕村续语录》，第555页。

有利于己所以企图留滞，或者因为不利于己而耿耿于怀，这都是不正确的。

以上三种对待事物的态度之所以被李光地称之为"不得其正"，就是都有一己之私见和私利，因此就不可能处理好心与外物的关系。正确的态度应该是：

> 如立心以天地万物为一体，何等广大；必欲超然万物之上，何等高明。①

人的精神世界广大而宽阔，能够与天地万物为一体，这样的心胸才有可能超然于万物之上，不再受外物的诱惑，因此是最高明的。不仅要超然于物外，而且还要成己成物。李光地强调"诚"是"理"，是人之所以为人的道理，它才是人的行为的主宰者。这种"理"体会于内心是仁爱，向外无论是处理人际关系，还是适应客观环境，掌握客观对象，都是智慧的表现。这种仁爱常在内心，会使自己的德性得以成长；这种智慧体现于外物，是对外物规律的把握和顺应，所以能够取得成就。因此，"成己成物"就是"合外内之道"，也是处理心与物或己与人的最佳方式和境界。②

"超然万物之上"也好，"成己成物"也罢，都是心与物之间的价值关系。那么，心与物之间的认知关系，李光地又是如何理解的呢？他说：

> 付物则理得而心安，却物者强遣而已。物之善恶自在，善之恶之之心自存。……人心应物，能使事事物物各当其理，则亦寂然不动，而无偏倚留滞之处，欲其不静得乎？③

---

① 李光地：《榕村语录　榕村续语录》，第 576 页。
② 李光地：《榕村语录　榕村续语录》，第 137～138 页。
③ 李光地：《榕村语录　榕村续语录》，第 320 页。

"付物"就是正确地把握心与物的关系,物来顺应,认识其规律和性能,只是一种纯粹的认知关系。而"却物"就不一样了,生怕外物扰乱内心,将自己与外物隔绝开来。外物本身自有其善与恶、好与坏的性质,而喜好与厌恶它是自己的事。人不能封闭自己不与外物接触,而应深入事物之中,将事事物物都处理得合乎规律和规范,实际上也就是把握好我与物质利益的关系。面对不属于自己的财富,既不会起不平之情绪,更不会留滞于内心挥之不去,内心平静如常。

三、致知力行者能之

李光地在讨论心、物范畴时,谈及对世界的认识问题,但重点在于人认识外物的可能性,以及人正确认识外物的主观条件上。对此李光地用"格物"概念表示。他认为,格物的对象包括物和事,格物目的就是为了发现物的本末和规律,了解事的终始与道理。自"诚意"以下的"修身"、"齐家"、"治国"、"平天下",都属于"格"的过程,因为身、家、国和天下都属于事。因此,修齐治平,都是格。① 由于道德本身就是个实践性很强的事,而且与政治有着密切的关系,所以格此类事就意味着进入了道德与政治实践的领域。

李光地认为,王阳明把格竹子当成格物,不是朱熹的本意。可是人们谈起格物,却以王阳明格竹子为例,以为这就是格物,因此遭到心学派的嘲笑。李光地反对把格竹子当成格物,他强调格物的道德意义,将格物定义为"择善、明善、知性"。以中庸为标准,评价人们的道德行为;在各种善行中比较出最善者,就是中庸。通过选择善的行为,就知道什么是善,并且为人的善行

---

① 李光地:《榕村语录　榕村续语录》,第9页。

寻找合理性与可能性的依据，这就是李光地理解的格物。①

李光地强调"物"包含"事"，把格物局限在道德意义之内。他说："朱子解'物'字，亦言事物之理，可见'物'字兼事也。"② 不过他有时也说"事物皆格"，似有将格物的范畴扩大到自然界的意思。扩大认识对象，"知至"就会发生困难。"事"是道德与政治实践，"物"有客观自然界的意思。这两大类被格的对象，都要达到本末、始终的俱透，对于个人来说是不可能完成的任务。这种"全功"是格物的最高境界。所以，李光地对"至"做了自己的解释：不追求穷尽天下之物，而以修身为目的，"知至"不再是客观标准而是主观评价。③

除了道德意义的知识之外，李光地还提及"万事"与"万物"。"万事"是主体参与的过程和事件，是有限的；"万物"是客观自然界，是无限的。以"万事"对应"万物"，就把致知的范围缩小到只与主体有关并且参与其中的范围之内。④ 这样就使致知有了可能。其实也就是把知的范畴限定在生活、道德与政治实践范围之内。完成这种转换之后，无限的客观世界变成与主体实践有关的过程，认知的对象成了解释的对象。李光地当然可以自信地以为，人是可以通过应万事而获得这些知识的。

李光地强调致知的目的是知理而不是知事，是通过万事万物达到对规律的把握，而不被琐细的具体事物湮没。所谓"事"是相对于必然规律而言的偶然的事件与细节。所谓"知理"是对事情变化结果的预知，是知道事物变化的道理，而不是知道事情发展的具体结果。我们知道阴久必晴、晴久必阴的道理，但是不能

---

① 李光地：《榕村语录　榕村续语录》，第 12 页。
② 李光地：《榕村语录　榕村续语录》，第 9 页。
③ 李光地：《榕村语录　榕村续语录》，第 10 页。
④ 李光地：《榕村语录　榕村续语录》，第 624 页。

知道什么时候下雨，什么时候刮风。①

知理是知其必然，知事是猜测偶然。李光地认为，道理是必然的，所以即使是大概也是确实无疑的；而具体事情是偶然的，所以任何预见都不会完全应验。圣人可以根据自己对历史规律的认识预见历史发展的趋势，但是预言不是谶纬。人的认识能力是有限的，在人的认识能力的边界，永远面对无知的黑暗。这样解释"尽知"的确很有见地。致知不是把所有知识都穷尽，而是达到人类认识能力的边界，"这便是他知道到尽处"②。

关于知行关系的问题，李光地的观点是矛盾的。他反对知行合一，认为这是不可能的，但是，将知行问题局限于道德领域，就使他无法与知行合一的观点彻底划清界限。李光地以眼见为知，以足至为行，认为圣人能够做到目光与脚下一致，但毕竟眼睛比腿脚快捷。所以，要做到知行合一，形神相应，实在是件困难的事情。③ 以此为根据，李光地提出自己的知行观。李光地虽然主张知先行后，但是也不能"致知了几年才力行"。他以看路与行路之间的关系，形象地比喻知与行的关系。眼看路是知，脚走路是行。边走边看，知行相须而不相妨。没有只看路而不走的，更没有只走路而不看的。④ 这个例子说明知行关系的确生动形象。

然而，这个例子还不能完全说明问题。因为眼看并不能完全等同于知，走路也不能完全等同于行。李光地认为，古人学礼乐诗书都是知行并举的。学诗书时，"玩索道理"是知，歌咏诵读是行。礼乐更是如此，它们本身就是具体的操练过程。所以，礼乐诗书的学习，是知行统一的过程。

---

① 李光地：《榕村语录　榕村续语录》，第 134 页。
② 李光地：《榕村语录　榕村续语录》，第 135 页。
③ 李光地：《榕村语录　榕村续语录》，第 26 页。
④ 李光地：《榕村语录　榕村续语录》，第 409 页。

　　然而，道德实践有其特殊性，它是包括慎独与内省等修养功夫在内的。所以，李光地很自然地把内省也当成行。内省是自我反思，是道德修养，其过程可以提升道德水平，正是因为有了内省的功夫，才会做到应物无差，所以它是道德范围的知行统一。但是，这与王阳明的"一念之处便是行"又有什么区别呢？① 可见，"知行合一"是将知与行局限于道德领域的必然结论。

① 李光地：《榕村语录　榕村续语录》，第 420 页。

第十章

蓝鼎元：关注于世道人心

蓝鼎元（1680～1733 年），字玉霖，号鹿洲，福建漳浦人。蓝鼎元幼承家教，博览诸子百家，研究心、性、理之学。蓝鼎元从政期间，不忘学问的研究，并且对海内外的山川风土、各民族之生活习俗都十分熟悉。蓝鼎元不仅对朱子推崇备至，同时也认为六经是治学之本。蓝鼎元肯定汉儒经学的历史地位，推崇汉学的考证之风。蓝鼎元将儒家传统的"经世致用"具体化为关注"世道人心"。他曾经亲临台湾参与平定"朱一贵事变"和治理台湾事宜，使闽南理学对台湾产生了直接的影响。

第一节　人伦日用皆道

蓝鼎元认为道是指导原则，是事物产生的第一因，是万物之间的相通性。理先于天地而存在，是内心的法则，是自然与必然的统一。太极是天地万物的根源、主宰、权威与过程的统一。蓝鼎元的物范畴的一大特点是使用"造物"这一概念，它包含了命运、创造者与客观力量等含义，既表达了他对天地化育万物的理解，也包含他对有形之物的最高概括。不过，蓝鼎元的物范畴，则是有形存在与无形存在的统一。蓝鼎元的"气"概念较为复杂，有生命力量、有规律的运动和人的精神境界等多重意义。蓝鼎元的本体论具有使客观精神性本体范畴独立化的倾向，这本是朱熹理学受到心学攻击的地方，也是朱子学之偏。不过，蓝鼎元在建立先于天地存在的精神性本体的同时，反复强调精神性本体与物质性存在之间不可分离的关系。他认为，道就在日用之中，是物的条理、社会秩序和做人的标准；理与气统一于天地、万物、生命与文章之中；太极不离阴阳，主宰阴阳，是阴阳之所以为阴阳的道理。

一、先天地而存在

蓝鼎元对客观本体的道范畴有比较全面的论述，内容大致有三：

第一，"虚而无寄"①。道存在于天地之间，人无法感觉到它的存在，但它为人们提供着实践的方法和标准。将其付诸道德实践，就是人的德行；将其运用于社会实践，就是事业；将其只当做教条规范恪守，或者古文字加以训诂诠释，是不可能了解道的。

第二，"诚者既为天道"②。诚与天道一样，都是无法用人为的事情比拟的，其动机与效果都与上天的主宰与创造作用一样；诚既然是天道，当然也是人心所无法把握的，听从它的支使会与天道的规律相符合。诚与天道一样，都具有自然而然却又与规律相符的特征。诚在人的行为之先，天道在自然万物产生之先，就像太极立于"象"也就是自然现象之先一样，顺应诚就是顺应天道。

第三，"道莫大于通"③。如果一己私欲与外物一旦发生关系，

---

① 蓝鼎元：《鹿洲初集》卷十三《王用九字说》，《鹿洲全集》，厦门大学出版社，1995，第 267 页。

② 蓝鼎元：《鹿洲藏稿·中庸·诚者不勉人》，《鹿洲全集》，第 886 页。

③ 蓝鼎元：《鹿洲藏稿·大学·是以君子道也》，《鹿洲全集》，第876 页。

"矩"就会显现出来。当放下一己之欲，而以天人共同的欲望为前提的时候，所有人的欲望是相通的，这个人人都有的基本欲望，就是道之所在。所以，以道为原则考虑每个人的自然欲望，满足每个人正常而合理的需求，就是与天道相符。这里的"通"就有了人人平等的意思，从而使蓝鼎元的道具有社会正义的意义。

理在蓝鼎元心目中与道一样，也有着多重意义。

首先，蓝鼎元设想，在混沌未开的时候，所谓的"博厚"、"高明"和"悠久"状态及道理，存在于什么地方呢？恐怕圣人也不一定知道。其实也并不难知道，天地还不存在的时候，这个道理就存在了。道理必须依赖于具体事物才能开显出来，而确定不疑的征候，表现为"博厚"、"高明"和"悠久"的道理，直接蕴涵于天地生成之初，即使开显时无所待，但盛大时必有所载，而且这盛大是谁也无法抗拒的。①

其次，这个与天等同的理，既是外在的权威，也是内心的敬畏对象，时刻约束着自己。如同面对自己暗室中的神灵，自我反省，不做有愧于心的事，可以坦然面对上天。② 这就将外在敬畏的对象与内心的道德自律统一起来了。天理成为自己一举一动、一言一行的严格标准，丝毫不敢忽略和放肆。处于自己私密空间之时，不忘恭敬；处理国家大事之时，不忘恭敬。天理成为自己不敢逾越的规范。③

第三，"理"在蓝鼎元心目中具有与"道"一样的自然规律的意义。前文说到道就是诚，达到"至诚"的程度，就是对天道全面的把握与体会，其表现就是实践活动。在这个过程中，自然而不勉强也就是"循理"，即与理完全符合，达到与天地人物完全统一的

---

① 蓝鼎元：《鹿洲藏稿·中庸·天地之道久也》，《鹿洲全集》，第891页。
② 蓝鼎元：《棉阳学准》卷四《闲存录》，《鹿洲全集》，第497页。
③ 蓝鼎元：《棉阳学准》卷四《闲存录》，《鹿洲全集》，第498页。

境界，既发挥个人全部的天赋，也使事业取得成功。①

　　第四，理具有必然规律的意义。蓝鼎元认为，上级偷懒求安逸，下级必然会懈怠懒惰；军营不加强管理，士兵必然没有战斗力；将帅无能，盗贼必然猖狂，从古到今，这是"必然之理"。②这个必然之理，包含的是因果律。

　　在蓝鼎元心目中，太极范畴在客观精神性本体中，更具有根本性的意义。它与理一样先于万物而存在，所谓"太极之立于象先"③。它既具有道的特征，也具有理的内容，同时还是人性的根本所在。太极与我们的生命一时一刻也不分离，并不是虚无缥缈的理论。④

　　蓝鼎元将《西铭》与《太极图说》的本体论进行比较，发现它们之间的共同处。《西铭》把天地比作父母，都具有乾坤两性，天地化育万物，如同父母生育儿女，这与《太极图说》中"成男成女而生生不穷"的观点完全一致。由此可以理解到蓝鼎元对太极范畴的第一重意义，就是天地万物产生的总根源。《西铭》说天地的主宰者，就是人的本性，这也就是所谓"太极之理"。可见，太极范畴的第二重意义，就是天地万物与人的主宰。⑤

　　蓝鼎元的太极范畴的第三层意义，是体现着必然性的自然演化的过程本身。他说："无一妄之偶参，故川流敦化而名为太极。"⑥ 这个真实无妄的过程，体现在天地万物以及人的生命与生

---

① 蓝鼎元：《鹿洲藏稿·中庸·唯天下至其性》，《鹿洲全集》，第888页。
② 蓝鼎元：《鹿洲初集》卷二《与荆璞家兄论镇守南澳事宜书》，《鹿洲全集》，第41页。
③ 蓝鼎元：《鹿洲藏稿·诚者不勉人也》，《鹿洲全集》，第886页。
④ 蓝鼎元：《棉阳学准》卷五《太极要义》，《鹿洲全集》，第518～519页。
⑤ 蓝鼎元：《棉阳学准》卷五《西铭要义》，《鹿洲全集》，第520页。
⑥ 蓝鼎元：《鹿洲藏稿·中庸·天地之道久也》，《鹿洲全集》，第890页。

活之中，表现为自然规律、社会规范与人的道德品质。所以，太极的真正含义不能奢望一次追问就能得到圆满的答案，也不可能一念之思就把握它。

二、体造物者之意

与物范畴相关，在蓝鼎元的话语中，有一个独特的概念——"造物"，与之相应的是"造物者"。具体分析其"造物"概念有三层含义：

第一，主宰和命运的力量，又被蓝鼎元称为"造物者"。他说："造物者必欲挤之死，吾不知其云何也。"[1] 能将人挤兑而死的自然是命运的力量。

第二，这个能够夺人生命的"造物者"又是万物的创造者。蓝鼎元说："且待余之磨琢，造物者可谓无意乎？"[2] 这里的"造物者"就具有大自然的创造者和人的机遇之偶然等两重意义。

第三，人才的成就者。所谓"造物生才，终必有用"[3]，既包含天赋或天才的意思，也有偶然机遇的意味。

第四，作为天地所创造万物的过程的"造物"，表现出某种意志和选择。蓝鼎元说："安知非造物眷德，择其轻者以相界，而凶咎之来，反为后福之地乎！"[4]

第五，"造物"其实就是天地造化万物的简称，天地化育生命，所以"造物"的意志就是"生意"，即创造生命的意愿。蓝鼎元说："夫濂溪窗前，细草芊芊，纷披可爱，未如灌莽之害也，

---

[1] 蓝鼎元：《鹿洲初集》卷四《邱义尊诗序》，《鹿洲全集》，第90页。

[2] 蓝鼎元：《鹿洲初集》卷十《高隐屏小记》，《鹿洲全集》，第208页。

[3] 蓝鼎元：《鹿洲初集》卷五《李逊唐时文序》，《鹿洲全集》，第94页。

[4] 蓝鼎元：《鹿洲初集》卷三《再复蔡宗伯书》，《鹿洲全集》，第76页。

故留之可观，造物生意焉。"①

在"造物"这一概念中，既表达了蓝鼎元对客观造物者力量的理解，也表达了他的物范畴的含义。造物者所造之物，应该是物的最高范畴了。

蓝鼎元的气范畴的意义也比较复杂，有对传统意义的继承，也有他自己独到的见解。就其继承传统的意义而言，他用"元气"表示人的生命力或者社会生存发展的能力。他在送李乐亭以司谏身份去江西时说，皇帝信任李乐亭经理世物的才能，将自己的股肱之臣派到民间去"调燮元气"②，让百姓恢复生产，休养生息。这里的"元气"就是百姓的生活与生产的能力。蓝鼎元曾指出，"朱一贵事变"给台湾民众带来了巨大的灾难，加上自然灾害，百姓的生计十分困难。即使治理两三年了，朱一贵的余党彻底消灭，地方已经恢复了平静，但是事变所带来的后遗症才渐渐表现出来，而且"元气犹未复"③，也就是百姓基本的生活能力还没有完全恢复。

蓝鼎元的气范畴的第二层意义是自然界变化的动力，与"元"结合便构成有规律的运动。他认为，天下之所以发生各种变化，就是因为有气的存在，但是气却不是这变化的根本原因，这根本的原因是"元"，可见这动力只是作用，而还不是本体。④蓝鼎元把元与气区别开来，认为真正的本体是元，气只是在元的主宰下的流动、作用和功能。因此，以元为主宰，以气为功能，元气结合为有节律的生命或者有规律的运动。

---

① 蓝鼎元：《鹿洲初集》卷十《除庭草记》，《鹿洲全集》，第202页。

② 蓝鼎元：《鹿洲初集》卷六《送李司谏观察江西序》，《鹿洲全集》，第111页。

③ 蓝鼎元：《鹿洲初集》卷二《与吴观察论治台湾事宜书》，《鹿洲全集》，第46页。

④ 蓝鼎元：《鹿洲藏稿·中庸·中也者天道也》，《鹿洲全集》，第878页。

蓝鼎元的气范畴的第三层含义是个体生命中表现的与五行相应的物质性的气。他认为，人的身体有动有静，时而说话时而沉默，一呼一吸，这些都是身体的阴阳的表现。而人的相貌、语言、视觉、听力和思维，又与金、木、水、火和土相对应，形成人生命过程中"五气"。①

蓝鼎元的气范畴的第四层意义是人的精神。既是精神气质，也是精神面貌，不过精神面貌更多用"气象"表达。他说：

> 盖仁者心之德，虽似细微，而发用至大。一有恻怛慈爱之心，便与天地万物相关切。则必至于天地位，万物育，而此心始畅，是包涵宇宙之气象也。②

仁慈的精神品质，虽然是一种细腻的感情，但是它会表现为巨大的作用，因为它与天地之心是一致的。因此，仁爱之心会产生一种包含宇宙万物的精神面貌。

三、统天地无不包

为了避免道虚化为独立实体，蓝鼎元撇开其天地本源之意，强调社会人伦的意义。其道是社会规范，是人们在处理人与人之间的关系时必须遵守的"当然不易之则"。蓝鼎元一方面反对心学将饥食渴饮的生理节奏直接等同于社会规范，强调"饥而食，渴而饮"是自然规律，"食所当食，饮所当饮"则是道德规范，二者是不能混同的。另一方面反对道家将道视为先天地而存在的独立的本体，使得道脱离人的日常生活，成为不可捉摸、虚无缥缈的存在，从而失去了对人的行为的规范作用。③

---

① 蓝鼎元：《棉阳学准》卷五《太极要义》，《鹿洲全集》，第519页。
② 蓝鼎元：《棉阳学准》卷四《闲存录》，《鹿洲全集》，第505页。
③ 蓝鼎元：《鹿洲初集》卷六《送谢古梅太史还闽序》，《鹿洲全集》，第110页。

道与物相统一的关系，还表现为物本身所具备的规律、条理与秩序。蓝鼎元认为，阴阳调和、万物有序与社会秩序和人的道德之间具有某种感应关系，人类社会的规范与自然界的规律具有相通性，甚至是同一性。[①] 因此他说："天生蒸民，有物有则。率性修道，至人立极。"[②] 天地创造万民之后，这"物"便不再是纯粹的客观之物而是社会事物。所以这"则"也不再是纯粹的自然规律而包括社会规范和做人的标准。

道与物的统一还表现在人为物建立秩序，也就是所谓的"经世理物"，从而将"经世致用"具体化了。这里的"理"是整理、管理、使有秩序的意思；"物"则包括礼乐、军事、农业、刑法、财政等事业。因为我的存在，使这些关乎国计民生的事业充分发挥作用。[③] 正是在这个意义上，蓝鼎元说："道，固在躬行不在词说。"[④]

蓝鼎元虽然在讨论理范畴的时候，强调其先于天地而存在的独立性，但是在讨论理、气的关系时，却不涉及理、气孰先孰后的问题，只强调理与气的不可分。他认为，理与天地是一体的，天地因理的存在而存在。但是，天地的存在是有始有终的，而理的存在却是永恒。[⑤]

从天地的产生与消亡的角度看，永恒的理先于天地而存在，此天地消失之后，它又预示着下一次天地的出现，理与天地的存

---

① 蓝鼎元：《鹿洲初集》卷四《河清颂序》，《鹿洲全集》，第83页。

② 蓝鼎元：《鹿洲初集》卷十八《讲学告五先生文》，《鹿洲全集》，第335页。

③ 蓝鼎元：《鹿洲初集》卷五《王滋畹历试草序》，《鹿洲全集》，第701页。

④ 蓝鼎元：《鹿洲初集》卷六《送谢古梅太史还闽序》，《鹿洲全集》，第110页。

⑤ 蓝鼎元：《鹿洲藏稿·中庸·天地之道久也》，《鹿洲全集》，第891页。

在并不完全一致。只有天地作为既成事实出现的时候，理才与天地共在。在蓝鼎元看来，天地之间无非都是理与气统一的过程。没有理，万物便没有了生成与存在的依据；没有气，天地之间便失去了运动与变化的力量。① 正所谓"天地民物，一理一气，至诚感通，如影随形"②。

具体到每一个体生命，理也是蕴含于生命之中，并且以不同的形式表现出来的。人身体的动作、语言与呼吸，都体现了阴阳动静的道理；人的相貌、言语、视觉、听觉和思维等能力，体现了五行的分布与运行的道理；人的仁、义、礼、智等品质，与一年四季的节奏相符；人不同的思维过程，都有各自的道理，人的生命具五行之气，各有自己的品性。两性交合，能够繁衍后代，体现了生命之所以能够延续的道理。正是因为这气与理的密切结合才使气为灵秀，而成为人的生命。③

不仅人的生命表现为理与气的统一，人的精神世界及其文字表达亦如此，因此"有理有气"便成了内容与形式相统一的标准。蓝鼎元认为，写文章要有内容，要关心人民的生活和社会风尚，然后再充分发挥文字的表达力。宗教事务，道德现象，经济生产，制度建设，军事管理，礼乐兴废，边境安全，民族事务等现实问题；千百年的历史经验，历朝的兴衰成败，道统的传承弘扬，学术的沿革进步等等，这些丰富的知识，经过深思熟虑，便可作鸿篇巨制，以补经、传之不足。也可以写只言片语，为警世名言。即使写八股应试之文章，也必须有内容，要关心政治，注释经典，解释历史。这样的文章就可以称得上是"有理有气"，就能够传之后世而不朽。④

---

① 蓝鼎元：《棉阳学准》卷四《闲存录》，《鹿洲全集》，第 499 页。
② 蓝鼎元：《鹿洲初集》卷四《河清颂序》，《鹿洲全集》，第 82 页。
③ 蓝鼎元：《棉阳学准》卷五《太极要义》，《鹿洲全集》，第519 页。
④ 蓝鼎元：《棉阳学准》卷一《同人规约》，《鹿洲全集》，第465 页。

蓝鼎元认为，太极离不开阴阳，就像理与气相伴；太极与阴阳不能混同，就像元对气的主宰。因为有太极的存在，动静才能够互为根据，阴阳才能够有盛衰的变化而不会断绝。[①] 物极之所以必反就是因为理与太极的作用。太极与理一样是永恒的，而阴阳则与气一样，有盛有衰，有始有终。

五行之气是性质不同而有限的，一年四季也是定期转换的，这些都体现了太极不息的运行规律。五行各有自己不同的性质，而太极却包含了五行所有的性质，因此太极是五行之间所以相生相克的道理。两性交合，使有限的个体生命得以无限地延续以至于无穷，这正是永恒的太极神秘不测的表现。[②]

第二节　关乎世道人心

关心世道的一个重要内容是追求"公道"，虽然现实社会中基本不存在这种公道，但它作为社会理想，存在于蓝鼎元的信念之中。社会公道，就是今天所谓的社会正义，是人道的重要内容。在蓝鼎元看来，主要表现为仁爱，它不仅是建立社会正义的基础，也是人区别于动物的标准，而且蕴含着人的生命权利的意义。不过，追求人的个性与不同个性之间相互平等的思想，是蓝鼎元人道观最精彩的地方。虽然不反对空谈心性，但蓝鼎元的心性说却不对心范畴做抽象的辨析，而是强调如何善用虚灵知觉之心，并且指出，心只能被善用才会产生巨大的物质力量。所以他主张修身养性以正人心，兴办教育以正风俗。蓝鼎元从性体情用的角度，论证了情是性的外在表现，性是情的内在依据，情与道相通，因此具有普遍意义。

---

① 蓝鼎元：《棉阳学准》卷五《太极要义》，《鹿洲全集》，第519页。
② 蓝鼎元：《棉阳学准》卷五《太极要义》，《鹿洲全集》，第519页。

一、公道具在人心

人道范畴的最根本内容是人生命的价值与意义。对于这个问题的理解，儒家传统以仁范畴表达，也就是爱人，热爱人的生命，肯定人的价值与意义。在这一点上，蓝鼎元继承了儒家的传统，并且结合自己的切身体会，对儒家传统的人道主义精神做了充分的发挥。他不说爱人，而说生人，就把仁的意义推向更本原的内容。人之所以爱人，是因为秉承上天赋予人生命的道理，它是人之所以为人的依据。具有这个道理就能够成就为人，也就天生具有爱人之心。没有这个道理，人就不能产生；失去了这个道理，人也就不再是人。孟子把不道德的人称为"禽兽"，蓝鼎元却称之为"虎狼盗贼"。在蓝鼎元看来，只要不讲道德，就不再是人；不讲道德的人不爱人，也就没有被人爱的资格。① 而且，蓝鼎元将仁爱仅限于孝敬父母、爱护妻儿的家庭伦理之内，态度的决绝和范围的缩小，体现了清代专制主义愈加严酷的社会背景。

蓝鼎元在《女学·妇言篇》中记载了这样一则故事：河南太守严延年，为人阴鸷，性格酷烈，每年冬天处理囚犯时，都会流血数里，因此被人称为"屠伯"。严延年的母亲从老家来看儿子，见此情况大惊，便停在都亭，不肯入府，并且指责严延年道："天道神明，人不可独杀，我不意在垂暮之年，亲眼看见自己的儿子受刑戮，我现在就回老家去，你等着给我扫墓吧！"老人回到老家一年后便去世，当地人都称她有智慧。② 蓝鼎元借老妇之口，曲折地表达了他对人的生命的珍视，如其所云："天道好还，丝秒不差，杀人者死，古今常法也。"③

---

① 蓝鼎元：《棉阳学准》卷四《闲存录》，《鹿洲全集》，第506页。
② 蓝鼎元：《女学》卷四《妇言篇》，《鹿洲全集》，第671～672页。
③ 蓝鼎元：《鹿洲初集》卷十六《读西门豹传》，《鹿洲全集》，第315页。

人道主义不是抽象的人类之爱，必须落实到每一个体身上。仅仁爱亲人、热爱生命是不够的，还必须尊重每个生命的权利与个性。蓝鼎元认为，正是因为物与物不同，才形成了这个大千世界，它们都是平等的。麒麟、凤凰、泰山与河海，都是天地间至大而最完美的事物，而世间更多的是微不足道的小事物，它们也有生存的权利，与至大之物平等。天下并生并育的万物，都独立存在于天地之间，它们本性不同，变化不一，有着独特的生存方式。有的平庸，有的神奇；有的恢宏，有的渺小，然而它们都是平等的。世界万物如此，人更是如此。①

蓝鼎元提出"公道"、"大共之理"和"大中至正"等概念，都隐含了对社会正义的追求。对于"公道"蓝鼎元并没有直接下定义，我们只能从他的语境中辨析他对"公道"的理解。他认为，善就是一种仁爱之心，它在量上有不同。古代传说中的圣人尧舜的善量之所以大，就在于他没有人与己的区别，就是一种忘我的精神。统治者没有自私之心，才有可能公平地对待天下所有的人。② 这只是虚构的理想，在现实社会中，统治者总是将天下国家视为自己的私利，他们是不可能有社会正义的概念。

社会正义不仅表现为善待每一个社会成员，而且还体现在惩处危害社会的罪恶上。所谓"伸张正义"正是此意。蓝鼎元说：

> 通事之克剥，社棍之唆谋，均当惩创，无虐无纵，使番黎安居循法，乐役趋公，乃大中至正之道。③

这是蓝鼎元在对管理台湾少数民族事务时表达的意见。台湾

---

① 蓝鼎元：《鹿洲藏稿·孟子·麒麟之于四句》，《鹿洲全集》，第895页。

② 蓝鼎元：《鹿洲藏稿·孟子·大舜有大四句》，《鹿洲全集》，第897～898页。

③ 蓝鼎元：《鹿洲初集》卷二《与吴观察论治台湾事宜书》，《鹿洲全集》，第52～53页。

诸罗县的一些官吏压榨百姓，社会上一些讼棍专门挑唆事端以谋利，对这些人蓝鼎元主张坚决予以惩处。既不虐待百姓，也不放纵坏人，使当地民众平安生活，遵守律法，同时还愿意为国家和社会尽义务。做到这一点，蓝鼎元就认为是"大中至正之道"，与"公道"的意思基本一致。

但在当时，"公道"很大程度上只是蓝鼎元心中的理想甚至是信仰。他的朋友蔡宗伯连续遭遇丧妻失子的打击之后，蓝鼎元在一封信中劝慰时，提到了自己曾经遇到的人生不幸之事，进一步表达了他对"公道"的理解。蓝鼎元曾经因办案正直无私，得罪了上级贪官污吏，后来被诬告革职回乡。在他随福建总督郝玉麟入台湾平乱并参与治理台湾之前，他一直在家乡过着隐居的生活。他的这段经历对其思想和情感必然会产生极大的影响。人在困难与逆境中会对人生意义与价值提出质疑，对往日的信念进行重新思考，也是寻找精神的慰藉和解脱的需要。蓝鼎元以"公道具在人心"一语来安慰自己，也表明这是他的信念所在。然而，他自己的境遇深刻地说明，他所生活的年代是没有正义和公道的，也只能在心中苦苦地向往了。同时，他对当时的朝廷还寄予期望，希望正义在"庙廊之上"得到伸张。①

二、心性岂是空谈

在蓝鼎元的《鹿洲全集》中，"世道人心"一语出现了 45 次之多，可见他对"世道人心"的关注是不一般的。这既表明他对儒家经世致用传统的继承，也蕴含着他对社会现实的关注和对历史规律的探索。国家的宗教事务、社会的道德现象、经济生产与对外贸易、制度建设与朝纲整顿、社会治安与军事管理、礼仪典

---

① 蓝鼎元：《鹿洲初集》卷三《再复蔡宗伯书》，《鹿洲全集》，第 76~77 页。

章与文学艺术、边境安全与海疆治理、民族事务与地方风俗等等现实问题，都属于蓝鼎元所关注的"世道人心"之列。治理现实不能脱离历史，所以要总结千百年的治乱规律和王朝的兴衰经验，还要研究千年以降的学术源流，分辨邪正，继承道统，以资世道的治理与人心的教养。①

正是出于对世道人心的关注，蓝鼎元才对士人写文章的目的提出要求。他要求文章要有现实意义，有思想内容，当然这内容必须与当时王权意志相符合。不过，蓝鼎元反对文章追求华丽辞藻，要求文章面对现实，进一步表明他关乎世道人心的理论旨趣与现实情怀。② 这正是明末清初实学的追求，当然也是对儒家传统的恢复与继承。

蓝鼎元提倡实学是有针对性的：一是心学谈心性问题过于空疏，二是追求功利者根本不关心自己的心性问题。蓝鼎元认为，如果读书不求实际运用，不付诸实践，整日沉浸在空谈之中，或者只关注科举考试，获取功名，这与读书的真正目的相差太远，根本不配以"儒"自称。儒家的学问是体用结合，也就是理论与实际相结合。从自己的身心修养和人生意义的确立出发，扩展到为家庭、国家和天下百姓谋利等长远的目标。也可以学习过去圣贤的做法，著书藏于名山，教学启发后人。这样的人才是当之无愧的"儒"，才是真正的君子，是蓝鼎元所向往的理想人格。③

体用结合的实学，就是为了社会现实服务，这样的学问在蓝鼎元看来，就是"理学"，摒弃科举之学与功名利禄，与经济相联系，与世道人心相关。④ 蓝鼎元所谓的"理学"内容不再是宋

---

① 蓝鼎元：《棉阳学准》卷一《同人规约》，《鹿洲全集》，第465页。

② 蓝鼎元：《棉阳学准》卷四《闲存录》，《鹿洲全集》，第500页。

③ 蓝鼎元：《鹿洲初集》卷十三《阴子儒字说》，《鹿洲全集》，第270页。

④ 蓝鼎元：《鹿洲初集》卷二十《先考文庵先生行状》，《鹿洲全集》，第357页。

明时期只谈心性和天理的学问。在他看来，这里的"理"就具有社会变化规律的意义。我们在本体论中讨论蓝鼎元的理范畴，知道他认为理具有永恒本体的意义，独立于物质性的存在，是现实之所以存在的道理。因此，人事与天道一样，都有"必先"之理，这个理，就是蓝鼎元的"理学"所要追问和探究的，目的是指导人们的社会实践。

蓝鼎元主张与世道人心有关的实学，但并不反对讨论心性问题，因为，在他看来，身心性命是有关世道人心的重要内容。他反对两种倾向，说明他既反对与世道无关地空谈心性，也反对与心性无关地追求功利。世道与人心结合在一起，才是经世致用之学。他认为，身心性命问题，关系到世道的根本，是成就事业的基础。根本端正了，才会有丰裕的成果。源头洁净了，河流才能清澈。可见，身心性命问题是本体，事功成就是用。明白本体，知晓心性，事功才能成就，因此君子必须对自己的身心性命问题有深入的思考和了解。因为，心性问题解决的是人的道德品质、人生意义与生命价值的问题，无此基础的事功就只能是权谋而已；相反，如果不建立事功而只求心性，便会陷入佛教的虚空清净，或者空谈心性的道学窠臼。能够把握自己在玩弄权术和空谈心性之间不偏不倚，正是在解决身心性命问题方面有过人之处的表现。①

蓝鼎元对性范畴也有独到理解，他认为，修正身心是为了明白人之本性中天赋的道德品性，了解人的感官与欲望是人的生命现象，所以要运用天性中的道德品性，控制生命的欲望。这正是齐家治国的基础。由此可知，自我身心的修养，独处时的自律能力，是理家治国造福民众的根本。能够了解自己的本性，而达到对人和事的性质的理解，从而获得参赞化育也就是通过实践创造

① 蓝鼎元：《棉阳学准》卷四《闲存录》，《鹿洲全集》，第503页。

价值的能力。掌握天理，了解本性，从而知天命与人生意义，就会成就自己理想的人格。可见，身心问题不是空谈，而是实际的道理，与现实密切相关。[①]

人的本性至善，却还要修养身心穷理尽性以至于命，就是因为人的本性会在现实生活中被污染和遮蔽。本性之善是天生的，欲望之蔽也是生命自然，环境的影响更会改变天性。出生于闽南的蓝鼎元，没有见过黄河上游的样子，以为黄河本性混浊。殊不知，黄河之水与人性一样，初始阶段也是至清至明的。只是经过黄土高原之后，才变成了"黄色"之河。在蓝鼎元看来，黄河之水无法澄清，但是被污染了的本性却可以恢复清明。这就是身心性命功夫所要达到的目的。

三、性无往而非善

如果说性是人的天赋道德，或者是人为善的可能性，那么心则是做出道德选择的实际力量，是人的主体能动性和主宰作用。也许是为了避免空谈心性之嫌，蓝鼎元不以思辨的方式为"性"做出定义，也不为"心"进行内容的解释，只关注如何运用这种精神力量，达到修养身心、解决现实问题的目的。在他看来，人心的特征就是无形而有知觉，这种知觉的能力用来把握义理，就是理性思维之心，也就是道心，所以人的理性是精神世界的主宰。在理性思维之心与感性知觉之心之间，不仅存在谁主宰谁的问题，还有一个如何正确使用和充分发挥其正面作用的问题。人们的理性必须去把握义理，才能养护已有道德本性，理性之心的功能才得以正确地发挥，以此为基础才可能更好地运用心的知觉功能。蓝鼎元的心性论的特点就在于注重对心的这两种功能尤其是虚灵功能的正确运用，而不在意心范畴的思辨性解释。他认

---

① 蓝鼎元：《棉阳学准》卷四《闲存录》，《鹿洲全集》，第503页。

为，在身心性命之地如何用力呢？无非是在日常生活中，体察和践行道德规范，继承和发展先圣断绝了的事业，拯救衰败的世道，改变沦落的人心。①

关乎世道人心必先从己心入手，在身心性命之地用力，就是修养身心性命的实践，使整个身心受到理性和意志的控制。具体方法是：

> 故敬之一字，为一心之主宰，万事之根本，圣学彻始彻终之要。有志入道者，其必自兹始乎！②

主敬是程朱理学的传统，是理学修养身心性命的基本方法。敬畏之心的确是确立伦理规范的起点，是培养道德意识的前提。如果从关乎世道人心的角度考虑，这"心"是正风俗的入口处。正所谓："欲正风俗，必先正人心。"人心正，就是为人心确立主宰，树立理想和做人的准则，以追求道义为目的，这是改变世道风俗的起点。

就个体而言，主敬而正己心足矣。但是，如若关乎世道人心，就必须将己心之星火，燃将开来。这除了以身作则之外，只能通过教育才能够达到目的。这正是蓝鼎元创办书院、兴办教育的原因。办教育是儒家的传统，伟大的思想家往往又是伟大的教育家。通过教育不仅可以教化人心，净化风俗，还可以传播知识，传承中华文明。③ 官场受挫之后的蓝鼎元，亦如前辈儒家一样，关心教育事业，不过世道人心是他不变的关注。

按照传统理学的说法，情是心的发用，为善与为恶的可能性同时存在，往往与欲联系在一起，甚至混为一谈，成为理性和意

---

① 蓝鼎元：《鹿洲初集》卷四《杨龟山先生文集序》，《鹿洲全集》，第86页。

② 蓝鼎元：《棉阳学准》卷一《同人规约》，《鹿洲全集》，第467页。

③ 蓝鼎元：《鹿洲初集》卷十《棉阳书院碑记》，《鹿洲全集》，第196页。

志控制的对象。然而，蓝鼎元认为，情是人人都具有的，与道相互作用并且具有普遍性。但情也属于个体，所以当情指向对象时，就有可能与社会规范产生矛盾。正是这种普遍性的存在，人们才可能通过了解一两个人的个体情感，而达到对千万人之情感的把握，从而达到不偏不党，关键在于掌握了情的普遍意义。①

看到情的普遍意义，这是明末时期唯情论的创见，蓝鼎元未必受唯情论的影响，但是他的情范畴的确具有与"唯情论"相类似的结论。正是基于对人类情感的这种看法，蓝鼎元将性与情视为体用关系，情是性的具体表现。根据人的情感表现，检验人的品性。人们只知道讨论性，却不知道情与性之间存在着体用关系。如果其情可以为善，那么其性之善是毋庸置疑的；如果其性善良，那么其情必不会作恶。孟子似乎也表示过这类疑问：这么多讨论性的人，为什么没有一个体会到天赋善良之情的发动呢？不知道将天性与情感联系起来，通过本性理解情感，也不知道通过情感反观其本性，这样的人根本就不懂人性。②

性与情之间这种存与发、体与用的关系决定了性善之人，其情自然善，甚至无往而不善。蓝鼎元说：

> 乃所谓性真之蕴蓄，无往而非善也。得气之正，得气之通，皆集当体，为万物之灵，未杂人之为，为五行之秀，当几而观焉。情之善即性之善也。③

人得天地之灵气而为人，这灵气也就是正气、通气，它凝聚而为人的本性自然无往而非善。当它没有掺杂人的私利时，它作为善的可能性而存在。当这种至善的人性发用为人的情感时，当然是至善的。因此，情之善取决于性之善，性之善表现为情之

---

①　蓝鼎元：《鹿洲藏稿·大学·是以君子道也》，《鹿洲全集》，第876页。
②　蓝鼎元：《鹿洲藏稿·孟子·孟子曰乃善也》，《鹿洲全集》，第902页。
③　蓝鼎元：《鹿洲藏稿·孟子·孟子曰乃善也》，《鹿洲全集》，第903页。

善。在蓝鼎元看来，性与情的区别，就在于前者是本体，后者是本体的发用与流行。用今天的话说，性是本质，情是现象。本质是人类感官所无法把握的，我们只能通过现象去理解本质。所以，情与性不是对立的，我们只能通过人的情感表现而了解人的本性。因为"情无不善即性无不善也"①。

第三节　穷理尽性成物

蓝鼎元认为天命之命与生命之命都是不可抗拒的，因此主张在命运面前要乐天、知命且安命，反对人为努力去改变命运，因为那样只会助长钻营和谄媚恶习。而且，一个人如果过于追求发达，会使自己的命运掌握在别人的手里，从而失去精神的自由。蓝鼎元对物的客观性、人的感官的可靠性和人的思维把握客观规律的可能性都是不加怀疑的。他在心、物关系问题上的创见在于，他区别了物背后的"所以然之故"与物的变化规律之间的不同。现象背后依据的本体是哲学问题，靠思辨把握；现象本身的规律是科学问题，靠格物以致知。无论是格物还是知理，目的都在于"成己"与"成物"，这些人类实践的成果，正是"所以然之故"的验证。主张实学的蓝鼎元，将"知"理解为"穷理"。"穷理"就是要既知所当然，又知所以然，如此才能知天命、知死生。蓝鼎元的"行"就是在道德行为的基础之上，从事社会实践，主要包括各类与国计民生有关的事务。而知与行的关系，他是用"体用不二"的方法统一的。以此为基础，他主张知行统一于行动，学说与人格统一于实践。

一、儒者素位而行

对于客观的命运和个体生命之命，蓝鼎元也有清楚的区别。

---

① 蓝鼎元：《鹿洲藏稿·孟子·孟子曰乃善也》，《鹿洲全集》，第903页。

在他看来，掌握真理是为了了解人的本性，了解了人的本性就会知道自己生命的来源，体会到冥冥之中那不可抗拒的神秘力量。这种力量首先决定我们作为人而存在，是它赋予我们以人的本性，这就是所谓"于穆之命"。第二种命是决定我们一生的富贵、贫贱与生命的长短，蓝鼎元称之为"气数之命"。① 作为人而存在的依据是天赋予的，人生境遇的富贵与贫贱、功名利禄与荣辱升迁，都不由自己决定，自身的生命何时降生，何时死亡，也是身不由己的。正所谓"穷达命也，修短数也"②。

蓝鼎元因得罪上司被诬告而罢官，从此仕途受阻，虽然一度参与平台战事，但只是以顾问的身份出现。命运的多舛，使蓝鼎元更加深切地体会人生的艰难。他有一腔热血，却感到报国无门，所以才会有在山林草野之地，随时随地报君恩的想法。可见，乐天安命的前提是寻找到自己人生的意义与价值所在，立命必先安身。一旦为自己确立了为社会、为国家、为子孙后代奉献自己生命与智慧的途径，才有可能乐天安命。不一定非得做些惊天动地的伟业，从自己身边做起，在细小的事件中寻找到永恒的价值与意义，从而使自己有限的生命融入民族伟业之长河，让自己的生命价值在民族兴盛的未来彰显。虽然自己根本看不到这未来的前景，但是足以慰藉当下的心灵。③

关心世道人心是蓝鼎元安顿心灵的重要方法，即使命运不济、仕途阻塞之时，依然不忘自己的使命，或者说，他一生不能忘怀的世道人心是他生命意义之所维系。穷困或显达，由命运决定；为官或为民，凭机遇左右。对此，君子只能听之任之，不可刻意强求。但并不因此而放弃对真理和人生意义的追求。如果有

---

① 蓝鼎元：《棉阳学准》卷五《西铭要义》，《鹿洲全集》，第521页。

② 蓝鼎元：《鹿洲初集》卷二十《先考文庵先生行状》，《鹿洲全集》，第357页。

③ 蓝鼎元：《鹿洲初集》卷三《复蔡宗伯书》，《鹿洲全集》，第71页。

这份心，可以有许多事情做，以"济人利物"。办学以讲述经典，确立志气，保持操守，和谐人际关系，抨击败坏的社会风气，以自己的人格垂范天下，这些都是没有显位和官职的儒者所应该做的。所谓"山人平素以世道人心为己任"①，正是蓝鼎元这位素位的儒者的使命。

生活在偏远的深山，听凭命运的安排。如有机遇为国效命，自当死而后已；如果没有机会，便安心民间，读书写作。不仅终老乡间至死不悔，而且不能怨天尤人，因为，"假使怨天尤人，悲伤哭泣，其不死者寡矣！"②面对命运，个人应该乐天知命，虽然命运多舛，也只能安心俟命，而不要试图去改变它，因为改变命运的主观努力有可能使人走向钻营之路，甚至为达目的不择手段。

蓝鼎元从批判败坏的世风的角度，讨论命运问题。既然命运是上天注定的，那么后世的钻营取巧就不仅是无用的，而且还会有损自己的道德，败坏社会风气。能够通过主观努力得来的，其实是命里固有的，主观的追求可谓多此一举。如果命运里没有，一味地追求，只能是自取其辱。然而，在蓝鼎元所处的时代，莘莘学子，不知安命，却一味地趋炎附势，暗托门路，打通关节，为自己谋取一官半职。每到开科考试那一年，更是各种弊端充分暴露，有权势的人家门庭若市。在蓝鼎元主持的潮阳县的科举考场上，有人为了过关，便雇佣枪手代己考试。此等作弊之事，一旦被揭露，自然是身败名裂。这样的人即使偶然得逞，或者获取高官，他必然是那类结党营私、阴谋篡权的小人。③

知道自己的命运是已经注定的，也知道自己的穷达不在上天，而在自己所处的境遇。所以，蓝鼎元便有一种知命之后的无畏。一个人的功名与升迁等境遇，虽然不是上天的力量，却也由

---

① 王者辅：《平台纪略序》，《鹿洲全集》，第 816 页。
② 蓝鼎元：《鹿洲初集》卷三《再复蔡宗伯书》，第 77 页。
③ 蓝鼎元：《棉阳学准》卷一《同人规约》，《鹿洲全集》，第 460 页。

不得自己。蓝鼎元将期望寄于朝廷，期望会得到公正的待遇。同时相信死生有定数，该死时谁也躲不掉，不该死时谁也奈何不了。正是这种命运观赋予蓝鼎元以正直忠耿的勇气，敢于直言不讳，而对上司的诬陷，更是无所畏惧。①

能够乐天知命以至于安命，不仅可以寻求内心的平静，而且也可以获得心灵自由。胸怀治国平天下之大志的是我，能否实现这种愿望却由不得自己。为君主出谋划策者，坐在前排；为国家身先士卒者，加官晋爵。不要以为，受到重用就会使理想得到实现。人们的意见并不一致，有人会借故推辞，有人干脆予以否定。当然也不能说不被人知晓就是上天情愿让天下大乱。能否遇到赏识者在天，是穷困还是发达也全在命。所以，不能因我的志向与追求，成为他人操控我的把柄。有人知遇和赏识，我是我；无人知遇和赏识，我依然是我。把这一切都看淡，没有一己私欲的追求，如此便获得一分心灵的安静与精神的自由。②

二、遂有以验吾心

蓝鼎元在心物关系问题的讨论中，"物"主要指具有客观实体性的对象。在他看来，面对客观自然界，一切都在正常而有规律地运动变化着，各种不同的物类，均按照自身的方式生存着。它们之所以如此，其背后的所以然之故，人们却并不知道，只能观察到它们表现出来的现象。③

不仅客观自然界的所以然之故蓝鼎元一无所知，面对生活于其中的社会领域中的所以然之故，他依然是一无所知。他认为，自一身而观万物，但是面对这些社会关系之事，依然不知其"所

---

① 蓝鼎元：《鹿洲初集》卷七《仪封先生传》，《鹿洲全集》，第133页。
② 蓝鼎元：《鹿洲藏稿·孟子·孟子谓宋四节》，《鹿洲全集》，第904页。
③ 蓝鼎元：《鹿洲藏稿·中庸·天地位焉二句》，《鹿洲全集》，第879～880页。

以然之故"。只是看到其存在和表现出来的现象而已。正是由于不知其"所以然之故",所以才进一步追问它,这正是科学发展的动力。我们要了解天地的位置,当然不可能立于天地之外。天地之位有有形与无形之分,也就是空间的有限与无限之别。我们在无限的天地中,确立一个相对有限的位置或者立足点,才能进一步对无限的天地进行把握。这就涉及认识论中一个重要的问题,即以什么尺度认识世界的问题。人只能设置一个以人为尺度的中心点,由此出发去把握天地的位置。由此了解的天地变化,的确是人"以寻常测乎"。①

本体意义的"所以然之故"属于哲学问题,只能用思辨去想象和虚构;现象领域的规律和秩序属于科学问题,是可以认识并且能够量化把握的。蓝鼎元认为,理与数的区别,意义在于所以然之故与自然规律的区别。众所周知,编制历法是中国古代天文学重要目的,为皇帝更年改朔提供依据,也为农业生产提供时间尺度。历法包括历理与历数两个部分内容。历理是天文自然现象的"所以然之故",是超验的;历数则是这些自然天象运行的基本规律,是可以用量化手段把握的。如果只知道历数而不了解历理,那么就是只知其然,不知其所以然。掌握了历理之后,进一步验证历数,即使误差甚微,依然有不符之处。所以蓝鼎元认为,君子用历只问理而不问数。蓝鼎元在此提出"数学"的概念,它研究历数之学,既然属"灵台掌之",大概在蓝鼎元看来与方术相差无几。蓝鼎元认为,干大事业的人,是无暇顾及这类问题和学问的。②

在蓝鼎元看来,追问天地之位与天地之先的依据是哲学的事,它的确有不可知性。但是,具体的天地万物产生之后,其道

---

①　蓝鼎元:《鹿洲藏稿·中庸·天地位焉二句》,《鹿洲全集》,第880页。
②　蓝鼎元:《鹿洲初集》卷十四《历代历法考》,《鹿洲全集》,第291~292页。

理和规律是可以被认识的。所谓"有为"就是天地演化成物质世界之后。有了具体而有形的物质，人们就可以通过感官对万物的把握，达到对万物背后的"所以然之故"的认识。这就是格物的意义所在。[①] 在蓝鼎元看来，格物就是如切如磋地对客观之物进行研究，由此达到对物之理的把握，否则，就会混淆相似之物。通过对具体事物的研究，可以达到对事物的本质与规律的认识，也可以达到对事物的所以然之故的理解。[②]

"格物致知"之说，是以承认物为客观对象为前提，而且相信人的感觉能够正确把握外物，人的思维也能够正确把握物背后的本质与规律。这是儒家的传统，蓝鼎元继承并发挥了这个传统，而且更加强调阅历的重要。台湾的诸罗县有两座火山，一座在人迹罕至之处，蓝鼎元只是听说它的存在。另一座在诸罗县城之南，蓝鼎元亲自对它进行了考察，并且将火山的状态做了生动的描绘。通过对火山的考察，蓝鼎元意识到自己知识的有限，并且认为学问是无穷的，格物致知是包括亲身阅历实践检验的。[③]

在蓝鼎元看来，心与物之间表现为"成己"与"成物"的关系。蓝鼎元是从体用关系的角度讨论成己与成物的。己与物之所成，都是有原因的，通过所成之己与物的效果，可以使人体会到其体的存在。成己之体是仁，成物之体是智。而仁与智都是诚的表现。人们学习的目的，既想成就自己的德性，也想创造事功价值，这并非是自夸。物与我相互区别的道理，是人的思维可以把握的，也是通过人们的实践成果加以检验的。

成己与成物之间不仅相互区别，而且联系密切，甚至相互转化。成己就是成就圣人的过程，是道德的自我修养过程。成己是

---

① 蓝鼎元：《鹿洲藏稿·论语·绘事后素二节》，《鹿洲全集》，第850页。

② 蓝鼎元：《鹿洲藏稿·大学·如切如磋者八句》，《鹿洲全集》，第872页。

③ 蓝鼎元：《东征集》卷六《纪火山》，《鹿洲全集》，第592页。

成物的前提，也就是在道德修养的基础上，投身于社会实践，进入成物的过程。本来成物就不是纯粹顺应自然规律创造物质财富的过程，它是向外走向社会，为民则和谐地处理人际关系，为官则协助君王管理朝政，服务民众使其安居乐业等等，正所谓"以期万类之各得"。成物的内容非常丰富，甚至包括礼乐等形式。体现在道德上的成果与社会和谐，最终都要满足人们的愿望，这些仅靠成己达不到目的。只能通过成物才能够确认成己的程度与境界。①

三、知行并进成物

在讨论成物时，蓝鼎元提到了"知"的标准，也就是认识的最终目的。他认为，从成物的角度看，在所成之物的背后一定有道理存在，这是上天用来检验圣贤的能力和学者的知识的。上天担心人们的认识不够全面，处事、爱民和养物的过程缺少正确方法，从而不知成物的道理所在，因此成不了物。只要人们有诚意，就一定能够达到成物的程度，一旦能够成物，便证明人们知的水平。成物者，处理事物自然不会有不恰当之处了。因此，知识涵盖万物，才能够创造物质财富；掌握的真理能够有益于天下苍生，这才是真正的知识。这就是蓝鼎元对"成物知也"的解释，这时候的"知"已经不再是知识，而是智慧了。②

那么，这样的知识是通过什么途径获得的呢？除了前文提到的格物和亲身阅历之外，那就只能读书了。这是古今中外任何人都不能否定的方式。即使主张"不立文字"的禅宗佛教，其经典之书也是汗牛充栋的。注重读书本来就是儒家的传统，作为清初实学推崇者的蓝鼎元，提倡读书明经，更是不遗余力。他说：

---

① 蓝鼎元：《鹿洲藏稿·中庸·成己仁也知也》，《鹿洲全集》，第889页。
② 蓝鼎元：《鹿洲藏稿·中庸·成己仁也知也》，《鹿洲全集》，第889页。

淑乎礼乐，自日用、饮食、洒扫、应对、进退之地，居敬以收放心，读书、穷理以扩充其知识。致力于修身、齐家之要，而讲求乎经世理人，有体有用之学。①

蓝鼎元主张的读书，是以经世致用为目的的。在修身齐家的基础上，通过读书掌握"经世理人"的能力。这就要求所学的知识必须是"有体有用"。这是蓝鼎元对知识与学问的要求，虽然主张实用，但却并非实用主义，因为"体"就是知识中包含的真理，它的存在保证了现实功利价值与人的道德追求相关联。真理必须具有实用价值，否则没有人会接受它；实用价值必须有益于提升人的精神世界，也就是与人的身心性命相关，否则就会使人欲横流、价值迷失、世风败坏。

"穷理"、"致知"的最高境界是知天命，知死生，彻底了然生命的意义与价值，解决人的终极关怀问题。蓝鼎元说：

吾自惑以后，察之益精，知其当然者，又知其所以然，盖一本会于万殊焉。吾行年五十，始觉大原之独契，乃可信为知天命也。吾之所以上达者，非骤也，由是而之焉。②

蓝鼎元通过亲自观察懂得事物的当然之则，进而又把握了事物的所以然之故，从而达到概括性的高度，把握了事物的共同性和变化的规律。当蓝鼎元五十岁的时候，觉得自己了解世界的本原，已经达到了知天命的境界。这个过程是漫长的，不可能一蹴而就，是靠生命的阅历积累而成的。因此，这"知"就已经不再是简单的知识的获得，而是对人生终极意义的追问，是心灵家园的寻找，不仅是智慧，更是境界。

既然知的标准在成物，那么就已经包含了行的内容。不过，

---

① 蓝鼎元：《鹿洲初集》卷十三《长儿云锦字说》，《鹿洲全集》，第272页。

② 蓝鼎元：《鹿洲藏稿·论语·吾十有五全章》，《鹿洲全集》，第849页。

蓝鼎元也有对行专门的讨论。正所谓"穷理以致其知，身体力行以践其实"①。关于"力行"的内容，蓝鼎元说：

> 力行之道，本在人伦日用之间，未尝有出于知、能、行、习之外。随处检点，察识扩充，则可驯致于圣贤之域，又讲求经世理物，礼乐、兵农、刑名、钱谷之设施，使全体大用皆备于我。达则见诸事为，为生民立无疆之福命；穷则守先待后，为百世留不朽之经纶。②

实践活动就体现在人的日常生活与人际关系的交往中，包括认知、能力、行为与练习等过程。随时随地，既是实践过程，也是知识的获得过程，是达到贤圣境界的根本道路，体现在经世理物的能力。在礼仪、乐舞、祭典、军事、农业、刑法、律制、财政、经济等领域的社会实践中，体现着自身拥有全部能力。有了这种能力，如果机遇通达，便可为民众造福；如果环境不允许，就将自己的智慧转化为传世不朽之作，以待后人。

蓝鼎元从不讨论知与行孰先孰后的问题，显然认为知与行的先后顺序是不成问题的，这一点在成物与力行的讨论中有所表达。不过，他对知行统一的问题没有论述。蓝鼎元的学生萧嗣裡在为《棉阳学准》所写的序中将蓝鼎元的《棉阳学准》与周敦颐的《太极图说》和张载的《西铭》相提并论，并评价蓝鼎元在理学发展的历史中，能够"守先待后"，在为政的实践中，能够"经世理物"，其学术达到"体用兼该"、"知行并进"的程度。可见蓝鼎元的知行统一观虽然没有理论上的表述，但是在其一生的理论探索和政治实践中，达到了知行并进、学说与人格统一的境界。

---

① 蓝鼎元：《棉阳学准》卷三《闲存录》，《鹿洲全集》，第 487 页。
② 蓝鼎元：《鹿洲初集》卷五《王滋畹历试草序》，《鹿洲全集》，第 95 页。

第十一章

蔡世远：向传统儒家回归

蔡世远（1682～1733 年），字闻之，别号梁村，世称梁山先生，福建漳浦人。少承家学，自幼接受朱子学教育。稍长，受业于朱子学家张伯行。可见，蔡世远的朱子学思想是根深蒂固的。与李光地向传统理学回归不同，蔡世远则是向传统儒学复归，虽然并不因此而否定理学，但是其学术视野和理论胸襟都较之传统理学宽阔些。由于蔡世远的学问影响，台湾诸罗县知县周钟瑄请他为县学写碑文。蔡世远的《诸罗县学记》浓缩了他的理学思想，扩大了闽南理学在台湾的影响。他的本体论主要集中于"生生之理"，以此为基础解释万事万物，并且贯穿于他的伦理思想之中，并与张载的"民胞物与"思想结合起来，充分体现了他仁民爱物的情怀。正是这种悲天悯人的儒家情怀，才使他在台湾发生"朱一贵事变"时，一再进言有关将领"不妄杀一人"。在事变平息之后，力劝有关方面对台湾人民要"教而爱之"。由于蔡世远的一些建议被采纳，闽南理学在台湾的影响更加深远。

第一节　天下画然出于一

理学精神性本体的许多范畴，在蔡世远的解释中，都失去了客观本体的意味。尤其是道范畴，只具有"道统"之"道"的含义。其理范畴则被解释为"生生之理"，主要与天地创造万物有关，并且包含着平等与正义的意义。其太极范畴作为"生生之理"的总根源，能够使天地平和、江河清静，因此是建设理想社会的标准和依据。在蔡世远看来，人与物共具生生之理，此理发用则仁民育物。蔡世远将"元"与"气"作了区别，"元"是生命的主宰，"气"是生命的动力、材料和现象。在蔡世远的精神性本体范畴中，基本没有道的地位，道仅在道统和道学之类的概念中出现。此"道"与现实的结合，则表现为经济、文章和气节的统一。而这种统一，却成为大清帝国统一意识形态的辩护，再一次表现为"文以载道"的文学主张，否定文学具有独立的审美价值。

一、生生之理就是元

蔡世远将整个世界看作是一个生生不息的生命过程。天地万物都是有生命的，都是被诞生出来的。因此，他将生命之所以为生命的道理看作是宇宙的本原。他说：

> "天地之大德曰生"，生生之理所谓"元"也。"元"者，善之长也。于时为春，于人为仁。[1]

蔡世远称这"生生之理"为"元"，这就是蔡世远心目中的宇宙本体。这个使生命之所以为生命的道理，就是"生生"之"元"，就是生命之所以可能的道理，是使生命成为现象的本质力量。

这"生生之理"有两大重要的特征：

第一，是善。蔡世远说：

---

[1] 蔡世远：《二希堂文集》卷四《安溪李先生寿序》。

生生之理善之长也。已与物之所共也，贵与贱之所同也。何间于在朝在野哉？体吾仁以及之而已。①

使万物能够从无到有，使生命能够生长壮大，这就是善。既是功利的善也是道德的善。而且是最大的善。这种善没有任何褊狭，人人与万物可以共有，人与人可以平等分享。因为，我们都是生命，都是"生生之理"的创造物。在这宇宙本体面前，就没有贵贱之分，没有朝野之别。作为生命的每个个体，内心体会到这种"生生之理"，就是仁爱之心。

第二，是直。蔡世远说：

孔子曰："人之生也直。"解之者曰："生之理本直也。"又曰："非此则不生也。"直之发为刚明，为公正，为惠爱，是皆生理也。刚明之反为暗弱，公正之反为邪私，惠爱之反为薄狭。则生之理已失，虽生犹寄也。②

孔子的原话是"人之生也直，罔之生也幸而免"，并没有对"直"做任何解释。蔡世远不仅同意解者的观点，而且在前解的基础上做了进一步的发挥。将"直"赋予"刚明"、"公正"和"惠爱"三种特征，并认为这三者均为"生之理"。显然是对前文中"生生之理"包含的平等观念的发挥。与"直"相反的是"暗弱"、"邪私"和"薄狭"，如此便失去了"生之理"，虽然生命还在，但却处于"寄"的状态，只能寄托于外物和他力，从而也就失去了做人的尊严，就是今天所谓的"寄生"。

当一个社会失去公正的时候，个体的生命权利受到伤害，如此苟活，便是"虽生犹寄"。蔡世远说：

众人蚩蚩非无年寿之生，徒与蠕动卉植芸生于大造之

---

① 蔡世远：《二希堂文集》卷四《天子命公督学京畿旋膺巡抚重寄助》。
② 蔡世远：《二希堂文集》卷四《孙封君寿序》。

中，非吾所谓生生之理也。抑天有生生，而所生之物若山峙川流，其苞孕涵育又生生而不息。斯亦如人之裕生生之理者，其子若孙又各衍生生而总以归之其大生也。①

普通人浑浑噩噩，虽然长寿，但却像爬行动物和草木那样生活，这不是蔡世远所谓的"生生之理"。人就应该像天之"生生"那样，在所生的山川河流中，包含着生生不息之理，不仅能够生生，而且应该"裕生生之理"，也就是使"生生之理"不断发挥光大。

蔡世远的太极范畴就是其"生生之理"的总的根源，也就是那个"元"。不过他使用太极范畴时，更强调生生是个不息的过程。他说：

> 孔子系《易》曰："天地之大德曰生。"又曰："生生之谓易。"何以明之？天有太极，健行不息。二五递衍，变化生生。②

在蔡世远看来，天地之所以能够生生不息，就是因为太极与阴阳的推动、五行的相克相生，从而使万物变化，生命不断繁衍。

作为"生生之理"总根源的太极，不仅是天地万物的创造者，也是实现清平政治和建立理想社会的依据。蔡世远说：

> 太极浑沦，两仪肇分。五行顺布，递嬗氤氲。其气在天，斯成七曜。其理在圣，斯成王道。王道之成，会其有极。惟纯乃备，无非天德。维天之德，圣祖肖之。圣祖之德，皇帝绍之。③

太极作为宇宙的根源，是混沌状态。由此分为阴阳两仪。然

---

① 蔡世远：《二希堂文集》卷四《孙封君寿序》。
② 蔡世远：《二希堂文集》卷四《孙封君寿序》。
③ 蔡世远：《二希堂文集》卷首《日月合璧五星联珠颂》。

后通过五行相生的作用，阴阳的交互感应，逐渐生成天地万物、日月星辰。这就是生生不息的过程，就是太极包含的全部道理。这个道理被圣人掌握，就能够形成"王道"，理想社会的建立，必须依据太极，体现"天德"。作为朝廷重臣，并且深得乾隆皇帝信任的蔡世远，在这篇《日月合璧五星联珠颂》中，极力歌颂清朝皇帝的功绩。但是，透过这些令人肉麻的吹捧文字，我们可以了解蔡世远对世界本体，以及人与物之间关系的理解。同时，也隐含着对帝王德性的要求。正是基于这种观点，他才会在《河清颂》中说：

> 究厥渊微，惟圣成能。太极在心，即物即诚。廓然太虚，静正灵莹。孰先感召，天一所生。四渎之长，爰效其灵。功峻昆冈，泽浃环瀛。稼穑惟宝，明德惟馨。三事允治，万象光亨。于千万年，永奠清宁。①

太极既然是生命的总根源，那么"太极在心"便是心中具有无限的仁爱之心，以这种仁爱之心对待天下民众，整个宇宙间便清平宁静，由此才可能感动天地，感动黄河，使其不再为害苍生。表面上看，蔡世远通过歌颂帝恩，祈祷黄河之水不要再为害一方百姓。实际上却隐含着这样一个观点：黄河之水是否为害百姓，是以统治者为政的善恶为转移的。

二、一气元阳生万物

蔡世远的物范畴与其"生生之理"相应，所有天地所生的便都是物。人与物在生命意义上的平等，并没有降低人的价值，反而为人向善寻找到本体论的依据。他认为，天有生生的功能，所生之物包括山川河流，也包括人类自身。所生之物具有一个共同特征，就是生生不息，作为共性而存在的生，便是"大生"，也

---

① 蔡世远：《二希堂文集》卷首《河清颂》。

就是"生生之理"。① 在讨论"理"范畴时，我们看到蔡世远表达的人人平等的思想，看到了人与物之间的共同性，就在于人与物都是"生生之理"的产物。善莫大于生，所以"生生之理"或"大生"都是最高的善。同具"生生之理"，便有了善的共性。蔡世远正是从人与物之间共具"生生之理"这一前提出发，得出人与物相通的结论，并以此作为人向善的依据。他说：

> 夫此身父母之身也，天地之身也，民物所胞与之身也。以父母之身，天地之身，民物所胞与之身，顾可不返其本思其终，以贻父母羞，以自外于天地，以为民物所诟病哉。②

这样的"人道观"为人与自然、人与他人、人与社会之间的和谐相处与平等相待，提供了理论依据。

这种"生生之理"作为基本价值观，成为社会道德行为的出发点。蔡世远说：

> 以忠孝之理蕴之于心，则为所性所命之精发之于用，则为事父事君，忧国理政，仁民育物之实古之大忠大孝者。恩怨不得而毁誉，时世不得而磨灭，俎豆千秋崇隆如山岳炳曜如日星不可掩也。③

"所性所命"者，就是"生生之理"，发于功用的便是"忠孝之理"。这种源自生命源头的道理，这种与万物一致的本性，具体运用于道德行为，就是对父之孝与对君之忠。孝父、忠君的具体表现，就是以忧患之心治理国家，以仁爱之心善待百姓，努力创造益于万物生长的环境，即所谓"育物"，也可以理解为创造物质财富以为民谋利，这才是最忠最孝的表现。这样的人，一时

---

① 蔡世远：《二希堂文集》卷四《孙封君寿序》。
② 蔡世远：《二希堂文集》卷五《诸罗县学记》。
③ 蔡世远：《二希堂文集》卷五《合祀陈黄二先生碑记》。

的恩怨不可能诋毁他的名誉，历史无法磨灭他的影响，受人民世世代代的纪念和尊重，如高山、恒星、日月一样不可掩盖。

蔡世远的气范畴同样是生命力的表现，只是物是有形的生命，气是无形的生命。他说："天地一元之气，分而为阴阳，播而为五行。"① 这"一元"就是太极，"一元之气"就是在"元"主宰下的生命过程。它的理是生生，它的气分为阴阳两重品质之后，便具有以"生生之理"为依据的动力的意义。在这生命之力的推动下，具体化为五种性能，从而形成万物。这种气本身并不是"生生理"，只是生命的动力、材料或者现象。所以，蔡世远的"元气"概念是"元"与"气"的意思。元是气的主宰，气与元必须和谐。元就是"生生之理"，气则是物质性的存在。蔡世远说：

> 夫所谓善者，在天则为元，在人则为仁。元者天地之心，举天下含生负气，灵蠢动植，喙息之伦，莫不有以若其性而资之以始。②

元是生命的源头，因其创造生命而成为善的根源，人由元而继承天的善性，元是人向善的可能；人具气而成生命体，个体生命有欲望局限，因此气是为恶的可能。元必须主宰气，达到"元气和会，诞降嘉祺"的境界。

在整个生生不息的自然过程中，气不仅表现为生命现象，而且是自然变化的动力。蔡世远说：

> 阳气生于冬至，而盛于春清。于十二月者，阳气浸盛，岁功方成，贞元会合之时也。③

---

① 蔡世远：《二希堂文集》卷首《河清颂》。
② 蔡世远：《二希堂文集》卷首《乐善堂文钞序》。
③ 蔡世远：《二希堂文集》卷首《河清颂》。

冬至是一年里白天最短的一天，是阴气最重的一天，也是阳气开始回转的一天。在春分和清明时节，开始进入旺盛期，至十二月阳气开始由强变弱，这就是气以一年为周期的转换过程，也就是"一元之气"的流行过程。生生不息的动态力量，是气的作用；周而复始的规律，则是元的力量。

蔡世远的气范畴除了生命意义之外，还有精神的意思。他说："可死可辱而浩然之气刚大常伸，是则莫大之气节也。"① "浩然之气"是孟子的主张，一种塞乎天地之间的精神气概，是主体意识的高昂，人格的尊严与境界的升华。生命可杀，声名可辱，但浩然之气永恒存在，它是人无限的精神力量。

当然，气还有个体的血肉之躯的含义。这时的气，便与"生生之理"产生了矛盾。蔡世远说：

> 人之心本有是天地生生之理，牿于气囿于习而善心之遏绝者多矣。②

前文说过，元与气是不同的。这里的"人心"实际上是人性。而"生生之理"作为人心的内容，是人的本性所在，却与肉体生命之气相冲突，又与生活环境和习惯相矛盾。所以，天生的善性就被遏止而绝迹。可见，蔡世远心目中的至善，不是生命本身而是生命之所以为生命的依据，即"生生之理"。就个人而言，我的生命本身无所谓善恶，它可能为善，也可能作恶。只有诞生我的生命，并且使我的生命得以生存的一切条件，无论是上天之生理，还是父母、民众以及自然资源，才是至善的。我回报这些善，就是我向善的过程。

---

① 蔡世远：《二希堂文集》卷一《杨龟山先生集序》。
② 蔡世远：《二希堂文集》卷四《安溪李先生寿序》。

三、由分殊而推理一

蔡世远的道范畴全然没有了宇宙本体的内容，只是"道统"、"道学"之"道"，不过这样的道与现实之间的关系会更加密切，它具体表现在经邦济世、表意为文与精神面貌之中。蔡世远认为，道学、经济、文章与气节，应该统一。对此，俗儒们根本不懂，反而认为讲道学的人，其理论迂腐而没有实用价值，文章的词汇过于质朴而不合时宜，其为人也过于简易平淡，而没有勇往直前的英雄气概。蔡世远认为，说这种话的人，就像夏天的昆虫没有见过冬天的冰，井底之蛙没有见过汪洋大海，根本不值得与他们谈论道学。学问的关键是有根本，否则，纵然能够修补和装饰，却对现实没有意义。有根本的学问，才能有大的作用。所谓"本"，就是圣贤对社会理想的追求，将其转化为现实政治与事功，具体表现为现实的经邦济世之方略。如果将这种理想追求作为讲学的内容，那都是"载道之书"，是文章中的极品。表现为人的精神，就是视死如归、宠辱不惊的浩然正气。由此而实现了道学、经济、文章与气节的统一。道学解决信仰问题；经济，是经邦济世的能力和作为；文章，是文字表达和语言功底；气节是人的道德境界。这些是一个真儒家必备的条件，也是蔡世远的理想人格。①

然而，这种以道学贯通经济、文章与现实事功的观点，却为文化的专制提供着辩护。蔡世远在为李光地的《九闽课艺》作的序中，向我们介绍了清初时期朝廷对思想领域实行的文化专制手段，其中有一项重要的内容就是用八股文和钦定的考试内容进行科举选士。这种措施对保持中华文化的传承是有意义的，但是对于一个民族精神的弘扬却是不利的。用一种僵化的格式限定文章

① 蔡世远：《二希堂文集》卷一《杨龟山先生集序》。

形式，用一个人的一部著作为全国唯一的指定教材，这对于民族精神是一种极大的钳制。其恶果到清朝末年在与西方文化的冲突中，展示无遗。然而，蔡世远却为科举制度进行辩护，因为他认为朝廷兴科举是为了"使天下画然而出于一者"。① 蔡世远试图将"一"解释为圣人之道，现实中的作用却表现为天下一统的帝国，需要意识形态的统一。这是哲学家的历史教训：一旦进入朝堂，就难免成为御用文人；这更是儒学或者理学的悲剧：一旦由民间学术转化为官方意识形态，其理论发展的生命力就终结了。

"道"作为政治理想，必须通过文章表达出来，所以蔡世远特别强调儒家文艺批评的传统观点"文以载道"，主张文章内容与形式的统一。他说：

> 文以载道也，古之人文与道合而为一，今之人文与道离而为二。合而为一者，本之躬以立言，发乎迩见乎远。离而为二者，驰骋以为工，靡富以为博，骩骳险僻使人割断难句以为此真古文也。不知其离乎道也远矣。圣贤之文，如日月经天江河行地，由其根柢深厚，故其发于言者不求工而自工。②

"文以载道"是儒家正统的文艺思想，在中国古代文学史中，一直占主导地位。这个观点根源于荀子的"文以明道"，强调文学和社会政治、伦理道德的关系。到了汉代，儒家的文艺观点成了封建社会正统的文艺观，把"明道"的主张推向极端，将文章置于政治、伦理的工具地位。到了唐代，韩愈在古文运动中提出"文以载道"的口号，把古文写作和恢复儒家道统结合在一起。可见，"文以载道"是与道学的产生与发展密切相关的。蔡世远推崇"道统说"，虽然他的"道统说"比宋明道学家的心胸和视

---

① 蔡世远：《二希堂文集》卷二《九闽课艺序》。
② 蔡世远：《二希堂文集》卷一《薛敬轩先生文集序》。

野宽些，但是在文艺理论的主张方面，再提"文以载道"，其作用是一样的。不过蔡世远的主张与复古运动的观点有所不同，虽然要求文章表达政治与道德内容，但却不主张文必秦汉，而是要求文章有实际内容，从自己的切身体会和生活实践出发，表达日常生活的体验，讨论深刻的道理，不追求形式的美，更不提倡旁征博引和文字僻涩。在蔡世远看来，与道合一的文章，必须自然通畅，如日月经天，江河行地。因为有深厚的道德品性，自然而然地表达出来，文章不工而自工。

"文以载道"的文学标准，的确具有政治实用性，直接结果是使文学沦为政治和道德工具，忽略了文学艺术独立的审美价值。这在蔡世远论诗的议论中表现得更为明显。他说：

> "断烟平芜，凄风淡月，荒寒萧瑟"之状，读者往往慨然以悲。工则工矣，而于世道未云有补也。夫君子之论诗，亦有补于世道而已。①

所引这三句诗，的确意境凄美、苍凉，会使读者产生感慨悲情。蔡世远也承认此等诗的艺术水平，但是却认为这类诗于世无补。以此为标准，实际上取消了诗歌独立的审美价值。传统儒家"文以载道"文学观，视艺术为工具，不重视文学艺术的独立审美价值，如此只能妨碍文学艺术的发展。

第二节　推此心理民育物

蔡世远的道范畴基本不讨论宇宙本体问题，而仅限于"道统"与"圣人之道"的范围问题。不过其"道统说"与宋明理学相比，内容要宽泛得多，主要表现为承认汉代经学在道统中的地位。其理范畴除了"生生之理"之外，还具有"当然之则"的意

---

① 蔡世远：《二希堂文集》卷一《濂洛风雅序》。

义。他将伦理范畴解释为规范性与合理性的统一，并以此作为人的根本。他在区别元和气的基础上，对气又区别出"血气之气"与"义理之气"，目的是让"义理之气"主宰"血气之气"，从而使个体生命在道德责任的控制之下。蔡世远以"生生之理"的至善性解释人的本性，这种天性不仅善良，而且乐于行善，从而使性善论与幸福论结合起来，为道德之善的现实可能寻找到先天依据。然而，现实中人的恶性是客观存在的，蔡世远认为这是失去天性的结果，所以重提"复性说"，并且以此为"道统说"的主要内容。蔡世远的"心"范畴与"生生之理"相通，其内容主要是出自"生生之理"的动机，也就是人天生的善良之心，它是自然而然的，是与"天之心"一致的。蔡世远虽然赞同董仲舒的"天人感应说"，但是他把"诚信"概念引入其中，认为天之诚信取决于人之诚信，而人之诚信取决于统治者对百姓的仁爱。蔡世远也承认死生有命，富贵在天，但是更主张道德选择的自主性。在心物关系问题上，蔡世远没有讨论作为认知意义的物，而是将物理解为人类生存的物质条件，把心物关系转化为人与物之间的关系，也就是人与生存条件的关系，因此他更加关注生产与节用，完全摆脱了理学在这个问题纠缠于动心与否的窠臼。在知行关系问题上，他主张先知后行，同时认为行重于知。其行的内容虽然没有离开"复性"的道德行为，但更重要的还是在管理社会的政治实践。

一、笃于伦理始为人

蔡世远回归原始儒家传统的一个重要表现，是其道范畴主要包括社会"大道"与"圣人之道"的含义，基本没有了宇宙本体的意味。其"道统说"也比宋明理学家的眼界和心胸宽阔许多。他不再说孟子以后圣学不传，更不会把北宋程氏作为圣学的直接接继者加以尊奉。在他的眼里，汉代的经学起着传承道学的作用，董仲舒由于独尊儒术而被称为"醇儒"。不过，对两宋时期的五位重要的理学家，蔡世远还是给予了比汉代经学高得多的评价。"道学"之所以能够"如日中天"，全赖这些道学家的努力。①蔡世远对待汉代经学的宽容态度与清初文字狱下的专制形成一种反差。其原因在于，理学创立之初，作为经学的反对派和批判者形成于民间，一直被官方的经学所打压，所以理学家们就虚构一个所谓道统，既提升自己的地位，也通过把经学从道统中剔除出去达到批判对方的目的。清代初年，一方面理学再度成为官方的意识形态，地位得到了空前的提升和巩固，另一方面为反对心学主张实学，在向理学传统回归的同时，也出现向儒家传统回归的趋势。因此，清代理学家反而能够比较客观地评价儒学发展的全过程，对过去不被承认的汉代经学，予以充分的肯定，这样的宽松态度对清代经学和乾嘉考据之学的发展，起到了推动的作用。

清初虽然理学被定为一尊，但是道学并没有因此而得到真正意义的复兴。所谓复兴无非是再度回到明初理学以官方意识形态的方式一统天下局面。在现实生活中，人们更关心功名利禄。蔡世远对这种现象感到忧虑，他对产生这种现实的原因进行了分析，认为道学不得昌明的原因主要在于势利，其次是词章，更次才是禅学。这的确抓住了问题的关键。自从把道学作为科举考试的内容之后，人们学道学的目的就是为了博取功名利禄。自入学受教育开始，父亲告诫儿子，老师教导学生，都是以取得利禄为最终目的。而人的精神世界和道德修养，人生意义与内心的信念，根本不关自己的事。在这样的教育观念的指导下，培养出来的人，当然不会以弘扬道学为己任。一旦进入官场，便为了自己官职的升迁而攀缘附势，得到官位之后，只考虑自身官职和家族利益。如此功利主义，不可能立一家之言，更不可能在思想史中

---

① 蔡世远：《二希堂文集》卷一《历代名儒传序》。

具有不朽的价值。①

　　蔡世远在讨论"生生之理"的时候，就已经赋予理范畴以道德意义。这种意义，又被蔡世远称之为"当然之则"，也就是"伦理"。蔡世远说："凡人之所以为人者，在笃于伦理而绝其自私自利之心而已。"② 那么什么是"伦理"呢？蔡世远认为，"伦"就是父子、君臣、夫妇、兄弟和朋友之间不可逆的上下等级与秩序，因为包括五种人际关系，所以称为"五伦"，也就是五种规范；这五种规范的依据便是"理"，就是父子之间的亲情、君臣之间的道义、夫妇之间的有别、长幼之间的顺序、朋友之间的信誉。在五伦中体现天理，说明这五种规范是合理的。规范与规范的合理性共同构成伦理范畴的内容，人们只有懂得并且完全恪守它，才能够称之为人。③ 一旦失去伦理的约束，虽然有人的名称，却与禽兽一样。④

　　在本体论中，蔡世远将元与气相区别，元是至善而气可为善，可为不善。为了保证气能够趋向善，蔡世远强调生命的气必

---

　　① 蔡世远：《二希堂文集》卷一《学规类编序》。

　　② 蔡世远：《二希堂文集》卷十一《跋祖祠规条》。

　　③ 蔡世远：《二希堂文集》卷十一《跋祖祠规条》。

　　④ "伦理"一词的本义是"事物的条理"，比如《礼记·乐记》云："凡音者，生于人心者也；乐者，通伦理者也。"汉代郑玄注："伦，犹类也。理，分也。"宋代苏轼在《论给田募役状》中说："每路一州，先次推行，令一州中略成伦理。一州既成伦理，一路便可推行。"明代的郑瑗在其《井观琐言》卷一中说："马迁才豪，故叙事无伦理，又杂以俚语，不可为训。""伦理"一词也有"人伦道德之理"的意思。比如，汉代贾谊在其《新书·时变》中说："商君违礼义，弃伦理。"《朱子·语类》卷七二有"正家之道在于正伦理，笃恩义"之说。明代谢谠在《四喜记·泥金报捷》中说："弟先兄，伦理非宜。"蔡世远在清初就将"伦理"一词专门用于伦理学范畴，对中国古代伦理学的发展是有贡献的。有学者曾认为，"伦理"一词形成于汉代，19世纪之后才在中国普遍使用，这显然缺乏对中国古代伦理学思想的深入了解。

须与理相结合，形成"义理之气"，也就是具有精神内容的生命力量，否则只是一种"血气之气"，是简单的生命欲望。用义理来限定和约束气以形成具有义理内容的精神力量，就是浩然之气。对生命本能的"矫异"在蔡世远看来是必需的，不如此就不能担负道义责任。人如果一任本能主宰生命过程，就会在困难与生死面前畏缩不前，就不可能担负起挽救世风的责任。"义理之气"是人的精神境界，它离不开生命之气，同样是"生生之理"的产物，所以每个有"血气之气"的人，必定会有"义理之气"。①

二、体生生之理于心

根源于"生生之理"的本性，是人的道德行为的依据，由于完全出于自然，所以在行善过程中，人在内心会体验到一种由衷的快乐。他说：

> 吾性高明广大与天同体，乐之者必至于浃洽畅遂乌可已。②

这里的"乐"有两重意义：一是意愿之乐，二是愉悦之乐。前者作为出发点，后者作为过程中的主观体会。由于人性与天性的一致，所以向善是发自内心的意愿。顺应这种善良的天性，是一种由衷的快乐，一种不可抑止的生命与精神的愉悦与欢畅。

蔡世远因此为人的道德行为假设了一个先天依据和内在心理基础。不过先天的条件只提供了行善与快乐的可能性，还需要人努力培养和发掘它。这种能够乐己、乐天和乐人的性善，虽然源自于天赋，但必须加以培养，并且付诸实践。先天善性就如同谷种，它有生命力，能够生生不息。亲近自己的善性，好比闻到兰

---

① 蔡世远：《二希堂文集》卷一《居业录序》。
② 蔡世远：《二希堂文集》卷首《乐善堂文钞序》。

花般的芬芳，这芬芳之气会进一步引发人的天性，有如汹涌的江河波涛，不可遏止，这是最大的善，也是最大的快乐。①

然而，人们在现实社会中既看不到善性的发挥，也体会不到快乐。其原因是"牿其性者溺于习，驰于华者汩其实"②。因此，蔡世远将儒家虚构的整个道统的内容，都概括为"复性"的过程，也就是恢复人的本然之性。蔡世远认为，自尧、舜、禹、汤、文、武、周公，经孔子和孟子，直到宋五子，这个道统的内容无非主敬、穷理与力行三项。而最后的力行的目的就是"复其性之本然"。通过力行，这"理"才能成为自己的切身体会而不再是道听途说。这种"复性说"可以追溯到唐代李翱，虽然带有佛教痕迹，但却是"道统说"最早的倡导者。对于李翱，宋儒也是不屑的，蔡世远重提"复性说"，却也不提最初的倡导者。虽然他承认汉代经学在道统中的地位，有意全面恢复儒家的传统，但是以复性为主旨解释道统，就使他再度回到"孟子死，圣学不传"的宋儒狭隘观点中来。③

明确了复性在整个道统中的地位之后，蔡世远又对复性的方法和步骤作了设计。他说：

> 其学以立志为始，复性为归。生平所自勉及所以勉人者，一以程朱为准的，深悯世俗之汩没于势利，惑溺于辞章，其高明者又为姚江顿悟之学所误。④

他在《杨龟山先生集序》中，盛赞杨龟山一生不求仕进，以求道为鹄的，刚正不阿，不畏强权，与朝廷奸党进行斗争。其人品高尚卓然，为世之表；文章发挥义理，抒写性情。这些都是他

---

① 蔡世远：《二希堂文集》卷首《乐善堂文钞序》。
② 蔡世远：《二希堂文集》卷十《六一姪孙哀词》。
③ 蔡世远：《二希堂文集》卷一《学规类编序》。
④ 蔡世远：《二希堂文集》卷一《困学录序》。

几十年如一日，一直进行着"明善复性"的修养的结果。①

　　蔡世远没有专门从本体论角度讨论心范畴，其心与性、理内容大致相同。他认为，人心与天心是一个心，都是为善之心。为善就是创造生命的过程，所以善就是爱心，爱生命之心。在自然界体现为春，生命开始生长，表现在人心则是仁爱。君子只有体会着仁爱之心，才能够管理百姓。"人之心本有是天地生生之理"②，人体会"生生之理"，才可能有无穷的动力，去不断地从事仁民爱物的实践。

　　这种"生生之理"之"本心"在蔡世远看来，就是人的血缘亲情，因此，他为人世间的道德行为找到自然本心的支持。孝作为道德规范，其根源在于血缘亲情，具有自然本性的特征，与生命的根源联系在一起，所以是"仁之本"。将对长辈爱敬的本心推广开来，达到对天下百姓的爱戴与尊敬。孟子提倡的由亲情扩展为爱民，由爱民推广到爱民赖以生活的财富与自然环境，这些都是以孝心为根源的。然而，对有血缘关系的长辈的孝敬，和对天下百姓的仁爱，这之间没有必然性，只有可能性。能否顺利地完成这种转换过程，还需要很多条件。从血缘之孝到非血缘之仁的无间隔的转换，只是蔡世远的设想，他甚至将这种道德情感基于自然本心的逻辑结论进一步扩大范围，做出更多类似的推论。比如，为官清廉才能主持正义，其根源在于没有"穿窬之心"，也就是不屑于小偷小摸之事，由此推广到为人处事，这些行为都有所宜之处，都与人的天性一致。这个"天"也就是"生生之理"。③

　　这种"生生之理"体验于内心，从而使心成为现实社会中所有道德行为的出发点。他说：

---

① 蔡世远：《二希堂文集》卷一《杨龟山先生集序》。
② 蔡世远：《二希堂文集》卷四《安溪李先生寿序》。
③ 蔡世远：《二希堂文集》卷四《熊封君寿序》。

> 以父母之心为心者，天下无不友之兄弟；以祖宗之心为心者，天下无不和之族人；以天地之心为心者，天下无不爱之民物。是心何心也？即元善之长资始，统天之心也。①

像父母一样慈爱，天下就不会有不和睦的兄弟；像祖宗一样对待自己的儿孙，天下就不会有不和睦的家族；像天地一样生生不息化育万物，为官者才能仁爱百姓和自然环境。这父母之心、祖宗之心和天地之心，都是一个心，它是最高的善和万善的根源，是主宰天地万物的"生生之理"。

三、性命之学与事功

蔡世远喜欢用"学贯天人"作为对某人学术水平的最高评价，说明在他心目中，最高的学问就是研究天人关系的。而且蔡世远是主张天人感应的。1720 年秋至次年春，山西阳曲县三季无雨，县令沈志行率民步行一百多里到五台山祈雨。结果当夜下雨，而且连下三天三夜大雨，阳曲县以及周边地区都受恩泽。当县令回城时，属下官员出城迎接，民众夹道欢迎。蔡世远感慨不已，认为天人之间的确有这种神奇的感应，并且认为天人之间感应的灵验，是由于人的诚信。平常待民以诚，就会得到百姓的信赖，一旦有事求于民，民自然会响应。天与民同理，以诚待天，取信于天，旱时祈祷于天，天自然降雨。能否取信于天，要看是否取信于民，是否以诚待民。取信于民、待民以诚的方法在于以为民尽忠为乐，由此而取信于神。沈志行平时为民行善，替民造福，百姓信服，上天信赖，因此有求必应。② 自古以来，历代政府的为政诚信问题都是一件非常困难的事，是很难寄望于官僚们的自觉意志的。蔡世远将天人感应与取信于民结合起来，就是把

---

① 蔡世远：《二希堂文集》卷五《鹤山祖祠碑记》。
② 蔡世远：《二希堂文集》卷二《晋阳灵雨诗序》。

为政诚信置于上天神明的监督与自然规律的惩罚之下。

在"力命"关系问题上，蔡世远与传统儒家一样，承认"死生有命，富贵在天"。他认为，欲求博雅风流，却限于天赋条件，能否显达富贵，那是命中注定。只有学做圣人，是由自我的意志决定的。首先要立大的志向，定高标准。书不仅要读，而且还要身体力行，用心体会。不断在自己的行为中迁善改过。增长学识的同时，培养自己的德性，努力使自己从事"天下第一等事业"，成为"天下第一流人物"。长寿、升官、富贵等，都是命中注定的，只有道德完善是可以通过后天努力达到的。在道德领域中，有着广阔的自由天空，如此才能够"为天下所不可少之人，匪徒为天下所不可少之人，又当为一代所不可少之人，匪徒为一代所不可少之人，又当为千百代所不可少之人"①。这就是蔡世远的人生意义与终极关怀。

在心、物关系问题上，不仅表现出蔡世远对主体力量的认识，而且开拓出新的领域，不再停留于保持内心平静这类理学的旧话之中。将心与物的关系转换为人与物、主体与对象的关系，而这对象已经不再是心的诱惑而是主体的创造。他说：

> 推此心以理民育物，立爱立敬，始于家邦，曷有涯哉余。②

"育物"与"理民"结合在一起，表明育物与百姓的生活密切相关，所育之物应该是百姓生活的必需品，育物就是创造财富的生产过程。当皇帝进行所谓"耤礼"之后，蔡世远便称赞皇帝"躬习于农以知稼穑，至恪也；对时育物为天下率以劝田功，至勤也"，可见育物就是指农业生产。

既然育物是农业生产，所育之物就是粮食，那么对民慈爱就

---

① 蔡世远：《二希堂文集》卷八《与雷一贯》。
② 蔡世远：《二希堂文集》卷二《李思亭同居诗序》。

表现为"爱物",即爱惜粮食,也就是不浪费不奢侈。所以蔡世远会说:"仁民而爱物,皆孝之所流也。"以生命之理为宇宙本体,以万物为"生生之理"所创造,尊重和爱惜个体生命,物就成为特指生命赖以生存的条件。从而使心与物的关系,转变为人与物、人创造物质财富的关系。

当"物"是指事时,主体与物的关系就成为如何处理人与人的关系、如何解决实际问题的能力。在人际关系方面,他认为御物要诚恳,待人要谦虚,廉洁才能培养德性。不能以欺诈的方式御物,不能颐指气使以待人,不能取非分之财。①

正是将"物"作如此理解,才能够使一个人在对待外物的问题上,表现出他的道德境界。蔡世远认为,"仁"是天地生万物之心,就是"生生之理",仁者就是能够充分理解这种道理的人,让它充满自己的内心,由此出发而"及于物"也就是以仁爱之心待人接物。"其道之行",就是将充满仁爱的理想社会变成现实。真能够如此,君主和人民都视他为尧舜,他的思想会传遍天下,传至千年万代。②

对知行关系问题,蔡世远很少分别讨论知或行,总是将知与行放在一起论述。他认为,朱熹的《四书章句集注》见解精到,疏释通达,词义辨析准确。然而,朱熹在作注的过程中却广泛地参考了《或问》等书。由于博览群书,知识面宽,研究得细致,所以解释得全面。这一切表明朱熹"知之也至",当然就"行之也力"。③ 可见,在蔡世远看来,致知才能力行。

虽然认为知先于行,但是在知与行之间比较,蔡世远还是认为行比知更重要。因为,讲学的关键不在于辨别学说的差别与词义的异同,重要的是自己能有所体会,将所学到的道理,贯彻到

---

① 蔡世远:《二希堂文集》卷九《先妣吴太君行状》。
② 蔡世远:《二希堂文集》卷四《安溪李先生寿序》。
③ 蔡世远:《二希堂文集》卷一《四书朱子全义序》。

自己的行为中去。知道一事，然后行一事。蔡世远谦虚地表示自己"不敢言学"，总是认为"力行为贵"。① 的确也如蔡世远自己所说，他的理论不注重抽象的思辨，更注重现实的实用。这也是清代实学的特点。

在"经世致用"这一点上，蔡世远不仅继承了儒家的传统，而且对孔子和孟子的观点，提出了自己不同的见解。他认为，管仲治理齐国，让百姓有吃有穿，而且还对百姓进行道德教化，并且对民众讲信义。可是，孔子小看他，孟子鄙视他，理由是认为管子追求功利，可是又觉得不如此就不能使国家富强。蔡世远以"生生之理"为本心理解管子的动机，认为恪守仁道的统治者，必须根据自己的"本原"之心行事。这心就是"生生之理"，就是仁爱之心。这种心是自然而然的，是不依个人的意志为转移的。充分发挥自己本性中的善意，完成自己身上的使命和职责。这样的内心，如同伊尹为民和管仲治理齐国，不了解道的人，是无法理解的。俗儒认为性命之学与事功无关，真是无知之极。可见，蔡世远既主张实学，也不反对"性命"之学，并且认为性命之学的目的就是经世致用，以造福于百姓，使国家富强。②

蔡世远的行范畴，不仅包括了事功内容，而且还涉及法律制度的建设问题，提出所谓"立法贵在必行"③ 的观点。用现在的话说，就是有法必依，立法必行。如果立法不行，有法不依，那法律就如同一纸空文，是逗下属玩笑，完全失去了法律的权威与严肃性。必行之法，也是可行之法和当行之法。所以要求州县的官吏必须奉行，而且对那些违法之人加重惩罚。无论当时所立之法的内容如何，这"立法必行"之"行"，毕竟超出了复性的道德实践，具有深远的社会实践意义。

---

① 蔡世远：《二希堂文集》卷八《与李巨来同年》。
② 蔡世远：《二希堂文集》卷七《与杨宾实先生书》。
③ 蔡世远：《二希堂文集》卷七《与李瀛洲布政书》。

第三节　蔡世远思想对台湾的影响

蔡世远思想对台湾的影响，分三个阶段，首先是他撰的《诸罗县学碑记》，其次是"朱一贵事变"之后对有关方面所提出的平台策略，第三是事变之后对治理台湾提出的方略。

一、《诸罗县学记》

蔡世远一生虽然并没有到过台湾，但是他的思想还是对台湾的儒学产生了影响。他所主持的福州鳌峰书院，一直受到台湾书院创办人的景仰。而主持鳌峰书院的蔡世远对台湾也不陌生。与蔡世远关系密切并且交往至厚的陈梦林[①]受邀来台湾修《诸罗县志》，诸罗知县周钟瑄[②]在诸罗县学建成之后，通过陈梦林向蔡世远索写记文。于是蔡世远隔海撰写了《诸罗县学记》。这篇碑文不仅表达了蔡世远的理学思想，而且体现了他对台湾的理学发展与居台学生的良苦用心。由于该文是为县学而撰，所以其内容主要围绕治学和教育展开，也是蔡世远理学思想的一个重要方面。我们按其内容分段加以介绍和解释。

全文以"诚"开篇，首先讨论君子之学的出发点问题。关于诚，蔡世远说：

> 君子之学，主于诚而已矣。诚者五常之本，百行之原，纯粹至善者也。人之不诚者，无志者也。人之无志者，由不能尽其诚者也。诚以立其志，则舜可法而文王可师。[③]

---

① 陈梦林（1664～1739 年），字少林，云霄人。清初漳州知名学者。他的居处经常换，并在住宅门额上书写"他斋"二字，人称"他斋先生"。

② 周钟瑄（？～1729 年），字宣子，贵州贵筑人。1696 年举人。1714 年至 1719 年任诸罗县知县。

③ 蔡世远：《二希堂文集》卷五《诸罗县学记》。

诚是学习的动机和出发点，所以为主。诚又是道德规范的基础和依据，所以称为"至善"，结合其"生生之理"的本体论观点理解，这诚像天之心创造万物一样，没有外在功利目的，所以是"纯粹"的。诚是天赋于人心的道德依据，一个人不诚不是因为天赋不具备，而是因为他没有志向。然而，这个志向不是一般的愿望，而是对天赋之诚的体会，以充分实现此诚为目的，如果能如此立志的话，普通人也可以效法舜帝德行和周文王的事功。

如何才能够"尽其诚"以立其志呢？在蔡世远看来，方法不过是"不欺"而已。他引用程子的话解释自己的观点说：

> 其原必自不欺始。程子曰："无妄之谓诚，不欺其次也。"其功由主敬以驯致之。程子曰："未至于诚则敬，然后诚也。"敬也者，主一无适以涵养其本然之谓。由是而谨几以审于将发，慎动以持于已发。则合动静无一之不诚也。①

尽诚的根本方法在于"不欺"。而人做到"不欺"的关键在于"主敬"。以一种敬畏之心，培养自己的虔诚。所以，敬是通向诚的路径。所谓"敬"，就是专一而无旁骛之心，以此涵养自己的本然天性。对自己的行为动机要仔细反省它是否合时宜和标准，行为过程中始终保持其不违反最初的动机，以使自己的行为从动机到过程到结果，都完全符合一定时期的道德规范。

这些控制自我动机与行为过程的道德能力，虽然是天赋之诚的发挥，但最重要的还在于读书。他说：

> 虽然由明以求诚之方，惟读书为最要。朱子曰："读书之法当循序而有常，致一而不懈，从容于句读文义之间，而体验乎操存践履之实。"学者率此以读天下之书，则义理浸

---

① 蔡世远：《二希堂文集》卷五《诸罗县学记》。

灌，致用宏裕。①

蔡世远引用朱熹的观点，不仅表达了自己对学习的重要性的见解，而且说明如何学习、学习的目的和方法。学习要循序渐进，要持之以恒，终生不懈怠。认真地解读每一句话，仔细辨析每一段文字的义理，然后将自己的学习体会运用于现实生活的道德实践中。学习者掌握了这种方法，博览群书，就会掌握其中的道理，使实际能力不断增强。

虽然能力在不断提高，但是这些能力却都在规范的限制之内。他说：

> 虽然，非必有出位之谋也，尽伦而已矣。孔子曰："爱亲者，不敢恶于人；敬亲者，不敢慢于人。"吾父子兄弟肫然蔼然，尽吾爱敬之忱也。克伐怨欲之心何自而生哉？②

所有能力都是围绕人伦展开，无非都是尽自己的道德责任。正如孔子所说，爱戴自己的亲人，就不会厌恶他人；尊敬自己的长辈，也就不会慢待他人。所以，从父子兄弟之间关系和睦，人人都能够做到爱亲敬长，那么就不会产生仇视、怨恨等恶劣的心态。

读书不只是为了提高自己的道德水平，修养身心也不只是和睦亲情关系。每个人来到世上，都有一份社会责任。可是，在科举制度之下，人们读书的目的却是追求功名利禄。他说：

> 始于家邦，终于四海，皆是物也。庸近之士，不能返其本，思其终，但以为读书得科名而吾名成矣。荣闾里利身家而吾事毕矣。其幸者得一第，其不幸者则老死于布褐而已矣。其天资厚而习染轻者居是官也，犹可以寡过；其天资薄

---

① 蔡世远：《二希堂文集》卷五《诸罗县学记》。
② 蔡世远：《二希堂文集》卷五《诸罗县学记》。

而习染重者，则贪没焉而已矣。①

家族责任与社会义务都是一样的社会事物，所以它们之间有着相通之处。"庸近"之人，看不到参加科举是接受国家挑选，为社会尽自己的义务，反而把读书科举作为成就自己的功名的机会。一旦取得功名，光宗耀祖，家族获利，就达到目的。如果读书只是为了取功名而无关自己的德性的话，那么，科举之路成败难料，幸运的人取得功名，不幸运的人则终老于穷困。如果天性善良，受社会习气和环境影响浅的人，为官还能少犯错。如果天性不善，而受社会习气影响过深，就会成为一个贪官。

一个人为什么必须要读书修养身心，提高自己的道德水平，为家庭与社会尽自己的责任和义务呢？这就涉及了人生观的问题。蔡世远从生命的源头说起，以其生命本体论，为人生意义提供依据。他说：

> 夫此身父母之身也，天地之身也，民物所胞与之身也。以父母之身，天地之身，民物所胞与之身，顾可不返其本，思其终，以贻父母羞，以自外于天地，以为民物所诟病哉？②

每个人的生命都是父母给的，是天地创造的，是同胞抚育、社会财富与自然资源滋养而成的。因此，我们的生命承担着必须回报父母、回报社会、回报自然的义不容辞的责任。我们知道了自己从哪里来，就知道了自己生命的责任，也就懂得了人生的意义与价值。

最后，蔡世远对台湾诸罗县的同仁和学子表达了自己殷切的期望。他说：

> 诸罗虽僻处海外，圣天子治化之所覃敷三十余年于此

---

① 蔡世远：《二希堂文集》卷五《诸罗县学记》。
② 蔡世远：《二希堂文集》卷五《诸罗县学记》。

矣。巨公名人相继为监司守令，其间风俗日上。今若萃一邑
之秀于明伦堂，相与讲经书之要旨，体宋儒之微言，告之以
立诚之方，读书之要，伦理之修。经正理明，则善人多。为
国为民，胥于是乎赖，非徒科名之盛也。陈君为我言，周侯
清修干固，百废具兴，引人于善，惟恐不及吾知，所以长育
人材，化民成俗者必有道矣。①

最后一段话虽然不能免俗地说一些套话，也算是对整篇文章
内容的一个总结。由此可见，该文完全是蔡世远思想的精练表
达。既然作为县学的碑记，必然会对当地的教育与人才培养产生
影响。所以说，《诸罗县学记》是闽南理学进入台湾并产生影响
的一个例证。

二、不妄杀一人的平台政策

台湾爆发"朱一贵事变"之后，闽浙总督满保入台湾平乱，
蔡世远与其友好，致书请求戒其将士不要妄杀无辜。事变平复之
后，他又致书，请求选贤任能治理台湾，并且奖励垦荒，恢复和
发展台湾的农业生产，这些建议均被满保采纳。可以说，清代的
台湾之治，蔡世远有一定的贡献。我们从他的致信中，可以看出
他的政治哲学思想，完全是其本体论思想的具体化。

满保赴台平乱之前，蔡世远致信给他，告诫他约束自己的属
下，入台后不能妄杀一人，表现出蔡世远悲天悯人的儒者情怀：

台湾吾故土故民，但为一时胁驱所迫，伏望严饬将士，
并移檄施蓝二公，约以入台之日，不妄杀一人。则武惠之仁
风复见于今，永无虞诩朝歌之悔矣。②

---

① 蔡世远：《二希堂文集》卷五《诸罗县学记》。
② 蔡世远：《二希堂文集》卷八《与总督满公论台湾事宜书》。

台湾是我国的领土，台湾居民是我们的同胞，他们被迫胁从参与叛乱，绝不是真心反对朝廷，与祖国分裂，所以一定要严格地命令手下将士，并且同时命令施和蓝两位将军，命令他们约束自己的部下，登陆台湾的时候，一定不能妄杀一人。在信中蔡世远举了"武惠之仁风"与"虞诩朝歌之悔"两例，劝诫总督。所谓"武惠"是北宋开国良将曹彬。当年曹彬将破江南之时，一天忽然称病不理军务，众将都来探望。曹彬对众将说：我的病非药石可治，但愿诸将诚心发誓，攻克城池之后，不杀一人，我的病就会好的。部下果然信守诺言，破城没有滥杀无辜。这就是所谓"武惠之仁风"。虞诩是东汉时期的将领，曾任朝歌县令。一日，虞诩告诫诸子说：我侍奉君王，忠诚正直，问心无愧。但是，在任朝歌县长官的时候，杀贼百余人，其中可能有冤屈者。因此二十多年来，我家不添一口人，可见是我获罪于天啊。这两个历史故事表明一种观念，即滥杀无辜，对自己的身体和家族都是不利的。这样的说法，对入台将军来说还是有一定的约束力的。当然，入台官兵究竟是否滥杀无辜，这已经与蔡世远无关了，因为他毕竟不是统兵将领，只是建议而已，仅表达了他的一片仁爱之心。其所举之例，在历史上并非很有名之人，他能够信手拈来，可见其用心良苦。

三、爱而教之的治台方略

在蔡世远看来，台湾的叛乱者不过是"草窃小寇"，号称虽众，不过是"乌合鸟散"，比起郑氏家族三代统治时期，不可同日而语。加之朱一贵所部起内讧，所以一定是不堪一击的。因此，蔡世远认为"平台匪易，而安台实难"。他说：

> 台湾五方杂处，骄兵悍民，靡室靡家，日相哄聚，风俗侈靡。官斯土者，不免有传舍之意，隔膜之视，所以致

乱之由。①

台湾是一个居民成分混杂的地区，兵士骄横，民众强悍。他们没有家室在台，每天聚在一起起哄闹事，风气奢侈糜烂。管理这一区域的人，也把台湾当成客栈，没有长期留驻的打算，与当地官吏和民众往往在情感上很隔膜，这些都是导致动乱的原因。

蔡世远对台湾产生动乱的原因做了细致的分析，从而为制订治理台湾的政策提供依据。他说：

> 夫台湾鲜土著之民，耕凿流落多闽粤无赖子弟，土广而民杂，至难治也。为司牧者不知所以教之，甚或不爱之，而因以为利。夫杂而不教，则日至于侈靡荡逸而不自禁。不爱而利之，则下与上无相维系之情。为将校者，所属之兵，平居不能训练而又骄之。夫不能训练则万一有事，不能以备御。骄之则恣睢，侵轶于百姓。夫聚数十万无父母妻子之人，使之侈靡荡逸无相维系之情，又视彼不能备御之兵，而有恣睢侵轶之举，欲其帖然无事也难矣。今海氛已靖，台地乂安，监司守令，皆慎简之员，则所以教而爱之者必周。②

当时在台湾生活的居民大都是福建、广东两省的所谓"无赖子弟"，很难管理。所谓"杂"还有一层意思，就是没有家族为单位的聚居，各姓混居，家族没有起到约束作用。这样的居民，有关方面却不给予应有的社会规范的教化，致使其风气越来越坏而不能自我控制。对百姓不爱护却一味地获得利益，那么官与民之间就失去了情感的维系力量。军队的士兵们，平时不参加训练而且骄横无束。不训练之兵没有军事素养，当然不能对付一旦爆发的战事；骄横无束之兵，平时欺压百姓，自然令人恨之入骨。

---

① 蔡世远：《二希堂文集》卷八《再与总督满公书》。
② 蔡世远：《二希堂文集》卷三《送黄侍御巡按台湾序》。

这样的社会结构与民情状态，如果不出乱子恐怕也难。乱子既出而且已平，就必须吸取以往的教训，不能让历史悲剧重演。其中的关键就是"教而爱之"。

"教而爱之"是蔡世远政治哲学最具代表性的命题，是其社会管理的核心，也是实现其社会理想的重要方法。那么，如何才能称得上"教而爱之"呢？蔡世远建议道：

> 今兹一大更革，文武之官，必须慎选洁介严能者，保之如赤子，理之如家事。兴教化以美风俗，和兵民以固地方。内地遗亲之民，不许有司擅给过台执照，恐长其助乱之心。[1]

台湾内乱平息之后，面临着各方面的改革和调整，其中最重要的是文武官员的选派。其标准一定要严格，选那些廉洁、正直、严格和有能力的人，而且要求他们对待台湾当地百姓要像保护自己的孩子一样，管理台湾的事务，就像打理自己的家事一般。必须兴办教育，加强伦理道德和社会风尚的教化。和谐军队与民众的关系，共同守护地方治安。对去台湾探亲的家属，要严格控制，有关方面不能擅自发给过海去台湾的执照，避免内地不法分子助长台湾动乱者之心。

管理好台湾更重要的是要发展台湾的经济，蔡世远说：

> 新垦散耕之地，不必按籍编粮，恐扰其乐生之计。三县县治，不萃一处，则教养更周。南北宽阔，酌添将领，则控驭愈密。[2]

鼓励当地居民开垦荒地。新开垦出的土地不按照户籍编造入册，所以也就免却新开垦土地的税赋，以保证开垦者能够从新开垦的土地上获得实际利益，从而安居乐业。这里的"三县"指台

---

① 蔡世远：《二希堂文集》卷八《再与总督满公书》。
② 蔡世远：《二希堂文集》卷八《再与总督满公书》。

湾县、凤山县和诸罗县。蔡世远建议这三个县的县治不要过于集中，否则对当地的财政压力会过大。同时，也会扩大县治管理辐射的区域，有利于台湾地区社会秩序的管理。台湾是个狭长的海岛，东西窄，南北宽。所以，蔡世远建议在南北方向增加军事布置，以加强纵深防御，抵御外来入侵。这些建议都是非常有见地的。

第十二章

闽南理学家群体的多重面相[①]

前面对闽南理学的阐述，主要是从哲学的学科角度，侧重讨论理学家的形而上思考，以下从文化史的角度简要论述闽南理学家群体的经世致用、传说轶事和文化贡献。

第一节 经世致用

在某种程度上，可以说闽南理学直接来源于朱子。朱子本人即是一个十分注重实践的儒者，他提出，"论先后，知为先；论轻重，行为重"，"学者以玩索、践履为先"。[②] 闽南理学很好地继承了朱子的这一思想，许多具有代表性的闽南理学家们努力进行了政治实践或社会实践，如陈淳、真德秀、林希元、蓝鼎元等人。

陈淳，是朱子晚年得意弟子，一生未仕，但他并非两耳不闻窗外事，对南宋漳州地区存在的许多社会问题洞若观火，也提出了许多解决这些问题的良好建议。

有宋一代，流通的纸币有交子、关子、会子等。其中，会子

---

① 本章由集美大学林东杰撰写。
② 《朱子语类》卷九《学三》。

的大量流通，是在南宋时期。会子要能顺利流通，必须要有足够的钱币作为准备金以保障它的价值，同时允许百姓随时进行兑换，或者用会子缴纳赋税等。南宋朝廷刚开始发行会子时，官府在这些方面进行了一些政策上的保障。可是好景不长，伴随南宋中期之后财政的困窘、吏治败坏以及会子发行量的成倍增长，会子的贬值和流通窒碍就无法避免了。当时的漳州地区，会子的使用也出现许多弊端，危害平民百姓的利益。在此情况下，陈淳挺身而出，向漳州当政者上书，指出官府为了落实会子的发行数额，采取硬性摊派、胡乱拔高户等诸多强制性措施，而许多与官府密切的人家以及拥有大量土地财产的寺庙僧人，却不在摊派之列。解决之道，既需要杜绝官府与有官府背景的人户、僧户等蒙混规避、通同作弊，也需要官府坚持会子的信誉、允许百姓用会子缴纳各种赋税。此外，陈淳抨击了当时漳州地区官吏向民间鬻卖食盐牟取暴利。虽然漳州地处海滨，但民间食盐却要向官府购买，还好负担并不重。然而，由于南宋绍兴年间闽赣交界地带发生寇乱，政府为了筹集军费，临时性地向漳州地区强行加额派售食盐，从中征税。这一举措，本应该是一时的应急方案，谁知等到寇乱平定后，这种临时性的征派却继续存在，成了漳州民间的一项沉重负担。虽然南宋朝廷曾经下旨停止这一征派，但漳州地区的官吏依然强行推行鬻盐之法，谋取私利。对此，陈淳不顾个人安危，对一些危害百姓强行鬻盐的官员指名道姓予以披露。①

　　五代至两宋时期，福建地区的寺院经济非常兴盛。南宋时期，福建地区的社会经济进一步发展，人口不断增加，土地兼并的现象也日趋严重，而许多寺院依然占据着众多的土地山林等生产和生活资源，与民间的贫困境地形成了显著反差。为此，陈淳

---

　　① 陈支平：《朱熹及其后学的历史学考察》，商务印书馆 2016 年版，第 250—268 页。

在许多场合向官府建议，把寺院的租米钱财分拨一部分出来，解决诸如兵饷、会子、盐课等苦毒百姓的突出问题，或者挪为兴学之用。① 南宋时期，泉州沿海一带海上对外贸易兴盛，但邻近的漳州地区，民间从事海上对外贸易活动似乎还没形成规模。陈淳的文章写道："漳民无大经商，衣食甚艰，十室而九匮，非如温陵市舶连甍富饶之地。"② 然而，随着福建海上对外贸易的发展，一些不法之徒开始了海上劫掠的活动，漳州也深受其害。对此，陈淳撰写了《与李推论海盗利害》一文，阐述了对抵御海盗的看法，主要有三：第一，训练水军；第二，严明军纪；第三，组织民间武装。现在暂无明确史料证明陈淳的主张是否得到官府采纳而付诸实践，但是明代中期倭乱肆虐之时，漳州一带的士绅屡屡向官府建议组织民间武装抗击倭寇，也在一定程度上得到了官府的肯定与实施，成为漳州地区抵御外敌的一种行之有效的办法，这一事实从侧面证明了陈淳抵御海盗主张的高明。③

比陈淳稍晚的真德秀，在两次出知泉州期间，取得了显著政绩。南宋时期的泉州，是我国著名的对外交通港口，但真德秀上任时，泉州的海外贸易处于回落时期。在这种情况下，真德秀采取了一系列措施，以抑制地方势家、宗室成员以及官吏的种种舞弊行为，适当减轻海舶贸易的税课，安抚番客，鼓励海舶出海贸易。④ 在真德秀的努力下，泉州的海上贸易得到了明显回升，史书上记载道："德秀以右文殿修撰知泉州。番舶畏苛征，至者岁不三四，德秀首宽之，至者骤增至三十六艘。"⑤

南宋泉州海外贸易的繁盛，不仅滋生了一些官吏势家的腐败

---

① 陈支平：《朱熹及其后学的历史学考察》，第 268—278 页。
② 陈淳：《北溪大全集》卷四十七《上傅寺丞论民间利病六条》。
③ 陈支平：《朱熹及其后学的历史学考察》，第 243—249 页。
④ 陈支平：《朱熹及其后学的历史学考察》，第 385—387 页。
⑤ 《宋史》卷四三七《真德秀传》。

舞弊，同时也招致了海盗的觊觎。嘉定十一年（1218 年），即真德秀首知泉州的第二年，从温州南下的海盗侵扰泉州，真德秀急忙调集官兵，会同晋江、同安管下的诸澳民船前去抵御，经过激烈战斗，终于取得了胜利。从这次战斗中，真德秀看到了泉州沿海武备的诸多弊端和漏洞，于是，他一方面奖赏战斗中勇于献身的将士，一方面惩罚少数怯阵畏敌的官员，以此激励士气。① 此外，真德秀还在《申枢密院措置沿海事宜状》中，对加强泉州沿海武备和调整沿海防御海盗的军事据点进行了详尽论述。真德秀在文中提出了充实沿海军备、调配军力、精练水军等许多有益措施，其中影响最深远的是对泉州沿海战略要地进行调整。在真德秀出任泉州之前，泉州沿海共设有"左翼水军三寨，曰宝林，曰法石，曰永宁。本州沿海四寨，其紧切者二。在晋江曰石湖，在惠安曰小兜"。真德秀到任考察之后，发现这种防御据点的设置，并不完全符合军事上的实际需要。例如宝林寨，距离府城近，去海远，一旦海上有事，发挥不了太大的作用。而在府城最南端一百余里的围头，正阚大海，南北洋舟船往来必泊之地，旁有支港，可达石井，其势甚要，而前此未尝措置，"此控扼之未尽得其所也"。又宝林寨原屯水军三百，为数偏多，法石虽屯水军一百二十人，因此地是海防要冲之所，其数却偏少。永宁寨更是海澳要害去处，上下连接府城、围头以及惠安小兜各要地，但是原来的布置，步兵之数倍于水军，诚为倒置。沿海列戍，当以水军为主，今仅存五十人，而又杂以老弱步军，却有百人，实无所用，"合行展拓寨宇，添屯水军"。真德秀勘察了泉州沿海海防军备设置的现状及其弊端之后，重新调整布置了泉州沿海一带的海防："将原先距泉州城不及一里之宝林寨改为陆军驻守，而移水军于下游之法石寨，负责港区之警戒。并增强永宁寨、新立围头

_____

① 陈支平：《朱熹及其后学的历史学考察》，第 388—390 页。

寨，以为防卫泉州港外围以南之两个重要据点。至泉州港以北则有晋江县扼晋江、洛阳江口之石湖寨及惠安之小兜巡检寨。经此布置，泉州港之防务始有完整之体系。"① 值得一提的是，明太祖朱元璋为了防范倭寇，派周德兴到东南沿海设置海防卫所。周德兴在泉州沿海一带的布防，基本延续了真德秀在南宋时期的布置。明代泉州府置有一卫，指挥地即在南宋时期真德秀所布置的晋江县永宁寨，故称永宁卫，下管两个守御所，一是崇武所，一是福全所。崇武所在惠安境内，也就是真德秀在《申枢密院措置沿海事宜状》中多次提到的惠安县小兜寨，而福全守御所，即在真德秀新设晋江县围头寨附近。由于福全、围头这一带在海防上十分重要，明初除了在福全设置守御千户所之外，在相邻的围头，又设置了巡检司。从明代泉州一带及邻近地区的军事卫所设置情况看，不得不佩服真德秀对于泉州一带军事防务的调整与布置，具有相当的切实性和长远性。这一布局，即使到了清代，也大体如此。②

　　明代自然灾害发生十分频繁，特别是在明中叶以后。明王朝为了安定社会、维护统治，始终把荒政作为国家的基本国策，其时许多有识之士提出了丰富的救荒思想，闽南理学家林希元更是其中杰出代表。嘉靖八年（1529 年），林希元以自己在泗州的救荒经验为基础，同时总结前人的救荒理论，向朝廷上奏《荒政丛言疏》。全疏共分"二难"、"三便"、"六急"、"三权"、"六禁"、"三戒"，共六纲二十三目。在该疏序言部分，林希元自称《荒政丛言疏》是在"斟酌损益"了"往哲成规、昔贤遗论"后而写成的，其中所拟措施"或已行而有效，或欲行而未得，或得行而未及"，但皆"可施行于今日者"。嘉靖二十年罢职还乡后，由于同

---

① 李东华：《泉州与我国中古的海上交通》，台湾学生书局 1986 年出版，第 177—178 页。

② 陈支平：《朱熹及其后学的历史学考察》，第 395—396 页。

安长期遭旱，林希元为民请命，先后写了《与俞太守请赈书一》、《与俞太守请赈书二》、《与俞太守请赈书三》、《请俞太守停赈书》、《请袁簿急回赈济书》、《请姜伯溪方伯查赈饥时弊书》等一批书信，这些书信连同《荒政丛言疏》，较为集中地反映了林希元的救荒思想。由于实际参与了救荒事宜，以及注意总结发展前人的救荒理论，林希元的救荒思想比前人更为深刻，也更加具有实用性。综而观之，其突出之处主要有以下几点：第一，强调救荒贵在得人。在中国古代，自《周礼》荒政十二条开始，历代政策不断增益补充，措施逐渐完善、制度也逐渐严密，然再好的救荒措施或制度，最后都必须由合适的人员来落实，也即救荒贵在得人。林希元对此有着非常深刻的认识，故此在《荒政丛言疏》中将"得人难"列为讨论的首选，他认为不管是主赈官员，还是分赈人员，都必须选择廉能、贤德之人。同时林希元还指出，对选拔出来的人进行督责和考核也同样重要，只有这样才能调动其办理救荒活动的积极性，使其尽职尽责，进而取得最好的救荒实效。第二，将灾民分等，区别救济。灾荒之年，救济物资有限，加以灾民中有的家境富裕、有的贫穷，有的甚至无家可归流移在外，因此对不同的灾民救助方式也应该有所区别。第三，重视灾后农业生产恢复。古代中国长期是农业社会，而农业生产又是一个脆弱的经济部门，经常遭受自然灾害的侵袭，因此在救灾的同时也需要关注灾后农业生产的恢复与发展。在这方面，林希元非常重视，他建议灾荒年间由官府出资招募饥民兴修水利工程，每天给予报酬。这样一来，既帮助了灾民，又有利于灾后农业生产的恢复和发展。第四，充分利用民间力量赈济灾荒。灾荒救济是一项大工程，需要多方力量的参与，林希元注意发动富民和商人力量参与救荒。①

---

① 李秋芳：《林希元救荒思想述论》，《农业考古》2008 年第 6 期。

清康熙年间，台湾爆发了"朱一贵事件"，蓝鼎元应族兄蓝廷珍之邀，同其前往台湾参与平定。事后，蓝鼎元提出了许多治理台湾的真知灼见，影响长远，有学者认为，历史上对台湾地位的重要性给予足够注意的，首先当提明末清初的郑成功和施琅，但是历史上真正重视台湾开发和建设，重视加强台湾防卫工作的，是在蓝鼎元的大声疾呼下开始的。1683 年清廷统一台湾后，设府县，调兵分防，以总兵一员驻府治，水师副将一员驻安平，陆路参将二员分驻诸、凤，兵八千；澎湖设水师副将一员，兵二千，从福建各营派调，三年一换，谓之班兵。平息"朱一贵事件"后，闽浙总督满保开列"台湾经理事宜"十二条，打算把台湾总兵移设澎湖，而台湾设副将，裁水陆两中营。同时又提出"迁民划界"，拟将事件所及附近地区的人民尽行迁出，土地弃置，命蓝廷珍付诸实施，以"防患拔根"。对此，蓝鼎元以蓝廷珍名义复书满保《论台镇不可移澎书》和《复制军迁民划界书》，提出了反对意见，由于蓝鼎元文章有理有据，终于中止了清廷当权者的错误主张。在此基础上，蓝鼎元提出了一系列治理台湾的主张，主要可以分为以下四个方面：

一是治官。台湾孤悬海外，山高皇帝远，这对那些贪得者说来，是个绝好的机会。因此对贪官要严加惩处；对尽忠职守的，需要嘉奖；对弃地逃跑和"从贼"的，需要惩罚；平时大小衙门就要留些许养廉之银，使官员略加饶裕，这样可免官吏因穷蹙而不肯尽职甚至"从贼"之事发生。

二是治军。首先，蓝鼎元认为要改变台湾地广兵少的局面。台湾驻兵较少，而且大多集中在台湾南部，分布极不合理，极不利于台湾防卫。他指出必须在"全台腹背旁门要害"的鸡笼（基隆）增添兵力，台湾北路以淡水、半线（彰化）、鹿港等为重点，南路以琅矫（恒春）为重点，同样需要加强兵力。只有这样，才可以使台湾南北千余里声息相通。在扩大兵员上，蓝鼎元建议募民为兵。他指出，对这些兵，可资以牛、种子、农具及一二年的粮食，让他们开垦田地，至成田登谷之后停止给粮，以所垦官田俾世其业。其次，在治军方面，蓝鼎元还建议兴保甲、办团练，以补兵力之不周。参加保甲、团练的人员，要与生产紧紧联系在一起，平时耕作田亩、有警负戈作战，乡自为守，人自为兵，保卫国土，这样既可防外来侵略，也可使盗贼无容身之地。另外，一旦用兵，对于勇敢杀敌者，更要爱护和鼓励。对于台湾班兵制的生硬做法，也该有所调整，不论水陆兵种，换班时一个不留不大妥当，应该适当留用一部分熟练的技术兵，如水师中就有必要将一些熟悉航务水性的技术兵留下，以利航行和培养新手。再次，蓝鼎元强调巩固海疆应该以未雨绸缪、早作准备为第一急务，所以他多次建议建造城墙、筑城卫民。他认为筑城虽一时之劳，却可得万世之利；筑城关系到台疆安危，关系到东南沿海治乱之大事，不可苟且涂饰。

三是治民。蓝鼎元提出并采行一套治理台民的做法：其一，在平定"朱一贵事件"之后，区分主从分别加以处置，只歼巨魁数人，其他皆令其自新；其二，反对举行大规模的迁徙；其三，为堵乱源，必须让到台开垦者随带家眷，同时要求在台女子限期出嫁；其四，开仓贩货，以平物价，关心民众生活，鼓励开垦，发展生产，繁荣经济；其五，移民俗。地方官员除崇奖节俭，教妇纺织之外，要兴学校，重师儒，多设义学。

四是理番。清统一台湾初期，曾采取阻止汉人到番界开垦的政策：对入番界者、入界行猎者、入界开垦种植者处以轻重不同的杖责和徒刑。蓝鼎元反对这种做法，他认为那会把汉、番隔绝开来，他提倡"听民开垦"，也要尊重番人的风俗，对于部分不讲理的番人，也可设伏张炮、虚示以威，遇到番社闹事，则不必手软，宜大震军威。① 蓝鼎元的治台方略，有的被清廷立即采纳，有的被以后治台者所采用。雍正二年（1724 年）被派往台湾的官吏吴昌祚（达礼），行前就曾向蓝鼎元请教"治台"办法。雍正帝看到他上疏的《经理台湾》等文，很赞赏他的才华。乾隆五十二年（1787 年），乾隆帝曾令闽督李侍尧等人治理台湾可参考蓝鼎元所著的《东征集》，并称赞鼎元"所论台湾形势及经理事宜，其言大有可采。……蓝鼎元之语，适与朕意相合"②。光绪十一年（1885 年）台湾设省，据说首任台湾巡抚刘铭传精读蓝鼎元著作，作为施政重要参考。正因为蓝鼎元在经理台湾方面有突出贡献，嘉庆时，嘉义县教谕谢金銮在《蛤仔难纪略》一书中，赞誉蓝鼎元为"筹台之宗匠"。道光八年（1828 年），鹿港文开书院祭祀朱子以下八人，清代只有蓝鼎元一人而已，可见蓝鼎元在台湾是一位较有影响的历史人物。③

第二节　传说轶事

闽南理学家们不但有忧国忧民、严肃端方的一面，也有人间烟火、幽默诙谐的一面，以下简要介绍其中几位的传说轶事。

明代陈真晟，出身贫苦，父亲原来做打银匠，出工时带着他，有雇主很严密地提防他们。年仅十一岁的陈真晟对父亲说："这是什么职业啊，让人家像防盗贼一样提防我们。"于是劝说父亲舍弃这份工作，同时，他出去卖油贴补家用。有次卖油经过书舍，听到老师讲课，很是喜欢，想来听课，于是问老师说，能否

---

① 林其泉、周建昌：《从〈东征集〉和〈平台纪略〉看蓝鼎元的治台思想主张》，《古籍整理研究学刊》2000 年第 6 期。

② 《清实录》卷一二八一，"乾隆五十二年五月乙未"条。

③ 蒋炳钊：《"筹台宗匠"蓝鼎元——评述蓝鼎元治台方略及其意义》，《福建师范大学学报》（社科版）1995 年第 1 期。

用每天卖剩下的油当作学费。因为需要卖油贴补家用，又问老师能否每天早上来听讲，其他时间仍然卖油。老师都答应了。于是，陈真晟得以听讲，没多久就学业大进了。①

明代后期的陈琛、张岳、林希元三人，既是同郡（泉州府），又是同榜进士，更难得的是志趣相投，均宗朱子学，力排阳明学。三人曾共赁一驴，或迭相骑行，或联袂走入市场，被当时人称为"泉州三狂"。其中，陈琛是蔡清的得意门生，尽得老师真传。陈琛在年幼时，即已十分聪颖。他五岁开始读书，七岁时与人接谈，应对如流。有次他父亲出上联"老虎"，让他对。陈琛对"海蜇"。来客认为不大妥当，陈琛解释道："老虎乃山君，海蜇称水母，水母对山君，不是刚好？"来客哑口无言。这种对法属拙形对，字面不怎么对，而内容恰成妙对。九岁那年"祭冬"时，村里有钱人买鱼买肉，大办酒席。贫苦的陈琛大胆地坐在祭祖的筵桌上，几个乡里人觉得他聪明伶俐，便指着桌面上一盘九节虾对他说："这盘'九节虾'给你对，对上了，拿去吃。"陈琛伸出一只手抓起九节虾就吃。众人见了，说："还没有对，怎么就吃虾？"陈琛伸出小巴掌说："怎么没对？'九节虾'不是对'五爪龙'吗？"乡里人连连点头。不一会儿，外面传来"祭冬"的炮声，乡里人便再出一对："枪装药，药装枪，射出浓烟散雾。"陈琛抓起八仙桌上的花瓶摔个粉碎，随口答道："瓶插花，花插瓶，打破落花流水。"众人听了，又惊又喜。②

"泉州三狂"中，林希元留下的传说相对最多，这里简要介绍四个。其一，林希元智除乌鸦精。据说，明朝正德年间，有一只积年成妖的乌鸦精，常在同安作祟。这只乌鸦精会变成美女，求人背它过海，然后啄吞背它的人的眼睛。不少涉海的人因此丧

① 高令印、高秀华：《朱子学通论》，厦门大学出版社 2007 年版，第 247 页。

② 黄培需：《中国神童对联》，河南大学出版社 2014 年版，第 8 页。

命，人们还以为是被海水淹死的。林希元在未考中进士前，有段时间在马巷一带教书，每天必须涉海而过。有一天，潮水已涨，林希元刚要过海，一个穿着黑绸衣服、年轻貌美的妇人向他道一个万福，问道："敢动问官人，可要过海？"林希元慌忙答礼道："正是，不敢拜问娘子何往？"妇人道："奴家也要过海，不想潮水已涨，实是狼狈，万望官人背过去。"林希元道："救人一命，胜造七级浮屠，在下敢不从命，娘子仔细。"妇人道："蒙官人周全，甚是感激不浅！"林希元道："小事何消挂怀！"林希元用书巾把那个妇人背在背上。心里寻思道："这妇人如何这等身轻，听说这里有只乌鸦精，看这模样，定是此怪无疑，我得用计擒拿！"到了半海，那妇人朱唇小嘴突然变成一个凿子般的大嘴，果然是乌鸦精。乌鸦精叫道："官人请看背后这个是什么？"其实想要骗林希元回头，把他的眼睛啄了。林希元道："娘子看什么就是什么"，并不回头，不停地把书巾紧了又紧。乌鸦精被林希元越绑越紧，身体越缩越小，慢慢地现出本相，急得连呼："官人放奴家下来！"林希元道："半海丢娘子下去，不敢从命。"至登上海岸，乌鸦精已经呜呼哀哉，化成了一副乌鸦骨。林希元把它焙了，研成粉末配酒。[1]

其二，林希元与同安封肉的传说。"封肉"的做法，一般是用一块三五斤重的猪腿肉加上海蛎干、香菇、莲子、虾米等佐料，泼上酱油，再用纱巾包裹，密封焖烧，起锅后，香甜滑润，油而不腻。这道菜是闽南地区宴席上常有的菜目，据说跟林希元有关。林希元考中进士前，在同安南门外岳口村当私塾先生，平时喜好品尝封肉，但缺钱购买，只得削鸡腿状木头浸酱油来解馋。等他考中进士，衣锦还乡时，乡绅们赶紧置办丰盛的宴席，

---

① 中国人民政治协商会议福建省同安县委员会文史资料委员会：《同安文史资料》第 16 辑，第 145—146 页。

为他接风洗尘。席间，林希元对满桌的山珍海味，只是浅尝即止。乡绅们见状，以为招待有什么不周之处，都惴惴不安。突然林希元问道："怎么没有封肉这道菜?"乡绅们一时都傻了眼，以为是自己听错了。原来，当时的封肉虽然好吃，却显得粗俗，上不得大场面。还好，主人急中生智，说如今封肉已成为家乡名菜，是"压桌菜"，在最后一道出，私下急急吩咐下人火速准备。从此，封肉从普通的民间菜肴走上喜庆婚宴。①

其三，林希元智答嘉靖帝。一天，嘉靖帝上早朝，百官出班奏事。其时闽地英才辈出，满朝文武官员中，福建籍的不少。担任大理寺丞的林希元，耳听同乡官员奏事，官话夹杂八闽乡音，福州府的把"桥"说成"球"，泉州府的把"是"说成"细"，忍俊不禁地哈哈大笑。满朝文武官员侧目而视，嘉靖帝也好生奇怪，就问林希元："林爱卿，究竟有何好笑之事，你且奏来。"林希元自知失态，待要实说，一怕嘉靖帝疑心闽籍官员人多势大，予以抑制，二怕其他省籍官员嫉妒，合而攻之，两者都会害了同乡。他急中生智，奏道："启奏皇上，普天之下，莫非王土。臣驰想家乡山水之美、风水之佳，臣老致仕还乡，有此佳境足娱晚年，因此乐得禁不住笑出声来，有失礼仪，请皇上恕罪。"嘉靖帝道："爱卿家在八闽海疆，山水有多美、风水有多佳，且讲来给朕听听。"希元答道："臣的家乡，东有双狮弄球，西有鳄鱼把水口，南有半月朝江，北有七星坠地。（林希元的家乡即现在同安新店山头村，村东有一座山，名岩山，山上两石似狮；村西海上有一屿似鳄鱼，称鳄鱼屿；村南面海，海岸弯似半月；村北有七座山头和高地。）"这样一来，林希元才既免于责罚，且不连累同乡。②

---

① 张再勇：《神柴伯讲古·闽南民间传说》，厦门大学出版社 2010 年版，第 113—114 页。

② 中国人民政治协商会议福建省同安县委员会文史资料委员会：《同安文史资料》第 16 辑，第 140—141 页。

其四，林希元征安南。据说，林希元征安南时，安南"水鬼"使斧凿沉明军船只，林希元用大索缚无数大鱼钩，形成密密匝匝的鱼钩网，擒杀"水鬼"（实际是同安渔民钩钓捕捉大鱼作业方法的演化），又在寨内教习士兵踩高跷，命工匠制作特大"关刀"，一真一假，让踩高跷的士兵舞假"关刀"比武，夜间移营，故意丢下几把真"关刀"，安南官兵占营后拿不动"关刀"，胆寒而降。①

第三节　文化贡献

闽南理学在传播发展过程中，不仅在理学方面取得了丰硕成果，还推动了闽南易学的兴盛，并滋养出一位具有全国影响的文学家。以下，对此稍作论述。

明代立国之初，即把程朱理学作为科举取士的标准，所谓："科目者，沿唐宋之旧，而稍变其试士之法，专取四子书及《易》、《书》、《诗》、《春秋》、《礼记》五经命题……四书主朱子集注，《易》主程传、朱子本义，《书》主蔡氏传及古注疏，《诗》主朱子集传……"②故阳明学兴起前，朱子学始终处于主导地位，福建地区也出了不少著名的朱子学大儒，最著名的主要有吴海、陈真晟、周瑛、蔡清等，而陈真晟与蔡清，更是入选黄宗羲《明儒学案·师说》，则二人地位之高可见一斑。

成化弘治年间，以蔡清为首的一批学者，在泉州开元寺结社研究易学，该社有 28 人，号称"清源治《易》二十八宿"。李廷机、张岳、林希元、陈琛等著名学者都参与其中，他们载籍的论著达 90 多部，当时有"今天下言《易》者皆推晋江"的称誉。这

① 中国人民政治协商会议福建省同安县委员会文史资料委员会：《同安文史资料》第 16 辑，第 136—137 页。

② 《明史》卷七○《选举志二》。

一批学者构成明代福建易学四派中的一派，该派主要发扬程朱传义。有意思的是，清源学派后学乃以易学推演兵法，其中杰出代表即为赵建郁和他的弟子俞大猷。[①]

据《闽书·英旧志·赵建郁传》记载："赵建郁，字本学，别号虚舟，宋宗室裔，而蔡文庄门弟子也。结庐瑾户，并心著述。所著有《周易学庸说》、《杜诗注》、《参同契释》。且谓升平日久，世罕知兵，因即《易》演为阵法，汇集《韬钤内外篇》凡七册，《解引孙子书》凡三册。稿就封识，以俟其人。俞大猷从受学焉。"俞大猷，字志辅，号虚江，谥号武襄，福建晋江人。历任千户、参将、总兵、都督，其间转战江苏、福建、广东和山西等地，身经百战，屡建战功，多次得到皇帝嘉奖。他历官过的地方百姓更是缅怀他的功绩，武平、崖州、饶平等地的人民为他建祠纪念，奉他为"俞佛"。对于他的军事才能，同时的副都御史谭纶说："节制精明，公不如纶。信赏必罚，公不如戚。精悍驰骋，公不如刘。然此皆小知，而公堪大受。盖诚似霍子孟，任如诸葛亮，大似郭子仪，忠似文文山，毅似于肃愍。可以托六尺之孤，寄百里之命，知及之仁能守之，当今之世舍公其谁哉。"[②]而胡宗宪也十分肯定俞大猷是当时一代名将："今承平日久，武事废驰，宜名将之难得。即目前所见，如俞大猷、卢镗者，亦极一时之选，武弁之巨擘也。"[③] 在历史上，俞大猷与戚继光齐名，均是抗击当时东南沿海倭寇的主要将领，有"俞龙戚虎"之称。难得的是，俞大猷文武双全，"少好读书，受易于王宣、林福，得蔡清之传"，在武平时"作读易轩，与诸生为文会，而日教武

---

① 肖满省：《明代福建易学述要》，《东南学术》2010 年第 5 期。

② 见《正气堂集》卷十五《与诸司会呈诸军门书》。

③ 见《明经世文编》卷二六六《为议处紧急海寇以救生灵以安根本事疏》。

士击剑"。① 王宣、林福和赵建郁都是蔡清弟子，故俞大猷自然可纳入闽南理学家群体之中。俞大猷在《兵法发微》（即《韬钤续编》）序中说："先师输精搜绎，穷乎先天后天之卦，河图洛书之数，九军八阵之法，自伏羲文王四圣而下，逮汉孔明、唐李靖、宋岳武穆所著，虽大小不同，而同出天地理数之源者也。千古圣贤，垂世之典，宗祖符契之大，昭如日星，其有功前世不可概见也。"又说："余读先师所授《韬钤内外篇》者有年，领其大旨，知其无一不根基于《易》者。"其后，俞大猷又将赵建郁所授及所著之《兵法发微》等，总纂为《续武经总要》八卷，是为继曾公亮《武经总要》之后又一部重要的兵书总汇。②

明代闽南出了一个具有全国影响的文学家，此人名叫王慎中。王慎中，字道思，号遵岩，又号南江，福建晋江人，为蔡清再传弟子。四岁能诵诗，嘉靖五年（1526 年）中进士时年仅十八岁，历任户部主事、礼部祠祭司主事、吏部考功员外郎、吏部验封郎中、常州通判、河南布政使参政等职。他尽心职守，革除弊政，颇有政声，因守正不阿，不肯曲意逢迎上司，三十三岁罢职回乡。王慎中与唐顺之、陈束、李开先、熊过、吕高、任瀚、赵时春等号称"嘉靖八才子"，而他是"八才子"的核心人物，"天下称之曰'王、唐'，又曰'晋江、毗陵'"③。明代著名的散文流派唐宋派，即由他首倡，他罢官回乡后文名更盛，"四方驰书走币争来乞言者，足交于道。仕于闽者，以不得其言为憾，君以次应之，随题命藻，略无难滞，得者宠于握珠怀璧"④。《四库全书总目提要》提到："自正、嘉之后，北地（李梦阳）、信阳

---

① 《明史》卷二百十二《俞大猷传》。

② 肖满省：《福建易学研究》，福建师范大学 2010 年博士论文，第236—237 页。

③ 《明史》卷二百八十七《文苑传三》。

④ 皇甫汸：《皇甫司勋集》卷三十八《遵岩先生文集后序》。

（何景明）声价奔走一世，太仓（王世贞）、历下（李攀龙）流派弥长，而日久论定，言古文者终以顺之及归有光、王慎中为归。"王慎中的早期创作受"前七子"影响，摹拟秦汉古文，后来他认识到时代发展与文学的衍承关系，于是改弦更张，虽然依旧推崇秦汉文，但开始提倡取法近世，一心学习欧阳修与曾巩，尤其受益于曾巩。难能可贵的是，他提出"古人此心本可以上考下质者，合于当今，则其合于古人，尤可以无疑矣"。可谓立足当代，彻底摆脱了模拟前人的羁绊。他主张为文法度规矩要不背于古，但文意却要取前人之所未发，提倡文章要"道其中之所欲言"，要"苦学而有独得之见"，在明代文坛振聋发聩，对后来的公安派等亦产生积极影响。此外，他认为学问道德为本根，文字为枝叶，二者缺一不可，其心目中的理想境界是文辞与义理、文辞与内容、"道德"与"言"的两臻其美。一百多年后，桐城派之方苞提倡"义法"，刘大櫆讲"义理、书卷、经济"，姚鼐将"义理、考证、文章"合而为一，或者正是对王慎中观点的进一步阐释。①

王慎中步入中央文坛期间，王阳明弟子利用每次科试及仕宦的机会，越来越大张旗鼓地开展讲学活动，宣传方兴未艾的阳明学。对于像王慎中这样正活跃于京师的青年知识精英来说，不可能不产生影响。虽无资料证实他与王畿等阳明高弟切磋问学，但至少在迁官南京时，亦得与王畿"讲解王阳明遗说"。当时王畿在南京兵部职方主事任上，正与官南京国子司业的欧阳德等人授业讲学，乐此不疲，而王慎中恰好于此际由文学复趋道学之兴趣转移。然而，受到阳明学的影响，并不等于接受阳明学。②

王慎中是蔡清的再传弟子，受业于易时中。王慎中自幼即入

---

① 参阅林虹：《王慎中研究》，福建师范大学 2009 年博士学位论文。
② 陈广宏：《王慎中与闽学传统》，《文学遗产》2009 年第 4 期。

易时中之门，颇获器重，他对老师始终满怀敬意，有过"徒知守其章句，不背师说"之类的自我表白，又表彰其学"盖虚斋蔡氏之《易》尽在是矣"，则王慎中自信已得蔡清之真传应亦予以承认。对于陈琛，虽未执业，却自以为能得其学之天趣神机。至于张岳、林希元，亦师亦友，且其交谊可谓在论学中与辩俱增。易时中四十岁举乡试后，于嘉靖八年（1529 年）授东流县教谕，嘉靖十四年升夏津知县，四年后除顺天府推官。其令夏津时，正是王慎中任职南京，迁山东学宪、江西参议及河南参政期间。从现存资料来看，这是王慎中离乡出仕后与其师往来最密切的一个时期，然而也是其与阳明后学频频活动、由文学转向道学的一个时期，这样一来，自然有人对王慎中学问能否确守师承产生怀疑。从他后来与督学福建的朱衡通信看，他是有重振闽学的雄心壮志。从其留存的文学作品看，王慎中此后的文学理论及主张，始终贯穿的核心是文以明道，其中道自然是根本，如朱熹之教。此外，王慎中认为孔子与朱子之间漫长的学术史不大重要，于文崇尚曾巩，趋同于朱熹。如此看来，尽管王慎中较早时已经受到阳明弟子王畿等人的影响，可能还接受了阳明学说的某些观念，但是这一事实，促成的是王慎中由文学转向道学的本末之变，而非儒学内部新旧思想体系的转换，从他中晚年的文学核心观念及与之相对应的文学史观看，起到主导倾向的是程朱理学而非阳明心学。①

　　综括本章所述，可以对闽南理学家群体有一个更全面的认识：他们并不是整天"无所事事"地冥想或者只会空谈大道理，而是普遍具有很强的行动能力，其中很多人建立了彪炳史册的显著功绩；他们也不是不知变通、整天严肃端方，如同戏曲中经常

---

① 　陈广宏：《王慎中与闽学传统》，《文学遗产》2009 年第 4 期。

出现的那种"道学家",他们也有幽默活泼的一面;他们的文化贡献不仅仅在理学或哲学上,他们在兵学、文学等其他方面同样取得了显著成果。换句话说,闽南理学家们不仅仅是思想家,他们取得的成就是多种多样的,如果只是探讨他们的思想,显然不足以全面反映闽南理学的辉煌成就,未来的研究应该以更广阔的视野展开。

原版后记

　　《闽南理学的源流与发展》终于画上了句号，这是我写得最艰难的一部书。快一年了，除却繁忙的教学工作之外，许许多多的干扰并不在话下，只是母亲的突然离去，是我心头永久的痛！近一年的时间，我忍受着丧母之痛，苦行僧般地写作，每天工作超过十个小时，写到一半时，全身发冷、疼痛，只好住笔小憩。然而，我并不觉得苦，因为在思辨的王国中自由翱翔，与古人前贤对话和神交，几乎可以忘却世间的各种烦恼和痛苦，并且觉得这是为母亲守孝的最好方式。我感谢所有支持和爱我的人，我更怀念母亲，我决意将这部饱蘸泣母之泪的拙作献给她老人家，以慰藉她在天之灵，以平抚我心头之痛！

傅　小　凡

2007 年 5 月 18 日于

厦门大学海滨蜗居